MARVIN MOORE

MIT CHRISTUS DURCH DIE ENDZEIT

ADVENT-VERLAG

Titel der englischen Originalausgabe: The Chrisis Of The End Time
© 1992 by Pacific Press Publishing Association, Boise, Idaho (USA)
Projektleitung: Elí Diez
Übersetzung: Herta Schulenburg
Redaktionelle Bearbeitung: Renate Poller
Korrektorat: Bernd Pallaschke
Einbandgestaltung: Studio A Design GmbH, Hamburg
Titelfoto: Bildagentur Tony Stone
Satz: EDP

⊟ Das Buch auf Diskette:
Info beim Advent-Verlag anfordern.

Die Bibelzitate sind – falls nichts anderes vermerkt ist – der
Bibelübersetzung Martin Luthers (Revision 1984) entnommen.

© 1997 Advent-Verlag GmbH, Lüner Rennbahn 16, D-21339 Lüneburg
Gesamtherstellung: Grindeldruck GmbH, D-20144 Hamburg
ISBN 3-8150-1282-1

Inhalt

Vorwort

Vor einiger Zeit habe ich in Nordamerika Gemeindeseminare über die Endzeit durchgeführt. Jeweils im Sabbatgottesdienst am Morgen wurde das Thema behandelt und am Nachmittag in zwei weiteren Seminaren vertieft.

Schwerpunkt meiner Darlegungen war dabei stets die Frage: Wie kann ich mich darauf vorbereiten, nach dem Ende der Gnadenzeit ohne Fürsprecher leben zu müssen? Zugleich befaßten wir uns mit den Gerichten Gottes, die bald über die Erde hereinbrechen werden. Beide Themen werden in diesem Buch behandelt. Ich wünsche meinen Lesern, daß sie getrost und zuversichtlich sind, wenn sie das Buch zuklappen.

Es ist meine feste Überzeugung, daß die letzten Ereignisse der Weltgeschichte unmittelbar vor uns stehen. Leider machen sich die meisten Adventisten keine Gedanken über das, was geschehen wird. Deshalb nehme ich jede Gelegenheit wahr, wo man mich zum Sprechen einlädt. Gleichzeitig habe ich fast ein ganzes Jahr mit dem Schreiben dieses Buches zugebracht. Unsere Gemeinden sollten über diese Dinge Bescheid wissen.

Ich empfehle allen, dieses Buch unter Gebet zu lesen. Bittet euren Prediger, daß er Gebetsversammlungen anberaumt. Laßt euch durch meine Überlegungen hinführen zum Gebet. Kommt in Hauskreisen zusammen; redet miteinander über all diese Fragen.

Danken möchte ich besonders vier Menschen für ihre Hilfe bei der Erstellung dieses Buches: meiner Frau Lois, die viele Stunden am Computer verbracht hat. An den Wochenenden war sie oft allein, während ich die Gemeinden besuchte, um über die Endzeit zu sprechen. Wir beachten beide sorgsam die Zeichen der Zeit, die uns sagen, daß das Ende nahe ist; und wir haben uns vorgenommen, alles zu tun, was nötig ist, um dem Volk Gottes zu einem besseren Verständnis zu verhelfen.

Ich möchte auch denen danken, die zur Erstellung dieses Buches beigetragen haben; die Kommentare von Dr. Robert Olson, dem ehemaligen Sekretär des E. G. White Estate, waren mir besonders wertvoll. Er ist Experte für die Aussagen von E. G. White bezüglich des Endzeitgeschehens. Seine kritischen Anmerkungen zum Manuskript wie auch seine Erfahrungen als Autor haben dieses Buch präziser und damit lesbarer gemacht.

Dr. George Knight, Professor für Geschichte der Siebenten-Tags-Adventisten am Theologischen Seminar in Berrien Springs, schenkte meinem Manuskript höchste Beachtung. Seine hilfreichen Vorschläge bedeuteten eine wesentliche Verbesserung.

Elder Russell Holt ist seit Jahren mein Freund und Kollege bei der Pacific Press und damit auch Herausgeber dieses Buches. Seine Hand hat dem Werk den letzten Schliff gegeben.

Ich bete darum, daß das Lesen dieses Buches unseren Glaubensgeschwistern dazu verhilft, einen Platz im Königreich Gottes zu finden. Darauf freue ich mich und hoffe, viele von euch dort zu treffen. Sicher müssen wir nicht mehr lange darauf warten!

Marvin Moore

Kapitel 1

Warum
über die Endzeit sprechen?

In der zweiten Hälfte des Jahres 1989 sind die Siebenten-Tags-Adventisten offenbar aufgewacht.

Sooft ich mit Gemeindegliedern in den verschiedenen Ländern der Welt sprach, hörte ich immer wieder sagen: „Die dramatischen Ereignisse in Osteuropa sind erfüllte Prophezeiungen." Wiederholt habe ich in adventistischen Zeitschriften gelesen, der Zusammenbruch des kommunistischen Systems in weniger als einem Jahr entspreche der Ankündigung von Ellen G. White, daß die letzten Ereignisse sehr rasch aufeinander folgen („Testimonies", Bd. 9, S. 11).

Dieser Entwicklung fast auf den Fersen folgte die Invasion des Irak in Kuwait und die „Operation Wüstensturm"; Amerikas Präsident George Bush sprach von einer „neuen Weltordnung". Wieder ließen sich aufgeschreckte Adventisten vernehmen und sagten: „Irgend etwas geht hier vor. Die Endzeit ist da!"

Kaum hatte sich der Staub des Wüstensturms gelegt, da folgte der nächste Schlag in der Sowjetunion. Die kommunistischen „Hardliner" inszenierten einen Putsch; das russische Volk wurde aktiv und nahm seine politische Zukunft selber in die Hand. Und während ich das schreibe, scheinen die Russen einen konsequent demokratischen Kurs anzusteuern.

Diese sich häufenden Zeichen des Endes drohten das Denken der Adventisten und anderer Christen zu überfordern! Wer weiß, was als nächstes geschieht! Wenn diese Worte gelesen werden, sind die genannten Ereignisse vielleicht schon von weit dramatischeren Entwicklungen überholt.

Angesichts dieser wachsenden Aufmerksamkeit für das nahende Weltende scheint es geraten, daß man neu untersucht, was uns die Heilige Schrift und Ellen G. White über die Endzeit sagen. Zugleich sollte man fragen, ob jetzt die letzten Ereignisse wirklich über uns hereinbrechen. Das rechte Verständnis dafür kann uns helfen, besonnen und nicht fanatisch zu reagieren.

Wenn ich begründen sollte, warum ich dieses Buch schreibe, würde ich folgendes sagen: Es soll den Adventisten als Leitfaden in Eschatologie dienen, als Wegweiser, der ihnen Kenntnis über die Endzeitereignisse vermittelt, wie sie von Adventisten seit jeher verstanden wurden.

Kürzlich erzählte mir eine alte Freundin etwas, wovon ich sehr beeindruckt war und was mir bewußt gemacht hat, daß ein Bedürfnis besteht, einen klaren Überblick über unsere Endzeitlehren zu gewinnen. Im Laufe unseres Gesprächs erwähnte ich den Spätregen, und sie fragte nach dessen Bedeutung. Daraufhin erklärte ich ihr die biblischen Aussagen über die Ausgießung des Heiligen Geistes in den letzten Tagen.

„Ich erinnere mich, daß in einer Bibelklasse darüber gesprochen wurde", erwiderte sie, „aber das ist schon lange her. Ich weiß nicht mehr, was das alles bedeutet."

Vermutlich sind viele Adventisten mit dem Verständnis der Endzeitereignisse nicht mehr so vertraut, wie sie von den Pionieren unserer Gemeinschaft, und speziell von Ellen G. White, gelehrt wurden.

Die Mehrheit der Gemeindeglieder heute hat vielleicht nur in der Bibelschule oder in einer Predigt davon gehört, bestenfalls einen Artikel darüber gelesen. Wie mir die Glaubensschwester gestand, haben viele Adventisten vergessen, was das alles bedeutet.

Ich wünsche, daß dieses Buch die Lücken in unserem Verständnis schließt.

Was wissen wir von Ellen G. White?

Die adventistische Eschatologie ist nachhaltig von Ellen G. White geprägt worden. Wenn wir eine klare Weisung vom Herrn erwarten, wenden wir uns am besten – mehr als auf allen anderen Gebieten – ihrem Schrifttum zu, natürlich in Verbindung mit der Bibel.

Das ist durchaus korrekt, denn Gott gab uns eine Prophetin für diese Zeit, um uns zu helfen, vorbereitet zu sein auf den letzten Abschnitt der Weltgeschichte. Daß die Prophetie unser Verständnis für die Ereignisse vor der Wiederkunft Jesu vertieft und zeigt, wie wir uns und andere darauf vorbereiten können, sollte uns nicht überraschen.

In der Vergangenheit ist mitunter bezüglich der „Unfehlbarkeit" von Ellen G. White übertrieben und versucht worden, ihr eine Autorität über unser Schriftverständnis einzuräumen, die sie selbst nie beansprucht hat.

Leitende Brüder der Gemeinschaft haben zum Beispiel in den Jahren um 1888 Jahren wiederholt darauf gedrungen, ihren Standpunkt über die Identität des Gesetzes vom Galaterbrief her zu erfahren. Aber sie lehnte das ab und forderte die Brüder auf, sich diese Frage von der Bibel beantworten zu lassen.

Ich glaube, das sollten auch wir bezüglich der Prophetie tun. Wir müssen Daniel, die Offenbarung, die Propheten des Alten Testaments und die prophetischen Aussagen des Apostels Paulus selber studieren und diese Bücher nicht von Ellen G. White für uns auslegen lassen. Aber wir brauchen ein Gleichgewicht.

Manche Adventisten sind heutzutage fast peinlich berührt und kleinlaut, wenn von Ellen G. White die Rede ist. Auch das ist bedauerlich. Ich stimme zu, daß wir die Bibel und nur die Bibel allein benutzen sollten, wenn wir schreiben oder mit denen sprechen, die keine Adventisten sind. Aber Ellen G. White erhielt spezielle Weisungen über Endzeitereignisse; und wenn sie Gottes Botschafterin für die Übrigen war, sollten wir als die Übrigen sie auch ernst nehmen.

Es ist deshalb völlig berechtigt, gegenwärtige Ereignisse im Lichte der Vorhersagen von Ellen G. White zu deuten. Wenn Gott ihr wirklich gezeigt hat, wie es in der Welt zur Zeit des Endes aussehen wird, sollten wir auch in der Lage sein, in den aktuellen Ereignissen die Erfüllung dessen zu erkennen, was sie beschrieb. Es besteht also kein Grund zur Beunruhigung, wenn ich Ellen G. White häufig zitiere. Adventisten sollten verstehen, was sie über die Endzeit gesagt hat.

Das war ein wichtiger Grund für mich, dieses Buch zu schreiben. Ich möchte ihre Gedanken über die Zukunft zusammen mit den Aussagen der Heiligen Schrift in ein System bringen, um sie so leichter verständlich zu machen.

Ellen G. White entwickelte ihre Gedanken mitunter bis in Einzelheiten, wo sie in der Heiligen Schrift nur angedeutet werden. Manche sind davon beunruhigt, weil sie denken, der Bibel werde etwas hinzugefügt. Sie wollen nicht glauben, was E. G. White sagt, wenn sie es nicht genauso eindeutig in der Bibel finden.

Solchen Einschränkungen der Schriften von Ellen G. White stimme ich nicht zu. Warum sollte uns Gott eine Prophetin gesandt haben, wenn sie nur zum Ausdruck bringt, was bereits in der Heiligen Schrift steht? Neues Licht muß wirklich neu sein und nicht nur eine Wiederholung des bereits bekannten.

Leider haben einige Adventisten den Fehler begangen, Prophetie durch Schlagzeilen der Zeitung auszulegen. Wir sind nicht die einzigen, die das tun. Wahrscheinlich kommt das bei uns sogar seltener vor als bei den evangelikalen Protestanten, die dazu neigen, jedes Ereignis im Nahen Osten als Zeichen dafür zu werten, daß die Russen über Israel herfallen oder daß der Tempel in Jerusalem wiederaufgebaut wird. Manche waren über den Krieg im Irak und in Kuwait so erregt, daß sie die Fähigkeit zu vernünftigem Denken fast verloren. Ich bin froh, daß so etwas unter Adventisten nicht geschah.

Doch ergeht es uns kaum besser, wenn künftig Ereignisse eintreten, die für uns bedeutungsvoll sind. Sobald der kleinste Hinweis auf ein Sonntagsgesetz in der Zeitung erscheint, werden Karten von den Endzeitereignissen hervorgezogen, und im Nu haben einige ausgeknobelt, in welchem Jahr der Spätregen ausgegossen wird oder die Gnadenzeit endet.

Ereignisse oder Trends?

Ich glaube, wir sollten vorsichtig sein und nicht in jedem Ereignis *die* Erfüllung einer speziellen biblischen Prophezeiung sehen. Entwicklungen in eine bestimmte Richtung sind als Zeichen für die Erfüllung biblischer Prophetie viel wichtiger als ein einzelnes Ereignis.

Als Mussolini im Jahre 1929 Rom an den Vatikan zurückgab, meinten viele Adventisten: „Die tödliche Wunde ist geheilt." Doch dieses Ereignis gab nur den Anstoß zu einem langen Prozeß, der noch immer in Gang ist.

Weder die Ernennung eines Botschafters für den Vatikan durch Ronald Reagan im Jahre 1984 noch Gorbatschows Aussöhnung mit Rom im Jahre 1989 bedeutete eine Heilung der tödlichen Wunde. Zusammen aber bilden diese Ereignisse eine Entwicklung, die zum Heilwerden der tödlichen Wunde führt. Und darin besteht nach meiner Meinung der zuverlässige Weg, die Prophezeiungen der Bibel oder die von Ellen G. White auszulegen.

So betrachtet, kann sogar der Konflikt mit dem Irak im Jahre 1991 als Erfüllung der biblischen Prophetie angesehen werden. Bei allem gebührenden Respekt vor anderen Meinungen – dieser Krieg wird aber weder in Daniel oder der Offenbarung noch in den großen und kleinen Propheten des Alten Testaments erwähnt. Doch die Gruppierung der Nationen, die daraus hervorging, ist als Erfüllung biblischer Prophezeiungen durchaus von Bedeutung. An anderer Stelle in diesem Buch werde ich mehr darüber sagen.

Zwar bin ich überzeugt, daß wir vorsichtig interpretieren sollten, aber ich weiß auch, daß wir interpretieren *müssen*. Die Auslegung der Zeugnisse von Ellen G. White über die Ereignisse der letzten Zeit ist heute sogar noch wichtiger geworden, weil wir inzwischen 70 bis 140 Jahre später leben. Die meisten adventistischen Theologen stimmen mit mir überein, daß die beschriebenen Ereignisse im

Kontext der damaligen Zeit stehen. Heute haben wir die Vorhersagen E. G. Whites im Lichte des Geschehens unserer Zeit zu sehen, die sich wesentlich von der ihren unterscheidet, nicht zuletzt durch die Geschwindigkeit, mit der sich die Lage heute entwickelt.

Es läßt sich nicht verheimlichen, daß ich in diesem Buch viel interpretiert und Beträchtliches von dem, was die Heilige Schrift und Ellen G. White über die Endzeit sagen, auf unsere Zeit angewandt habe. Ich behaupte nicht, daß meine Schlußfolgerungen absolut richtig sind. Doch ich glaube, daß wir Verantwortung dafür tragen, unsere Zeit im Licht der biblischen Prophezeiungen zu sehen.

Ich stelle meine Ansichten dar, um Gottes Volk zu ermutigen, daß es sich vorbereitet auf die Endzeit, und hoffe, daß andere für die notwendigen Korrekturen sorgen, wo meine Auslegungen unhaltbar sein sollten. Ich verspreche, keinerlei Einwände dagegen zu erheben.

Chronologische Zeittafeln

Ein Wort über Zeittafeln. Des Mißbrauchs wegen, den einige Adventisten damit getrieben haben, bin ich skeptisch bezüglich der Anfertigung von Zeittafeln, besonders jener, die da versuchen, jedes Detail in dem großen Ablauf des Geschehens unterzubringen.

Ellen G. White ist doch völlig im Recht mit ihrer Ansicht von einer breiten Flut von Endzeitereignissen, während sie Einzelheiten nur andeutungsweise erwähnt. Ich glaube zum Beispiel nicht, daß man genau die Zeit festlegen kann, wann die Sichtung, der Spätregen und der laute Ruf beginnen oder enden im Zusammenhang mit dem vermuteten ersten, zweiten oder dritten nationalen Sonntagsgesetz.

Es besteht jedoch eine gewisse chronologische Ordnung in den Endzeiterklärungen von Ellen G. White; mitunter kann eine graphische Darstellung der Umrisse sogar eine Hilfe für das Verständnis sein. In solchen Fällen habe ich eine Zeittafel angefertigt.

All die Informationen der einzelnen Zeittafeln aber, die im Buch verstreut sind, habe ich am Ende *nicht* auf einer Zeittafel vereinigt.

Zweifellos ließe sich dadurch die Neugier mancher Leute befriedigen. Doch ich glaube nicht, daß dann die Gesichtspunkte, die auf den verschiedenen Zeittafeln hervorgehoben sind, leichter zu verstehen wären. Wer eine derartige Übersicht haben möchte, fertige sie sich selber an. Das Auffinden der Beweise und der Versuch alles zusammenzufügen, wird die Chronologie der Endzeit besser dem Gedächtnis einprägen, als wenn es von mir vorgegeben worden wäre.

Geistliche Erkenntnisse über die Endzeit

Man könnte einwenden: Unsere Errettung hängt doch nicht davon ab, daß wir jeden Buchstaben und jedes Tüpfelchen der Endzeitereignisse verstehen. Warum konzentrieren wir uns nicht in erster Linie auf die Liebe Gottes und unser Verhältnis zu Christus?

Diese Frage rückt die zweifache Bedeutung dieses Buches in den Mittelpunkt: Prophetische Ereignisse *und* geistliche Erneuerung. Weil Adventisten leider zu oft vom „Was" und „Wann" fasziniert sind, haben sie die damit verknüpften geistlichen Konsequenzen außer acht gelassen.

Das richtige Verständnis von der Reihenfolge der Ereignisse ist zwar wichtig – aber nicht das Wichtigste. Entscheidend ist das Hineinwachsen in die Gemeinschaft mit Jesus, die uns durch die Zeiten hindurchbringen wird. Zusammen mit diesen geistlichen Werten wird das rechte Verständnis vom Ablauf der Endzeitereignisse sehr hilfreich sein. Ellen G. White selbst betont den Zusammenhang von prophetischen Ereignissen und ihrer geistlichen Konsequenz:

> Der Forschende ... sollte in ihrem Wesen die beiden Machtgruppen verstehen, die um die Oberherrschaft ringen, und sollte lernen, ihre Auswirkungen bis hin zu dem großen Abschluß zu verfolgen. Er muß begreifen, wie diese Auseinandersetzung jede Phase menschlicher Erfahrung durchdringt, wie er selbst in jeder Handlung seines Lebens die eine oder

andere der beiden entgegengesetzten Kräfte offenbart, und wie sich, ob er will oder nicht, gerade jetzt entscheidet, auf welcher Seite des Kampfes er zu finden sein soll. („Erziehung", S. 176)

Zweierlei betont Ellen G. White: Wir sollten den großen Kampf in der gesamten Geschichte und Prophetie verfolgen und den Einfluß auf unser eigenes Leben erkennen! Wichtig ist der letzte Satz: „... ob er will oder nicht, gerade jetzt entscheidet [der Forschende], auf welcher Seite des Kampfes er zu finden sein soll."

Wie wir uns heute entscheiden, das wird den Ausschlag geben für die endgültige Entscheidung, die wir treffen, wenn die Endzeit da ist.

Dieses Buch interessant und informativ einzuschätzen ist sicher gut, aber meine größte Hoffnung besteht darin, daß es geistlich belebt und dazu beiträgt, die Gemeinschaft mit Jesus zu festigen und zu bewahren, damit sie in der dunkelsten Stunde dieser Erde Bestand hat.

Kapitel 2

Werden wir unseren Glauben bewahren?

Vor einigen Jahren beschlossen meine Frau Lois und ich, unser Haus in Boise, Idaho, zu verkaufen, um nach Caldwell zu ziehen. Lois unterrichtete Krankenpflege und mußte täglich eine Stunde zur Arbeit hin- und wieder zurückfahren. Ein Umzug nach Caldwell hätte die Fahrzeiten halbiert. Da wir jedoch nicht sicher waren, ob dieser Umzug für uns gut wäre, baten wir Gott, uns einen Käufer für unser Haus zu schicken, der gewillt wäre, den gewünschten Preis zu bezahlen.

Innerhalb von zwei Monaten hatten wir das Haus verkauft und in Caldwell ein anderes gefunden, so wie wir es uns erträumt hatten. Ein halbes Jahr nach dem Umzug sah sich meine Frau gezwungen, ihre alte Stellung aufzugeben, hatte aber noch keine neue. Nun saßen wir da, kratzten unsere Köpfe und überlegten, ob uns wirklich der Herr nach Caldwell geführt hatte.

Lois suchte eine neue Arbeit und fand innerhalb einer Woche eine Stellung im öffentlichen Gesundheitsdienst, für die sie qualifiziert war – nur fünf Minuten von unserem Haus entfernt. Der Direktor nahm sie auf der Stelle. Unnötig zu erwähnen, daß Lois und ich nicht daran zweifelten, Gott habe uns zum Verkauf unseres Hauses in Boise veranlaßt und nach Caldwell geführt. Das war für uns die Bestätigung, daß Gott unser Leben lenkt.

Waren diese Ereignisse aber wirklich ein Beweis der Führung Gottes? Viele Leute kaufen und verkaufen jeden Tag Häuser und machen sich keine Gedanken über Gott. Ein weltlich eingestellter Mensch hätte vielleicht gesagt: Glück gehabt! Gottes Handeln aber in den Ereignissen unseres Lebens zu erkennen erfordert Glauben. Für den Gläubigen bekommt vieles eine weit tiefere Bedeutung.

Das gilt für unser persönliches Leben wie auch für die Geschichte. Wenn wir auf das Weltgeschehen blicken, sagen wir: „Da hat Gott seine Hand im Spiele gehabt!"

Wir glauben, daß der Auszug Israels aus Ägypten eine Zeit in der Geschichte der Menschheit war, wo Gott auf dramatische Weise in das Leben seines Volkes eingriff. Mose sagte: „Euch aber hat der Herr angenommen und aus dem glühenden Ofen, nämlich aus Ägypten, geführt, daß ihr das Volk sein sollt, das allein ihm gehört." „Weil er deine Väter geliebt und ihre Nachkommen erwählt hat, hat er dich herausgeführt mit seinem Angesicht durch seine große Kraft aus Ägypten." (5 Mo 4,20.37)

Zur Erinnerung an die Führung Gottes wurden den Israeliten bestimmte Ereignisse für immer ins Gedächtnis geprägt: die Plagen in Ägypten, der Durchzug durchs Rote Meer, Gottes Erscheinen auf dem Berg Sinai mit Blitz und Donner, das Hervorquellen von Wasser aus dem Felsen in der Wüste, 40 Jahre lang Manna – das Brot vom Himmel –, dann die fallenden Mauern von Jericho, um nur einige zu nennen. Pharao bestritt, daß in den Plagen Gott am Wirken war, die Israeliten aber zweifelten nicht daran.

In der Wüste aber zweifelten sie. Als es immer heißer wurde, beklagten sie sich bei Mose, daß er sie geführt habe – nicht Gott –, damit sie zugrunde gingen. *Als der Glaube der Israeliten schwach wurde, bekamen die dramatischen Ereignisse – die Plagen, der Durchzug durch das Rote Meer und das Erleben am Sinai – eine ganz andere Bedeutung.*

Vor 2.000 Jahren fanden Ereignisse statt, die noch heute von Christen und Juden grundverschieden gedeutet werden. Christen glauben, daß der Sohn Gottes von einer Jungfrau geboren wurde, daß er während seines öffentlichen Wirkens Wunder vollbrachte und den Opfertod am Kreuz starb, um uns von unseren Sünden zu erlösen.

Wir glauben ferner, daß das bedeutendste Ereignis der Geschichte drei Tage später eintrat, als Jesus vom Tode auferstand. Die Juden geben heute zwar zu, daß Jesus am Kreuz gestorben ist, bestreiten aber, daß Gott etwas damit zu tun hat. Christen dagegen glauben, daß Gott mit der Kreuzigung Jesu ein unauslöschliches Zeichen in die menschliche Geschichte gesetzt hat. Doch das ist nur im Glauben anzunehmen, nicht zu beweisen.

Aus der Bibel wissen wir, daß die Höhepunkte im Erlösungsgeschehen stets von markanten Ereignissen begleitet waren, die uns verdeutlichen, daß Gott in die menschliche Geschichte eingreift. Wir haben daher guten Grund zu glauben, daß der nächste Schritt im Erlösungsplan, das zweite Kommen Christi, und die Zeitläufe, die vorausgehen, ebenfalls durch einschneidende Ereignisse gekennzeichnet sein werden.

Denken wir an die Plagen, an Erdbeben, Hagel und eine große Schlacht. Das sind Ereignisse, die angekündigt sind und eintreten werden. Adventisten waren nie der Meinung, daß die Bibel die Zukunft nur in Symbolen beschreibt. Wir haben das Erdbeben von Lissabon und den Sternenfall immer für die Erfüllung von Prophezeiungen gehalten, die Johannes in der Offenbarung gegeben hat (6,12.13).

Wir glauben auch, daß die sieben letzten Plagen buchstäblich erfüllt werden.

Obwohl wir die Beschreibung des Kampfes von Harmagedon symbolisch verstehen, sind wir doch zugleich der Überzeugung, daß der Kampf buchstäblich ausgefochten werden wird. Auch das Erdbeben bei Christi zweitem Kommen, beschrieben in Offenbarung 16,18, wird eine wirkliche Katastrophe sein, wobei die Erdkruste zerbricht und alles vernichtet wird, was Menschen je geschaffen haben. Welches Ereignis könnte gewaltiger sein?

Und so wie Gottes Volk in der Vergangenheit an die großen Taten des Herrn in der Erlösungsgeschichte mit Lobliedern gedachte, so werden wir einst auch im Himmel Gott für sein Eingreifen in Verbindung mit dem Ende der Welt und Christi zweitem Kommen preisen und danken.

Wir denken an das Lied in Offenbarung 15,3.4, das gesungen wird von denen, „die den Sieg behalten hatten über das Tier und sein Bild und über die Zahl seines Namens".

> Groß und wunderbar sind deine Werke,
> Herr, allmächtiger Gott!
> Gerecht und wahrhaftig sind deine Wege,
> du König der Völker.
> Wer sollte dich, Herr, nicht fürchten
> und deinen Namen nicht preisen?
> Denn du allein bist heilig!
> Ja, alle Völker werden kommen
> und anbeten vor dir,
> denn deine gerechten Gerichte sind offenbar geworden.

Wenn wir an den Auszug Israels aus Ägypten oder an das Leben Jesu denken, fragen wir uns vielleicht, wie es wohl gewesen wäre, wenn wir das miterlebt hätten. Wir betrachten das heute sehr realistisch, weil Augenzeugen da waren, die gesehen und niedergeschrieben haben, was wir jetzt lesen können.

Wer aber kann sich vorstellen, wie die Ereignisse in naher Zukunft aussehen werden? Die Befreiung Israels aus Ägypten betraf nur eine Nation zu einer Zeit, da die Technologie, gemessen am heutigen Standard, primitiv war. Wenn uns Gott andererseits in naher Zukunft befreit aus einem Kampf, den Satan persönlich befehligen wird, werden wir durch Gottes Kraft von einem Feind befreit, der weltweit über die höchstentwickelte Ausrüstung für Kommunikation und Angriff verfügt. Zugleich mit unserer Befreiung aber werden schreckliche Ereignisse eintreten, und wir werden sie sehen, hören und spüren. Der Gedanke allein daran ist schon aufregend!

Diese Ereignisse werden die dramatischsten in der Geschichte der Menschheit sein. Da wird sich zeigen, daß Gott am Wirken ist. Es wird bewegend sein, diese Zeit zu durchleben, sofern wir mit Gott im reinen sind. Andernfalls ist Vorsicht geboten aus zwei Gründen:

Erstens: Den entscheidenden Ereignissen wird kein Schild vorangetragen, auf dem zu lesen wäre: Letzte Ereignisse. Wissenschaftler werden für alles eine perfekte und vernünftige Erklärung haben. Das Geschehen an sich wird nicht schlüssig beweisen, daß Gott am Wirken ist. Man könnte sogar sagen, daß es dann vielleicht näher liegt, nicht zu glauben, als zu glauben!

Zweitens: Es genügt nicht, etwas über die letzten Ereignisse der Weltgeschichte zu wissen oder selbst zu glauben, daß sie kommen. Wer keine persönliche Glaubensüberzeugung zu Jesus entwickelt hat, *ehe* diese Ereignisse hereinbrechen, wird davon überwältigt werden, selbst wenn er erkennt, was rings um ihn geschieht.

Klingt das unglaubhaft? Denken wir an die Erfahrung der Kinder Israel! Gott hatte sie durch schreckliche Plagen aus Ägypten befreit, führte sie durchs Rote Meer und kam mit Blitz und Donner auf den Sinai herab. Er gab ihnen Brot vom Himmel und Wasser aus dem Felsen. Doch wenn Schwierigkeiten eintraten, riefen sie: Mose, hast *du* uns in die Wüste gebracht, damit wir hier sterben? Wir wollten lieber wieder in Ägypten sein! (vgl. 4 Mo 11,5.18; Apg 7,39) Sie hatten vergessen, daß Gott ihre Befreiung aus Ägypten bewirkt hatte. Die schrecklichen Ereignisse bewerteten sie auf einmal anders, um sie ihrem Unglauben anzupassen.

Oder denken wir an die Juden zur Zeit Christi. Sie kannten die Prophezeiungen vom Kommen des Messias sehr genau. Und als er auftrat, wurden viele zu Zeugen seiner Wunder; doch nur die Jünger erkannten den Messias in ihm. *Die Geschehnisse genügten nicht, um jene zu überzeugen, die überhaupt nicht bereit waren zu glauben.*

Jesus sagte: „So werden sie sich auch nicht überzeugen lassen, wenn jemand von den Toten auferstünde." (Lk 16,31) Und Jesus weckte wirklich einen Mann von den Toten auf. Aber weniger als eine Woche später spotteten die Juden: „So steige er nun vom Kreuz herab. Dann wollen wir an ihn glauben." (Siehe Mt 27,42) Sie hätten aber dennoch nicht geglaubt.

Wenn wir deutliche Zeichen wahrnehmen dafür, daß die letzten Tage gekommen sind, schlagen unsere Herzen schneller. Eines Tages aber werden unsere Herzen rasen! Die Ereignisse in naher

Zukunft werden das Schrecklichste sein, was uns je begegnet ist; und wenn unser Glaube nicht stark genug ist, *bevor* sie eintreten, werden wir – wie einst die Israeliten – Gott anklagen, statt ihm zu danken. So wie die Juden werden wir ihm fluchen, statt ihn zu loben und zu preisen.

Deshalb ist das Gleichnis von den zehn Jungfrauen so wichtig! Es zeigt, daß wir bereit sein müssen, ehe der Bräutigam kommt. Wenn er erscheint, ist es zu spät, ganz gleich, wie sehr wir uns sein Kommen gewünscht haben. Prophetische Ereignisse, von denen wir zuvor überzeugt waren, daß sie von Gott kommen, werden wir ganz anders auslegen und damit den Unglauben stützen, der vielleicht schon lange in uns steckte.

Mit anderen Worten: Die letzten Ereignisse der Weltgeschichte werden offenbar machen, wer wirklich im Glauben steht und wer nicht; sie werden das Echte vom Falschen trennen. Wenn unser Glaube nicht gefestigt ist, bevor die letzten Ereignisse eintreten, werden wir den Ungläubigen hinzugetan und trotz unseres vorgeblichen Glaubens Verlorene sein.

Gott erklärte den Israeliten: Ich habe dich aus Ägypten herausgeführt „durch Zeichen, durch Wunder, durch Krieg und durch meine mächtige Hand und durch meinen ausgestreckten Arm und durch große Schrecken" (5 Mo 4,34). Es kommt der Tag, an dem Gott sein Volk durch ähnlich spektakuläre Ereignisse aus dem letzten Kampf auf Erden befreien wird. Aber keiner verlasse sich darauf, daß allein die Ereignisse ihn überzeugen werden, alles zu tun, außer Gott zu fluchen – selbst wenn man es schon vorher weiß!

Sollte dieses Buch sonst nichts anderes bewirken, so hoffe ich doch, daß es zu der Erkenntnis führt: *Jetzt ist die Zeit, sich auf die Zukunft vorzubereiten.* Wenn die Zukunft anbricht, ist es zu spät.

Kapitel 3

Die letzte Krise

Als die Tür zur Arche Noahs geschlossen wurde, gab es keine Rettung für alle, die draußen standen. Die letzte Chance, in die Arche eingelassen zu werden, war vertan. Sieben Tage lang tanzten die Leute noch um die Arche herum; denn in der Natur war ja auch alles noch so wie am Anfang. Nichts deutete darauf hin, daß der Untergang bereits hinter der nächsten Ecke lauerte. Erst als die Blitze zuckten, der Donner rollte und der Regen einsetzte, wurde ihnen bewußt, daß etwas aus den Fugen geraten war.

Wenn Gott die Erde wiederum vernichten muß, wird es vermutlich nicht so sein. Christi Kommen wird nicht über eine Welt hereinbrechen, die gerade Feste feiert, sondern über eine Welt in schweren Krisen. Vor der Wiederkunft Christi wird der ganze Planet von Katastrophen geschüttelt werden, schlimmer als die Welt sie bisher erlebt hat. Die Heilige Schrift sagt, es wird „eine Zeit so großer Trübsal sein, wie sie nie gewesen ist, seitdem es Menschen gibt" (Da 12,1). Ellen G. White spricht wiederholt von der „kommenden Krise", „der letzten Krise" oder „dem letzten Konflikt".

Ziel dieses Kapitels ist es, auf diese letzte Krise vorzubereiten und ihre Merkmale zu beschreiben. Folgende Hinweise der Heiligen Schrift und die Erklärungen von Ellen G. White deuten auf eine Endkrise, auch wenn sie nicht immer als solche bezeichnet wird:

Und es wurde ihm Macht gegeben, Geist zu verleihen
dem Bild des Tieres, damit das Bild des Tieres reden und

machen könne, daß alle, die das Bild des Tieres nicht anbeteten, getötet würden. (Offb 13,15)

Wenn jemand das Tier anbetet und sein Bild und nimmt das Zeichen an seine Stirn oder seine Hand, der wird von dem Wein des Zornes Gottes trinken, der unvermischt eingeschenkt ist in den Kelch seines Zorns. (Offb 14,9.10)

Der Böse aber wird in der Macht des Satans auftreten mit großer Kraft und lügenhaften Zeichen und Wundern und mit jeglicher Verführung zur Ungerechtigkeit bei denen, die verloren werden. (2 Th 2,9.10)

Wir stehen an der Schwelle von Zeit und Ewigkeit. Schnell werden Gottes Gerichte aufeinander folgen. (E. G. White, „Propheten und Könige", S. 197)

Es zieht sich ein Sturm zusammen, der drauf und dran ist, über die Erde hereinzubrechen. Und wenn Gott seinen Engeln befiehlt, die Winde loszulassen, wird es ein kriegerisches Schauspiel geben, wie es keine Feder ausmalen kann. (E. G. White, „Erziehung", S. 166)

Die Entscheidungsstunde naht schnell. Die rasch anwachsenden Zahlen zeigen, daß die Zeit für Gottes Heimsuchung vor der Tür steht. Obwohl er keine Freude am Strafen hat, wird er dennoch strafen, und zwar bald. (E. G. White, „Schatzkammer der Zeugnisse", Bd. 2, S. 53)

Die wichtigste Frage von uns Adventisten ist natürlich: Wieviel Zeit haben wir noch? Wann beginnt die letzte Krise?

Ein Datum läßt sich nicht nennen, weil uns Gott kein Datum gegeben hat. Doch die Zeichen, die im nächsten Kapitel genannt werden, machen deutlich, daß nur noch wenig Zeit ist, bis die letzte Krise über die Welt hereinbricht. Dennoch gibt es einen Weg, auf dem die Frage nach dem Beginn der Endzeit ganz konkret beantwortet werden kann – auch wenn man das Datum nicht weiß. Die Endkrise wird in Verbindung mit anderen großen Endzeitereignissen hereinbrechen.

Viele von uns werden vermutlich denken, daß das Ende der Gnadenzeit mit den sieben letzten Plagen einhergehen wird. Die Heilige Schrift und Ellen White aber sagen ganz deutlich, daß die letzte Krise bereits vor dem Ende der Gnadenzeit anbricht. Ellen White zeigt außerdem, daß die Endkrise von einer Reihe vernichtender Naturkatastrophen begleitet sein wird. Diese Katastrophen sollen die Menschheit, besonders die Spötter, noch vor Abschluß der Gnadenzeit warnen.

Beachten wir die folgende Skizze:

Entscheidend ist es, den Grund für die letzte Krise zu erkennen, bildet sie doch das Ende des großen Kampfes zwischen Christus und Satan.[1] Satan meinte, er hätte die Welt erobert, als er Adam und Eva zur Sünde verführte. Doch bald wurde er gewahr, daß Gott einen Plan zur Erlösung der Menschen gelegt hat. Seit 6.000 Jahren nun versucht Satan, diesen Plan zu vereiteln. Die Krise unmittelbar vor Christi Wiederkunft wird eine kurze Periode sein, in der Satan letzte Anstrengungen unternimmt, um möglichst viele auf seine Seite zu ziehen.

Warum aber lesen wir nichts von ähnlichen Machenschaften vor der Sintflut?

Damals waren Satans Macht und Reich nicht in Gefahr. Er wußte, daß er nach der Sintflut noch viel Zeit haben würde, um die Menschheit zu verführen. Da konnte er es sich leisten, ein paar Kinder Gottes die Flut überleben zu lassen, um sie später zu fan-

---

[1]   Der große Kampf findet erst am Ende der Tausend Jahre seinen Abschluß. Mit „letzte Krise" meinen wir in diesem Buch die letzte Krise der Weltgeschichte.

gen. Die Sintflut machte ihm das tatsächlich leicht, denn danach lebten nur noch acht Menschen!

Heute aber kämpft Satan um jeden einzelnen, denn er will sein Reich behalten. Er weiß, daß er wenig Zeit hat. Die Heilige Schrift sagt: Je kürzer die Zeit, um so größer Satans Zorn (siehe Offb 12,12). Er wird in der Endkrise alles tun, was in seiner Macht steht, um Gottes Volk auszulöschen und seine Herrschaft zu festigen. Das bedeutet Kampf – buchstäblich –, wie im Kapitel „Der Kampf von Harmagedon" erkennbar werden wird. Natürlich wird Gott sein Volk bewahren und Satan samt seiner Gefolgschaft ihres Abfalls wegen bestrafen.

Dieses Buch beschreibt also die Krise der Endzeit ausführlich! Im Blick auf das dramatische Weltgeschehen bietet sich hier ein sachliches und zugleich packendes Studium. Die letzte Krise wird unseren Glauben härter prüfen, als Christen je in ihrer Geschichte geprüft worden sind. Die entscheidende Frage, die über allen anderen Fragen steht, ist deshalb die Bewahrung und Festigung unserer Verbindung zu Jesus in der dunkelsten Stunde der Erde.

Kapitel 4

Zeichen für das baldige Kommen Jesu

Meine Mutter es hat mir oft erzählt. Immer wenn sie als kleines Mädchen sagte: „Wenn ich mal verheiratet bin ...", erhielt sie die Antwort: „Du wirst nie heiraten, denn Jesus wird vorher wiederkommen." Das war im Jahre 1915. Heute hat meine Mutter Enkel und Urenkel.

Auch die Apostel glaubten, Jesus würde zu ihren Lebzeiten wiederkommen. Paulus schrieb seinen Lesern: „Die Zeit ist kurz", und Jesus sagte zu Johannes: „Ja, ich komme bald." (1 Ko 7,29; Offb 22,20)

Die Pioniere der Gemeinschaft der Siebenten-Tags-Adventisten, die 1844 die Enttäuschung erlebten, predigten aus tiefer Überzeugung die baldige Wiederkunft Christi. So hat die Gemeinde fast 150 Jahre lang das baldige Kommen Jesu verkündigt. Von rund einem Dutzend Gläubigen im Jahre 1845 ist unsere Gemeinschaft bis Ende 1996 auf mehr als 9 Millionen angewachsen.

Und trotzdem ist Jesus noch immer nicht gekommen.

Bis dieses Buch vorliegt, werde ich wahrscheinlich in den knapp zwei Jahren fünfzig Predigten gehalten und überall verkündet haben, daß Jesus bald kommt. Es wäre aber unfair, wenn ich nicht zugeben würde, daß ich mich manchmal selber frage: Bereite ich meinen Zuhörern nur eine weitere Enttäuschung? Wenn Johannes, Paulus, unsere Pioniere und meine Großmutter sämtlich erwartet haben, daß Christus zu ihrer Zeit wiederkommt, wir aber immer noch danach ausschauen, wie kann ich mich dann hinstellen und verkündigen, daß Jesus wirklich bald kommt?

Beweisen kann ich es nicht, aber dennoch bin ich der Überzeugung, daß mein Glaube nicht blind ist. Durch wenigstens drei Zeichen des nahenden Endes wird er gestützt. Dabei denke ich nicht an das Erdbeben von Lissabon oder den dunklen Tag, auch nicht an den Sternenfall. Das alles hat sich innerhalb der letzten 250 Jahre ereignet. Es waren wichtige Zeichen dafür, daß die Endzeit begonnen hatte. Doch heute ist uns bewußt, daß die Endzeit eine lange Zeitperiode ist.

Die drei Zeichen aber, die ich nun in diesem Kapitel nennen werde, führen mich zu der Überzeugung, daß die Endzeit ihren Abschluß erreicht hat und daß Jesu Kommen unmittelbar bevorsteht.

Die Trennung von Kirche und Staat wird angefochten

Vor 150 Jahren haben Siebenten-Tags-Adventisten vorhergesagt, daß die Trennung von Kirche und Staat in Amerika auf nachhaltiges Betreiben konservativer Protestanten aufgehoben werden wird. In den letzten Jahren des vorigen Jahrhunderts aber erschien das völlig unglaubhaft. Rev. Theodore Nelson schrieb zum Beispiel:

> Nichts kann absurder sein als ihre [der Adventisten] Interpretation der gegenwärtigen Ereignisse und besonders ihr Glaube, daß unsere Regierungen dabei sind, sich zum Motor einer religiösen Verfolgung und Gewaltherrschaft zu machen ...
>
> Das würde ein größeres Wunder sein, als wenn Gott in einem Augenblick eine riesige Eiche wachsen ließe. (Dudley Canright, „Seventh-day Adventism Renounced", S. 20.23)

1960 drängten amerikanische Protestanten John F. Kennedy, eine Trennung von Kirche und Staat zu unterstützen, um Wahlstimmen zu gewinnen. Man beachte den Status der Trennung von Kirche und Staat in Amerika heute:

> Im Gegensatz zum heutigen Glauben steht die „Trennung von Kirche und Staat" – wie kürzlich vom United States Supreme Court definiert – nicht in Einklang mit dem Glauben und den Wünschen der Begründer und Ratifizierer der Verfassung und der Ersten Ergänzung ...
>
> Das Wort *Trennung* fehlt nicht nur [in der ersten Ergänzung], es gibt auch keinen Hinweis darauf. Ihre Ergänzung im Jahre 1787 schreibt keine Trennung vor und autorisiert sie auch jetzt nicht. („Fundamentalist Journal", Juli-August 1984, S. 28.30)

Diese Aussagen sind nicht etwa in einem katholischen Buch oder Zeitschriftenartikel zu lesen, sondern im „Fundamentalist Journal" von Jerry Falwell, dem bekanntesten Führer des rechtsgerichteten amerikanischen Protestantismus. Die neue „religiöse Rechte" mit konservativen amerikanischen Protestanten an der Spitze sowie starker katholischer Unterstützung hat Amerikas fundamentalem Prinzip der Trennung von Kirche und Staat offen den Krieg erklärt.

Die Befürwortung der Trennung von Kirche und Staat durch die Baptisten hat eine lange, ehrenvolle Geschichte. Baptisten gibt es seit Beginn des 17. Jahrhunderts in England; damals forderte eine verfolgte Minderheit die Trennung von Kirche und Staat.

Roger Williams, einer der ersten Baptisten, die nach Amerika kamen, forderte in diesem Land die Trennung von Kirche und Staat. Die Baptisten haben sich für dieses Prinzip bis in die heutige Zeit eingesetzt. Die Kirche der Southern Baptists aber hat leider die Befürwortung der Trennung von Kirche und Staat in den letzten Jahren untergraben.

W. A. Criswell war über Jahre Pastor der First Baptist Church von Dallas, Texas, der größten Kirche im Southern Baptist Verband. Die Southern Baptists sind die größte konservative protestantische Denomination in der Welt. Als der Pastor einmal von Reportern gefragt wurde, was er von der Trennung von Kirche und Staat halte, schoß er mit der Antwort zurück: „Ich glaube, dieser Gedanke war das Phantasieprodukt von ein paar Ungläubigen." („Church and State", October 1984, S. 23)

Jahrelang hat das Baptist Joint Committee (BJC) in der Frage der Trennung von Kirche und Staat Schulter an Schulter mit den Siebenten-Tags-Adventisten gestanden. Oft haben wir diese Forderung gemeinsam vor Gericht verteidigt, und das BJC tut es noch immer genauso nachdrücklich wie wir.

Die Southern Baptist Church aber hat kürzlich eine Kehrtwendung gemacht. Jahrelang hat sie das BJC mit 400.000 Dollar jährlich unterstützt. Doch 1990 wurde diese Summe auf 50.000 Dollar gesenkt. Ein Jahr später wurde dieser Zuschuß ganz gestrichen. Der Grund? „Das BJC, das für die Trennung von Kirche und Staat eintritt, war zu liberal und hatte sich von der herrschenden Ideologie unter den Southern Baptists entfernt". („Church and State", Juli-August, 1990, S. 15)

Leider sind die Protestanten nicht die einzigen, die versuchen, die Trennung von Kirche und Staat aufzuheben; die amerikanische Regierung unterstützt diese Bemühungen.

> Im Kongreß hat der Widerstand gegen die Trennung von Kirche und Staat einen enttäuschend niedrigen Stand erreicht ... In dem eifrigen Bemühen, per Gesetz einige Arten von Kindertagesstätten zu errichten und zu unterstützen, hat der Kongreß durch den Druck religiöser Lobbys klein beigegeben und „alle Hoffnung für eine strikte Trennung fahrengelassen" ... Zum erstenmal hat Amerika den Kongreß der Vereinigten Staaten dazu bewegt, die Kirchen für die Erziehung der jungen Amerikaner zu bezahlen. Meiner Meinung nach ist dadurch die Mauer der Trennung ernsthaft gefährdet. (U. S. Rep. Pat Williams [D, Mont.], zitiert in „Church and State", November 1990, S. 4.5)

Doch am verhängnisvollsten ist die Situation im Obersten Gerichtshof der Vereinigten Staaten. Die Aussage des Obersten Richters William Rehnquist vor dreißig Jahren wäre für Amerikas Protestanten völlig inakzeptabel gewesen.

Heute wird von vielen Protestanten dafür Beifall gespendet:

> Die „Mauer der Trennung von Kirche und Staat" ist ein bildlicher Begriff, der sich auf eine böse Erfahrung in der Geschichte gründet, ein Begriff, der sich als Leitfaden zur Rechtsprechung als nutzlos erwiesen hat. Er sollte klar und offen aufgegeben werden. („Church and State", Juli-August 1985, S. 14)

Vor etlichen Jahren war ich Pastor in der Gemeinde Waco, Texas. Dort befindet sich die Baylor Universität, die größte Universität der Southern Baptists in der ganzen Welt und die einzige der Vereinigten Staaten, wo die Trennung von Kirche und Staat ein Studienfach ist und Studenten ein Examen darin ablegen können. Ich hatte Gelegenheit, Dr. John Wood zu besuchen, den Vorsitzenden dieses Studienfaches. Im Laufe des Gesprächs sagte Dr. Wood zu mir: „Die Frage lautet nicht, *ob* die Trennung von Kirche und Staat in diesem Land aufgehoben wird, sondern nur *wann*."

Zehn Jahre später erleben wir die dramatische Erfüllung dieser Vorhersage.

Beachten wir: Noch im Jahre 1960 haben die amerikanischen Protestanten die Trennung von Kirche und Staat entschieden unterstützt, und der Oberste Gerichtshof der Vereinigten Staaten wußte sich diesem Prinzip verpflichtet. *Erst ab 1975 haben konservative amerikanische Protestanten begonnen, die Aufhebung der Trennung von Kirche und Staat zu fordern*; der Trend im Obersten Gerichtshof ist sogar noch jünger.

Spiritismus

Seit fast 150 Jahren haben Siebenten-Tags-Adventisten gepredigt, daß am Ende der Zeit, genau vor dem zweiten Kommen Christi, der Spiritismus eine vorherrschende religiöse Kraft sein wird. Als damals davon gesprochen wurde, schien das absurd. Um 1850 hatten die amerikanischen Protestanten durchweg eine Aversion gegen diesen gespenstischen Kult, vergleichbar der Ablehnung jeglicher Zauberei durch ihre puritanischen Vorfahren am Ende des 17. Jahrhunderts. (Arthur W. Spalding, „Origin and History of Seventh-day Adventists", Bd. 1, S. 133)

Als ich nun 1950 in Lincoln, Nebraska, studierte, schüttelte ich den Kopf, als ich las, was Ellen G. White im Buch „Der große Kampf" über die beherrschende Rolle des Spiritismus in der Welt am Ende der Zeiten sagt. Ich fragte mich, wie es möglich wäre, daß rational gesinnte Menschen der westlichen Welt – Wissenschaftler, Bankiers, Anwälte und Geschäftsleute – der Torheit von Glaskugeln und siderischen Pendeln verfallen könnten.

Unsere Kultur ist auf Wissenschaft gegründet, und die Wissenschaft verlangt objektive Beweise, also das, was man sehen und messen und was von Wissenschaftlern geprüft werden kann. An Magie und Okkultismus aber sind Wissenschaftler nicht interessiert. In der Zeit um 1960 ergab Ellen G. Whites Vorhersage also noch keinen Sinn.

Doch im letzten Viertel des 20. Jahrhunderts haben sich ihre Worte auf verblüffende Weise erfüllt. New Age, der moderne Name für Spiritismus, ist die am schnellsten wachsende religiöse Bewegung in der Welt. Worte wie *Kanal* und *astrale Projektion* sind zu geläufigen Begriffen geworden.

Früher habe ich geglaubt, Bankiers, Anwälte und Geschäftsleute würden solchem Unsinn nie verfallen. Doch ein maßgeblicher Befürworter der New Age Bewegung heute bestätigt uns, daß es wirklich so ist.

Man glaubt an eine Wiedergeburt und ist überzeugt von der Führung durch Geister, die sich eines Mediums bedienen und so zu den Menschen sprechen. Führende Bankiers, Ärzte und Manager suchen bei Hellsehern Rat und Schutz vor Wirtschaftskrisen.

Und für Menschen, die ausschließlich von dem überzeugt sind, was die Wissenschaft sagt, hat Satan eine andere Verführung parat: die Außerirdischen. Was aber haben Außerirdische mit der Wissenschaft zu tun?

Wir lesen:

> Wissenschaftler machen große Anstrengungen, um eine Antwort auf die quälende Frage zu finden, ob Menschen die einzigen intelligenten Wesen im Universum sind.
>
> Das von der Planetarischen Gesellschaft gesponserte Harvard-Projekt, ein privates, an der Weltraumerforschung interessiertes Unternehmen, ist nur eines von vielen, die kürzlich in der ganzen Welt begonnen haben, nach außerirdischen Intelligenzen zu suchen.
>
> Paul Horowitz, verantwortlicher Physiker für dieses Projekt an der Harvard-Universität, sagt: „Wenn jemand versucht, mit uns in Berührung zu kommen, sind wir bereit, ihm zuzuhören."
>
> Im Jahre 1982 haben 68 bekannte Wissenschaftler in einem Brief an eine wissenschaftliche Zeitschrift internationale Anstrengungen gefordert, andere Zivilisationen im Universum aufzuspüren. („U. S. News & World Report", 2. Mai 1983, S. 36)

Das war 1983, heute tun sie es. Heute operieren zwei Radioteleskope in den Vereinigten Staaten – eins in Ohio und das andere in Massachusetts –; und die NASA hat ein drittes gebaut. Auch Havard unterhält seit 1990 ein Radioteleskop in Argentinien, um den südlichen Himmel abzudecken. Und alle sind nur für den einen Zweck bestimmt: außerirdische Intelligenzen zu suchen.

Die Zeitschrift der „Amerikanischen Humanistischen Gesellschaft" („The Skeptical Inquirer") hat sich die Aufgabe gestellt, Übernatürliches zu entlarven. Diese Zeitschrift ist normalerweise skeptisch gegenüber Berichten von UFOs und der Kommunikation mit Geistern, hat sich aber der Suche nach überirdischen Intelligenzen verpflichtet.

In einer Veröffentlichung bekannte kürzlich R. McDonough, der Direktor der „Planetary Society", die nach Außerirdischen forscht, daß er „sehr enttäuscht" sein würde, wenn innerhalb von 10 Jahren (bis 2001) keine Signale von intelligenten Wesen im Weltraum aufgefangen würden. („The Skeptical Inquirer", Frühjahr 1991, S. 261)

Auch die überwältigende Anzahl von Science-fiction- und Sternenkrieg-Filmen, die den Unterhaltungsmarkt überfluten, tragen zu derartigen Vorstellungen bei. Wissenschaft und Science-fiction treffen sich in einem Punkt: Beide sind daran interessiert, intelligente Wesen außerhalb unseres Planeten und unseres Sonnensystems auszumachen. Die Erfinder dieser Geschichten träumen davon; die Wissenschaftler suchen danach.

Sei es nun echte Wissenschaft oder Science-fiction: Ich bin davon überzeugt, daß Satan beides benutzt, um die Welt für sein Meisterstück der Verführung „sturmreif" zu machen. Wenn Satan als Christus erscheint – so vermute ich –, wird er sich als außerirdisches Wesen einführen. Satan wird die Suche der Wissenschaft nach Außerirdischen nicht außer acht lassen, erst recht nicht die Science-fiction, die Sternenkrieg-Filme, und die Videos und Bücher, die den Unterhaltungsmarkt überschwemmen. Er ist es, der hinter all diesem steht, und es ist ein Teil seiner Strategie, die Welt dadurch vorzubereiten auf die größte Täuschung.

Die vor 150 Jahren gemachten Vorhersagen erfüllen sich zusehends *seit ungefähr 1975.*

Die politische römisch-katholische Macht

Am 1. Januar 1076 versuchte Heinrich IV., Kaiser des Heiligen Römischen Reiches Deutscher Nation, Papst Gregor VII. abzusetzen. Er rief 26 Bischöfe zusammen und drängte sie, dem Papst den Gehorsam zu verweigern. Das war ein Fehler.

Daraufhin wurde Heinrich IV. vom Papst exkommuniziert und seine Untertanen von ihrem Treueid entbunden. Heinrich hatte nur noch zwei Möglichkeiten: Entweder er büßte seinen Thron ein oder er beugte sich vor dem Papst. Und er beugte sich.

Im Winter 1077 reiste er nach Canossa in Norditalien. Dort stand er barfuß im Schnee, und erst nach drei Tagen wurde dem deutschen Kaiser Buße und Audienz gewährt. Heinrich legte die Beichte ab, und der Papst nahm ihn wieder in die Kirche auf. Erst dann kehrte Heinrich auf seinen Thron in Deutschland zurück.

Der Kampf zwischen Kaiser und Papst um die Vormachtstellung in Europa zog sich über Jahrhunderte hin.

> Mit seinem Bußgang hatte Heinrich die Rechtmäßigkeit des päpstlichen Anspruchs anerkannt und seine traditionell gleichberechtigte oder sogar höhere Autorität zugunsten der Kirche für immer aufgegeben. (*Henry IV* in „Encyclopädia Britannica", 15. Aufl.)

Es ist bekannt, daß die römisch-katholische Kirche während der ersten Hälfte des zweiten Jahrtausends die politische Macht über Europa fest in ihren Händen hielt. Um 1500 aber verringerte sich der Einfluß der Kirche in Europa, so daß kein deutscher Kaiser oder Fürst gezwungen werden konnte, Hand an einen deutschen Mönch und Professor der Universität von Wittenberg zu legen, geschweige denn ihn dem Gericht in Rom auszuliefern.

Dann entglitt der Kirche die politische Macht mehr und mehr, bis schließlich 1798 der französische General Berthier unter dem Kommando Napoleons Rom besiegte und den Papst gefangennahm. Damit war Roms politische Macht aber nicht am Ende. Die Kirche kontrollierte weiterhin große Landstriche in Mittelitalien und beherrschte sie bis 1870, als die italienische Nation der Neuzeit gegründet wurde.

Was ist der Kern dieser Ereignisse?

Um 1850 begannen Siebenten-Tags-Adventisten davon zu sprechen, daß am Ende der Zeit, unmittelbar vor Jesu Wiederkunft, die politische Macht der römisch-katholischen Kirche wiederhergestellt werden wird. Es sei nachdrücklich darauf hingewiesen, daß die „tödliche Wunde" noch immer blutete, als wir mit dieser Vorhersage begannen.

Damals hielt man es für unwahrscheinlich, daß die römisch-katholische Kirche ihre politische Macht jemals wiedergewinnen könnte. Die Adventisten galten als überspannt. Seit 1951 aber ist es klar erkennbar; denn da ernannte Präsident Harry Truman einen Botschafter am Vatikan. Weil sich aber die amerikanischen Protestanten entrüsteten, zog Truman diese Berufung rasch zurück. Zumindest in Amerika hatte also die römisch-katholische Kirche noch keine politische Macht.

Waren die Siebenten-Tags-Adventisten demnach wirklich Träumer, als sie die Wiederherstellung der politischen Macht Roms für das Ende der Zeiten vorhersagten?

Doch schon 1980 hatten mehr als 100 Länder in der ganzen Welt den Vatikan als legitimen politischen Staat anerkannt. Nur die beiden Supermächte standen noch aus.

1983 brachte Präsident Ronald Reagan rasch und geheim eine Vorlage durch den U. S. Senat, der die diplomatischen Beziehungen zum Vatikan herstellte. *Und die amerikanischen Protestanten sagten kaum einen Piep.*

Nur eine Supermacht fehlte noch – bis Ende 1989. Im Dezember trafen sich Präsident George Bush und der sowjetische Premierminister Michail Gorbatschow auf einem Schiff in der Nähe der Insel Malta vor der Küste Italiens. Auf dem Wege dorthin unterbrach Gorbatschow seine Reise für einen Besuch bei Papst Johannes Paul II. in Rom. Und als der Papst und der sowjetische Premierminister von diesem Treffen kamen, verkündigten sie, daß der Vatikan und der Kreml diplomatische Beziehungen aufnehmen werden.

Ein weiterer Gigant hatte kapituliert! Die Zeitschrift „Time" kommentierte das Ereignis folgendermaßen:

> Als der Kaiser des Heiligen Römischen Reiches, Heinrich IV., beschloß, Papst Gregor VII. im Jahre 1077 um Vergebung zu bitten, stand er vor dem päpstlichen Palast in Canossa drei Tage lang barfuß im Schnee. Gorbatschows Konkordat mit der Kirche war kaum von geringerer Bedeutung. („Time", 11. Dezember 1989, S. 36)

Ein außerordentlich faszinierendes Buch ist das vor wenigen Jahren von einem ehemaligen Jesuiten-Priester mit Namen Malachi Martin verfaßte Werk, überschrieben mit „The Keys of This Blood" [Die Schlüssel dieses Blutes]. Dieser Titel mutet harmlos an, bis man den Untertitel liest: „Der Kampf um die Weltherrschaft zwischen Papst Johannes Paul II., Michail Gorbatschow und dem kapitalistischen Westen". Nun ist zu verstehen, weshalb dieses Buch seit September 1990 eines der meistgelesenen in der Gemeinschaft der Adventgläubigen ist. Am Anfang des Buches heißt es:

> Ob wir wollen oder nicht, ob wir bereit sind oder nicht, wir alle sind in einem mit aller Macht und harten Bandagen betriebenen globalen Drei-Wege-Wettkampf eingeschlossen. Die meisten von uns sind aber nicht Mitbewerber, sondern der Wetteinsatz. Der Wettkampf geht um die Errichtung der ersten Weltregierung, die je in der Gesellschaft der Völker existiert hat. Es geht darum, wer die zwiefältige Macht der Autorität und Kontrolle über jeden von uns, über uns alle zusammen als Gemeinschaft, über die sechs Milliarden Erdbewohner – die die Demographen am Anfang des dritten Jahrtausends erwarten – erhalten und ausüben wird.
>
> Im Wettkampf geht es um alles, und jetzt, da er begonnen hat, kann ihn nichts mehr zurück- oder aufhalten ...
>
> *Es ist tatsächlich nicht übertrieben zu sagen, daß das erklärte Ziel des Pontifikats Johannes Pauls – der Motor, der seine päpstliche Großmachtpolitik antreibt und seine täglichen und jährlichen Strategien bestimmt – darin besteht, Sieger in diesem Wettkampf zu sein, der jetzt im Gange ist.* („The Keys of This Blood", S. 17.18 – Hervorhebung: M. Moore)

Kapitel 5

Wo stehen wir jetzt?

In Gedanken unternehmen wir eine Wanderung im Westen der Vereinigten Staaten. Wer dieses Gebiet kennt, weiß, daß es aus Bergen und Wüsten besteht. Angenommen, wir wandern in der Wüste und sehnen uns nach Kühle und frischem Wind. Stand da nicht am Anfang des Weges ein Schild mit dem Hinweis: „Antilopenberge – 170 km"?

Allein schon der Gedanke an solch einen Marsch macht mich müde! Du aber bist fest entschlossen, quer durch die Wüste zu ziehen. Nach ein paar Tagen erreichst du gewisse Orientierungspunkte, die auf der Karte eingezeichnet sind und die dir sagen, wie weit du vorangekommen bist. Jeden Abend fragst du dich: Ob ich die Antilopenberge wohl morgen sehen kann? Du glaubst fest daran, daß diese Berge vor dir liegen, weil es die Landkarte sagt. Gesehen aber hast du sie noch nicht.

Dann ist es eines Tages soweit. In der Ferne sind die Umrisse der Berge zu erkennen. Am nächsten Morgen stehst du zeitig auf, um möglichst gut voranzukommen, und am Mittag sind die Berge tatsächlich klar zu erkennen. Nun muß man nicht mehr glauben, weil es die Landkarte sagt, sondern du weißt es, weil du die Berge sehen kannst.

Gegen Abend treten verschiedene Färbungen und Schatten hervor, beherrscht von tiefem Dunkelblau mit weißen Streifen und rosa Flecken. Weiß ist vielleicht der Schiefer, rosa der Sandstein, und auf den Gipfeln liegt Schnee. Doch am nächsten Mittag wird erkennbar, daß auf den Höhen Bäume wachsen; und es ist nicht Schnee, sondern weiße Wolken ziehen vorüber. Am Abend endlich ist der Fuß des Berges erreicht, und siehe da, die weißen Streifen sind Felsen aus Granit.

Unsere Reise bis zum zweiten Kommen Jesu

Die Wanderung zu den Antilopenbergen will ein Gleichnis sein für die Reise des Volkes Gottes bis zum zweiten Kommen Jesu.

Unsere Pioniere, die die große Enttäuschung erlebt hatten, waren überzeugt, daß Jesu Wiederkunft nahe bevorsteht, denn weniger als 15 Jahre zuvor waren die Sterne gefallen, etwa 50 Jahre zuvor hatte sich die Sonne verfinstert, der Mond war wie Blut, und etwa 100 Jahre waren seit dem Erdbeben von Lissabon vergangen.

Unsere Pioniere erkannten nicht, daß diese Ereignisse lediglich Wegweiser am Anfang ihrer Reise waren und zu verstehen gaben: „Zweites Kommen Jesu – 170 km". Sie wußten nicht, daß noch eine lange Wanderung vor ihnen lag, bis sie die Berge sehen konnten.

Doch ich bin überzeugt, daß wir heute die Umrisse der Berge klar erkennen können und begründe das mit den Beweisen, die wir im letzten Kapitel besprochen haben. Seit fast 150 Jahren predigen Siebenten-Tags-Adventisten, daß am Ende der Zeiten, genau vor Jesu zweitem Kommen, drei bemerkenswerte Entwicklungen zu beobachten sein werden:

- Protestanten in Amerika lösen sich vom Grundsatz der Trennung von Kirche und Staat.
- Der Spiritismus ist auf dem Weg zur Weltreligion.
- Die politische Macht des Papsttums wird wiederhergestellt.

Jedes dieser Zeichen ist ganz offenkundig seit ungefähr 1975, dem Beginn des letzten Viertels des 20. Jahrhunderts.

Wie bei der Wanderung durch die Wüste können wir die Gipfel der Berge klar erkennen und bekräftigen: „Das sieht so aus, wie wir es seit langer Zeit gesagt haben!" Heute, einige Jahre später, ist es ganz offensichtlich, daß die letzten Ereignisse auf dieser Erde unmittelbar vor uns liegen.

Über lange Zeiträume unserer Geschichte hinweg haben wir glauben müssen, daß es so geschehen wird. Aber *nun treten die Ereignisse ein*, und wir können sehen, daß das Ende naht.

An diesem Punkt stehen wir heute.

Ist es richtig, wenn Siebenten-Tags-Adventisten die Geschehnisse in der Welt auf diese Weise interpretieren? Ich glaube, wir tragen sogar die Verantwortung dafür. Wir haben doch eine Straßenkarte! Laßt sie uns benutzen! Gott will, daß wir wissen, wo wir uns im Strom der Zeit befinden. Dafür hat er uns die Karte gegeben!

Nun wollen wir von einem anderen Standpunkt aus über die Frage nachdenken.

Die Verzögerung

In seiner Predigt vom Ende der Welt erzählte Jesus das Gleichnis von den zehn Jungfrauen. Wir kennen es sehr gut: Fünf von ihnen waren klug und fünf waren töricht. Der springende Punkt der ganzen Geschichte ist folgender: Die fünf klugen Jungfrauen hatten einen Vorrat an Öl, um ihre Lampen wieder auffüllen zu können; die fünf törichten Jungfrauen aber hatten nichts. Folglich verpaßten sie das Hochzeitsfest.

Nehmen wir an, es war ungefähr 6 Uhr abends, als die Jungfrauen dort eintrafen, wo sie den Bräutigam erwarteten. Sie hatten fest damit gerechnet, daß er spätestens um sieben Uhr kommen würde. Doch es wurde sieben, acht, dann neun Uhr – und er war immer noch nicht da. Eine nach der anderen wurde müde, und bald waren alle zehn fest eingeschlafen.

Beachten wir: *Es gab eine Verzögerung bei der Ankunft des Bräutigams.*

Ellen G. White sagt: „Diese Geschichte ... sollte veranschaulichen, was die Gemeinde unmittelbar vor seiner [Christi] Wiederkunft erleben wird." („Bilder vom Reiche Gottes", S. 355)

Stellen wir uns vor, wir hätten eine Zeitmaschine und könnten zurückspulen ins Jahr der großen Enttäuschung 1844 und danach. Wir träfen James White und fragten ihn: „Kommt Jesus bald?"

„Ganz bestimmt."

„Wie bald?"

„Nur noch ein paar Jahre!"

„Ungefähr 1860?"

„Bestimmt viel früher!"

Wir wissen, daß unsere Gemeinschaft im Jahre 1863 noch nicht einmal organisiert war.

In der Sitzung der Generalkonferenz 1864, als die Organisation gegründet wurde, fragten wir John Byington, den ersten Präsidenten der Generalkonferenz: „Was glaubst du, wann Jesus kommen wird?"

„Jederzeit."

„Wie bald ist das?"

„Höchstens noch ein paar Jahre!"

„Vielleicht um 1900?"

„Nein, vorher!"

Jetzt gehen wir auf das Jahr 2000 zu – und Jesus ist immer noch nicht gekommen!

Zumindest müssen wir gestehen, daß es eine Verzögerung gegeben hat. Einige Adventisten scheint das zu verunsichern. Aber warum? Jesus hat doch selbst die Verzögerung vorhergesagt! Das Ausbleiben des Bräutigams im Gleichnis ist ein Hinweis darauf, eine Prophezeiung für die Gemeinde in unserer Zeit. Statt durch die Verzögerung entmutigt zu werden, sollten wir uns freuen, daß sich die Prophezeiung erfüllt!

In der Bibel steht das Öl für den Heiligen Geist. Die Lehre des Gleichnisses besagt: Die Verzögerung ist nicht einfach ein Hinausschieben, keine Gleichgültigkeit von seiten Gottes, sondern sie hat ihren Sinn: Gottes Volk soll Gelegenheit haben, den Heiligen Geist zu empfangen. Spätestens fünf Minuten vor zwölf hätten sich die törichten Jungfrauen noch davonstehlen können, um Öl zu kaufen, und wären rechtzeitig zurückgekehrt. Dann hätten sie am Fest teilnehmen können!

Die Frage „Wo stehen wir jetzt?" ist also von entscheidender Bedeutung für die Gläubigen, die in der Zeit der Verzögerung leben.

Und je näher wir der Wiederkunft Christi kommen, desto wichtiger wird diese Frage. Viertel vor zwölf schreit die Uhr: „Wach auf! Wach auf! Die Zeit ist fast vorbei!"

Ich kann nicht garantieren, daß Jesus bald kommt, sondern nur darauf hinweisen, daß bedeutende Zeichen des Endes – von Adventisten seit über 150 Jahren gepredigt – vor unseren Augen in Erfüllung gehen. Diese Entwicklungen in den letzten Jahrzehnten sind eine unbestreitbare Tatsache, und wir haben allen Grund zu glauben, daß es in dieser Richtung weitergehen wird.

Daher bin ich fest überzeugt, daß das Ende sehr nahe ist. Wenn ich das nicht glaubte, hätte ich dieses Buch nicht geschrieben.

Die Gemeinschaft mit Jesus bewahren

Am Ende dieses Kapitels steht die wichtigste Frage dieses Buches: Wie können wir die Gemeinschaft mit Jesus in der dunkelsten Stunde der Erde bewahren?

Die Antwort: Wenn wir uns wünschen, gefestigt zu sein in der Gemeinschaft mit Jesus, dann müssen wir sie schon heute pflegen, ehe die dunkelste Stunde über die Erde hereinbricht.

Vergiß es nicht! Immer wieder werde ich darauf hinweisen, daß du Jesus überhaupt nicht kennst, wenn du ihn nicht vor dem Ende der Zeiten kennengelernt hast. Das ist die Botschaft aus dem Gleichnis von den zehn Jungfrauen. E. G. White erwähnt zwar das Gleichnis im folgenden Zitat nicht, aber die Lehre ist die gleiche:

> Viele haben es versäumt, den Frühregen zu empfangen. Sie haben nicht alle Segnungen erhalten, die Gott für sie vorgesehen hat. Sie erwarten, daß der Mangel durch den Spätregen ausgeglichen wird. Sie beabsichtigen ihre Herzen zu öffnen, wenn die reichste Gnadenfülle ausgegossen wird und wollen sie dann empfangen. Aber sie begehen einen schrecklichen Fehler. („Testimonies to Ministers", S. 507)

Adventisten sind beeindruckt von den Zeichen der baldigen Wiederkunft Christi. Sie wollen Gewißheit haben, daß der Herr bald kommt. Darüber freue ich mich, denn das bedeutet, daß wir nichts vergessen haben. Je näher wir dem Ende kommen, um so mehr wünscht Gott, daß wir wissen, wo wir im Strom der Zeiten stehen. All die von uns seit Jahrzehnten angefertigten Zeittafeln können dabei hilfreich sein.

Aber Gott ist nicht daran interessiert, unsere Neugier bezüglich der Reihenfolge der Endzeitereignisse zu befriedigen. Wenn das alles ist, was wir mit unseren Skizzen erreichen, wird mehr Schaden als Nutzen angerichtet. Solange uns die Zeittafeln nicht dazu treiben, unsere Bibeln zu öffnen und auf die Knie zu fallen, wenn sie uns nicht in engere Gemeinschaft mit Jesus führen, wären wir besser dran ohne sie.

Wir haben gesehen, wo wir im Strom der Zeiten stehen. Nutzen wir also die Verzögerung, wozu sie Gott gegeben hat, nämlich den Heiligen Geist an unseren Herzen wirken zu lassen und eine lebendige Gemeinschaft mit Jesus zu pflegen – mehr als je zuvor.

Kapitel 6

Das Ende der Gnadenzeit

In meinem ersten Jahr auf dem College war mein Bibellehrer der Lieblingslehrer aller Studenten. Ich hatte bei ihm die Fächer Daniel und Offenbarung belegt, und es war eine unserer Aufgaben, eine Übersicht vom Ablauf der Endzeitereignisse anzufertigen, die sich auf die Bibel und das Schrifttum von Ellen G. White gründete. Mein Verständnis der letzten Ereignisse wurde nachhaltig davon geprägt. Ich werde in diesem Buch einige Aspekte darlegen, die ich damals gelernt und seither studiert habe.

Das Ende der Gnadenzeit ist ein markanter Punkt in der adventistischen Darstellung des Endes; es ist ein Zeitabschnitt, der den Menschen gewährt wird, damit sie sich für Gott oder Satan entscheiden. Am einfachsten läßt es sich so sagen: Der Zeitpunkt ist da, an dem Jesus seinen Mittlerdienst im himmlischen Heiligtum beendet, so daß fortan keine Möglichkeit mehr besteht, daß Menschen ihre Entscheidung für oder gegen Gott ändern.

Die Gnadenzeit endet vor Christi Wiederkunft

Adventisten glauben, daß die Gnadenzeit kurz vor Christi Wiederkunft endet, also vor dem Beginn der sieben letzten Plagen:

> Die Gnadenzeit für jene, die ein Leben in Sünden der Vorbereitung auf das ewige Heil vorgezogen haben, schließt, wenn Christi Dienst unmittelbar vor seinem Erscheinen endet. („Schatzkammer der Zeugnisse", Bd. 1, S. 260)

> Die Gnadenzeit endet kurz vor dem Erscheinen des
> Herrn in den Wolken des Himmels. („Der große Kampf", S.
> 490)

Viele unserer Glaubenslehren stimmen mit denen anderer Christen überein, doch soweit mir bekannt ist, sind Adventisten die einzigen, die vom Ende der Gnadenzeit vor dem zweiten Advent sprechen.

Wenn wir aber recht haben, steht der Welt das schrecklichste Ereignis der ganzen Geschichte noch bevor: das Ende von Christi Dienst im himmlischen Heiligtum unmittelbar vor der Zeit der Trübsal. Die meisten Menschen wissen davon nichts.

Hier eine Übersicht über die Endzeitereignisse, wie Adventisten sie sich vorstellen. Man sollte sie sich einprägen, weil alles, was in diesem Buch steht, darauf gegründet ist.

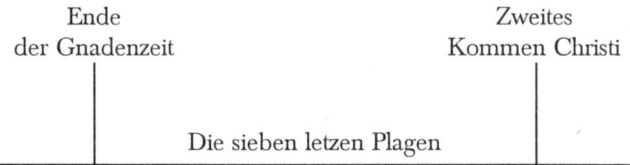

Das Ende der Gnadenzeit ist ein prophetischer Wendepunkt, der die Geschichte der Menschheit in zwei Abschnitte teilt. Kein Punkt der adventistischen Auffassung von den Endzeitereignissen ist von größerer Bedeutung als das Ende der Gnadenzeit. Wir ordnen die prophetischen Ereignisse ein je nachdem, ob sie vor oder nach dem Ende der Gnadenzeit liegen.

Wie wir wissen, beendet das Kommen Christi die Geschichte dieser Erde. Nach dem Ende der Gnadenzeit bleibt eine kurze Zeitperiode, in der es keine Gelegenheit mehr geben wird, Christus anzunehmen und errettet zu werden. Das macht das Ende der Gnadenzeit zu einem so bedeutungsschweren Punkt in der Geschichte wie auch in der prophetischen Auslegung.

Der biblische Beweis

Lange Zeit war ich der Meinung, den einzigen Hinweis auf das Ende der Gnadenzeit kurz vor Christi Wiederkunft habe Ellen G. White gegeben. Doch nun fand ich vor kurzem eindeutige Anhaltspunkte dafür in der Heiligen Schrift.

Diese biblischen Beweise werde ich in einzelne Gruppen gliedern. Danach wollen wir die typischen Vorbilder im Alten und Neuen Testament betrachten und schließlich den Beweis aus der Offenbarung erbringen.

Christi Gleichnisse. Heute gibt es drei Klassen von Menschen in der Welt: Jene, die Christus angenommen haben, andere, die ihn ablehnen und solche, die sich noch nicht für den einen oder anderen Weg entschieden haben. Adventisten aber lehren, daß es am Ende der Gnadenzeit nur noch zwei Klassen geben wird: die Gerechten und die Bösen.

Die meisten Gleichnisse Christi beruhen auf diesem Gedanken, die folgenden ganz besonders:

- Das Unkraut unter dem Weizen (Mt 13,24-30,36-43).
- Die Fische im Netz (Mt 13,47-50).
- Die zehn Jungfrauen (Mt 25,1-13).
- Die anvertrauten Zentner (Mt 25,14-30).
- Die Schafe und die Böcke (Mt 25,31-46).

All diese Gleichnisse besagen, daß es selbst in der Gemeinde zwei Gruppen von Menschen gibt. Es genügt nicht, Jesus Christus angenommen zu haben, getauft zu sein und sich der Gemeinde angeschlossen zu haben.

Viele, die ihr Leben lang Christen gewesen sind, werden an dem Tage zu Jesus sagen:

„Herr, Herr; haben wir nicht in deinem Namen geweissagt? Haben wir nicht in deinem Namen böse Geister ausgetrieben? Haben wir nicht in deinem Namen viele Wunder getan?" Und Jesus wird zu ihnen sagen müssen: „Ich habe euch noch nie gekannt; weicht von mir, ihr Übeltäter!" (Mt 7,22.23)

Bilder vom Ende der Gnadenzeit im Alten Testament. Einige Geschichten und eine Prophezeiung im Alten Testament können als Veranschaulichung für den Abschluß der Gnadenzeit stehen:

- Die Geschichte von Noah. Die Welt war in zwei Klassen geteilt: die einen dienten Gott, und die anderen taten es nicht. Die Arche zog die Grenze zwischen ihnen.

- Die Vernichtung von Sodom und Gomorra. Bevor die Bewohner dieser Städte in zwei Gruppen geteilt wurden, legte Abraham Fürsprache für sie ein (siehe 1 Mo 18,22-33). Hier haben wir ein Vorbild für Christi Dienst als unser Fürsprecher im Himmel. Abrahams Fürbitte endete an einem Nachmittag, aber die Städte wurden erst am folgenden Morgen vernichtet. Das wiederum ist ein Hinweis auf Christi Fürsprache, die vor der endgültigen Scheidung aufhören wird.

- Das jüdische Volk. Gott gab den Juden 490 Jahre Zeit zur Bewährung (siehe Da 9,24). Hier wird uns die wichtige Lehre erteilt, daß die Gnadenzeit für die jüdische Nation im Jahre 34 n. Chr., also am Ende der 70. Woche aufhörte, nicht aber die Gnadenzeit für den einzelnen Juden. Auf dieses Thema werde ich später noch eingehen.

Das Ende der Gnadenzeit in der Offenbarung

Adventisten haben Offenbarung 22,11 stets als Hinweis auf das Ende der Gnadenzeit verstanden:

> Wer Böses tut, der tue weiterhin Böses, und wer unrein ist, der sei weiterhin unrein; aber wer gerecht ist, der übe weiterhin Gerechtigkeit, und wer heilig ist, der sei weiterhin heilig.

Dieser Vers steht am Schluß der Offenbarung; wir könnten ihn als den „Schlußsatz" schlechthin bezeichnen. Weil da von einer endgültigen Trennung der Menschheit in zwei Klassen gesprochen wird, haben wir hier eindeutig einen Hinweis auf das Ende der Gnadenzeit. Doch auf die Frage, wann diese Trennung im Blick auf die anderen Endzeitereignisse stattfinden wird, gibt uns dieser Vers keine Antwort. Wir müssen deshalb andere Aussagen der Offenbarung untersuchen.

Zwei Menschengruppen. Die Offenbarung lehrt – wie auch Christus in seinen Gleichnissen – die Teilung der Menschheit in zwei Klassen. Hier erhalten die einen das Siegel Gottes (siehe Offb 7,1-4; 14,1-5) und die anderen das Malzeichen des Tieres (siehe Offb 13,16.17; 14,9.10).

Die meisten Christen glauben – so wie Siebenten-Tags-Adventisten auch –, daß die sieben letzten Plagen dem zweiten Kommen Christi unmittelbar vorausgehen. Und die Offenbarung lehrt unmißverständlich, daß die Bösen das Malzeichen des Tieres erhalten, ehe die letzten sieben Plagen hereinbrechen (siehe Offb 14,9.10; 15,1; 16,2).

Wenn es am Ende der Zeit nur noch zwei Menschenklassen gibt und die Plagen auf die eine Klasse fallen, dann ist die logische Schlußfolgerung, daß über beide Klassen zuvor entschieden worden ist. Deshalb muß das Ende der Gnadenzeit – die Trennung in Gerechte und Böse – vor dem Beginn der sieben Plagen stattfinden, also kurze Zeit vor Christi zweitem Kommen. Das erkennen wir auf dem folgenden Diagramm:

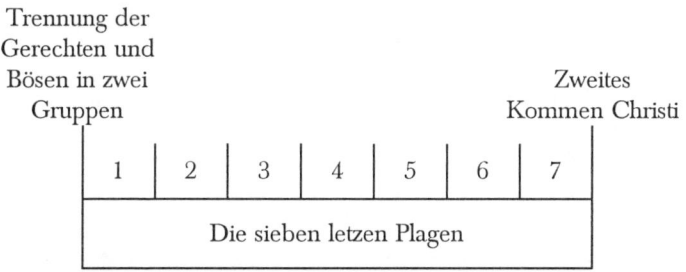

Das Ende des Mittlerdienstes Christi. Auch in Offenbarung 15 gibt es Beweise dafür, daß Christi Mittlerdienst vor Beginn der sieben Plagen aufhört. Zwei Punkte sind zu erwähnen. In Vers 5 heißt es: „Danach sah ich: es wurde aufgetan der Tempel, die Stiftshütte im Himmel." Ähnlich lesen wir in Offenbarung 11,19: „Und der Tempel Gottes im Himmel wurde aufgetan, und die Lade seines Bundes wurde in seinem Tempel sichtbar." Offensichtlich blicken wir in das Allerheiligste des himmlischen Heiligtums.

Wann wurde im irdischen Heiligtum das Allerheiligste sichtbar? Es war beim Tode Jesu, als der Vorhang im Tempel von unsichtbarer Hand in zwei Teile gerissen wurde (siehe Mt 27,50.51). In diesem Augenblick hatte der Dienst im irdischen Heiligtum sein Ende gefunden. Die Enthüllung des Allerheiligsten im himmlischen Heiligtum genau vor der Ausgießung der sieben letzten Plagen weist offenbar darauf hin, daß Christi Dienst der Fürsprache aufgehört hat.

Der zweite Anhaltspunkt in Offenbarung 15, der darauf hindeutet, daß Christi Dienst im himmlischen Heiligtum vor Beginn der Plagen aufhört, steht in Vers 8:

> Und der Tempel wurde voll Rauch von der Herrlichkeit Gottes und von seiner Kraft; und niemand konnte in den Tempel gehen, bis die sieben Plagen der sieben Engel vollendet waren.

Diese Worte haben eine Parallele im Alten Testament. Es ist die Geschichte von der Einweihung des Salomonischen Tempels:

> Und als Salomo sein Gebet vollendet hatte, fiel Feuer vom Himmel und verzehrte das Brandopfer und die Schlachtopfer, und die Herrlichkeit des Herrn erfüllte das Haus, so daß die Priester nicht ins Haus des Herrn hineingehen konnten, weil des Herrn Herrlichkeit das Haus des Herrn füllte. (2 Chr 7,1.2)

Sowohl in der Offenbarung als auch in 2. Chronik konnten die Priester der Herrlichkeit Gottes wegen nicht in den Tempel gehen. Zwei andere Textstellen im Alten Testament sagen über diese Tempelweihe noch mehr aus:

Da wurde das Haus des Herrn erfüllt mit einer Wolke, *so daß die Priester nicht zum Dienst hinzutreten konnten* wegen der Wolke; denn die Herrlichkeit des Herrn erfüllte das Haus Gottes. (2 Chr 5,13.14 – Hervorhebung M. Moore)

Als aber die Priester aus dem Heiligen gingen, erfüllte die Wolke das Haus des Herrn, *so daß die Priester nicht zum Dienst hinzutreten konnten* wegen der Wolke; denn die Herrlichkeit des Herrn erfüllte das Haus des Herrn. (1 Kön 8,10.11 – Hervorhebung M. Moore)

In beiden Texten konnten die Priester ihrem Mittlerdienst nicht nachkommen, weil die Wolke der Herrlichkeit Gottes den Tempel erfüllte.

Diese biblische Parallele zu Offenbarung 15,8 liefert uns den klaren Beweis, daß Christi Mittlerdienst aufhört, noch ehe die letzten sieben Plagen ausgegossen werden.

Der Abschluß der Gnadenzeit als ein Prozeß

Viele Adventisten sind der Überzeugung, dieses Ereignis werde zu einem bestimmten Zeitpunkt stattfinden. Gründliche Studien haben mich jedoch zu der Überzeugung geführt, daß das Ende der Gnadenzeit sowohl zu einem bestimmten Zeitpunkt eintreten, aber auch ein Prozeß sein wird. Ich will erklären, was ich damit meine:

Zwei Gedanken begegnen uns, wenn vom Ende der Gnadenzeit die Rede ist:

1. Das Ende der Gnadenzeit wird dadurch geprägt, daß die Menschen in der ganzen Welt eine endgültige Entscheidung für oder gegen die Wahrheit getroffen und damit ihr ewiges Schicksal besiegelt haben.

2. Das Ende der Gnadenzeit ist zugleich der Zeitpunkt, an dem Jesus seinen Mittlerdienst im himmlischen Heiligtum abschließt.

Ich möchte betonen, *daß die beiden Ereignisse nicht zum gleichen Zeitpunkt geschehen.* Jesus wird seinen Mittlerdienst zu einem Termin beenden, den wir traditionell als „Ende der Gnadenzeit" bezeichnen; die Bewährungszeit für jeden einzelnen aber wird bereits enden, wenn Jesus mit seinem Dienst im himmlischen Heiligtum aufhört.

Hier die Erklärung: Wir wissen, daß mit dem Siegel Gottes und dem Malzeichen des Tieres das Ende der Gnadenzeit für die Gerechten wie für die Bösen gekommen sein wird. Jeder hat das eine oder andere Zeichen erhalten, gemäß der persönlichen Entscheidung für oder gegen die Wahrheit.

Damit die Gerechten das Siegel Gottes empfangen und gerettet werden, muß Jesus in der Zeit, da sie sich unwiderruflich für ihn entscheiden, noch im himmlischen Heiligtum dienen. Das Ende der Gnadenzeit und der persönliche Entschluß für oder gegen die Wahrheit wird daher dem Ende des Mittlerdienstes Christi vorausgehen.

Folgende Aussage E. G. Whites stützt diesen Gedanken:

> Ein Blick in unsere Veröffentlichungen beweist unseren Glauben daran, daß die lebenden Gerechten vor Abschluß der Gnadenzeit das Siegel Gottes empfangen werden ... („Für die Gemeinde geschrieben", Bd. 1, S. 69)

Viele sind der Meinung, daß Jesus seinen Dienst beendet, wenn er die schicksalsschweren Worte spricht: „Wer unrein ist, der sei weiterhin unrein; aber ... wer heilig ist, der sei weiterhin heilig." (Offb 22,11)

Das ist richtig. Beachte aber, daß zu der Zeit, wenn Jesus das sagt, nach seinen eigenen Worten die Bösen bereits böse und die Gerechten gerecht sein werden. Seine Worte beenden letztlich nicht die Gnadenzeit für den einzelnen, vielmehr hat jedes menschliche Wesen durch seine Entscheidung für oder gegen die Wahrheit die eigene Bewährungszeit bereits selbst beendet.

Jesu Worte sind nur noch die formale Bestätigung dafür, daß die Entscheidungen für ewig getroffen worden sind. Nie wieder wird es die Möglichkeit geben, die Seiten zu wechseln.

Das Ende der Gnadenzeit ist *ein Zeitpunkt*, der eintreten wird, wenn Jesus seinen Mittlerdienst abschließt. Die individuelle Gnadenzeit aber wird schon während der letzten Krise enden, ehe Jesu Mittlerdienst aufhört.

Das Ende der Gnadenzeit ist daher sowohl ein Prozeß als auch ein bestimmter Zeitpunkt. Wenn das so ist, wird der eine seine endgültige Entscheidung früher treffen als der andere; aber Jesus wird mit seinem Dienst nicht aufhören, bevor nicht jeder Entschluß eindeutig gefällt worden ist.

Das Ende der Gnadenzeit als Zeitraum, in dem sich die Gerechten von den Bösen endgültig trennen, wird eine Periode sein, in der das nicht alle auf einmal tun. *In diesem Sinne ist das Ende der Gnadenzeit ein zeitlicher Ablauf.*

Ellen G. White unterstützt diesen Gedanken, indem sie darauf hinweist, daß einige ihre endgültige Wahl früher treffen als andere:

> Die Zeit der vernichtenden Urteile Gottes ist Zeit der Gnade für die Menschen, die noch nie die Gelegenheit hatten, die Wahrheit kennenzulernen. Der Herr wird gnädig auf sie herabblicken, denn sein Herz ist von Mitleid erfüllt. Seine Hand ist immer noch ausgestreckt, um sie zu erretten, während die Tür für Menschen, die nicht wollten, bereits geschlossen ist. („SDA Bible Commentary", Bd. 7, S. 979)

Die folgende Grafik verdeutlicht, daß das Ende der Gnadenzeit sowohl Zeitpunkt als auch Prozeß ist:

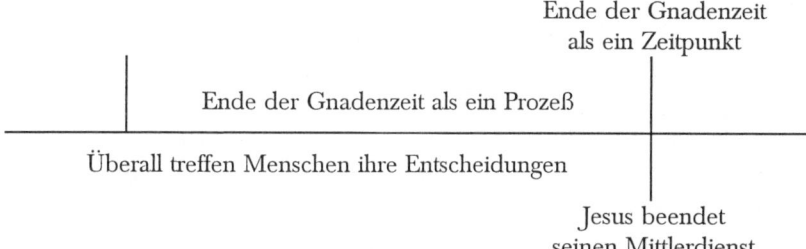

Ende der Gnadenzeit
als ein Zeitpunkt

Ende der Gnadenzeit als ein Prozeß

Überall treffen Menschen ihre Entscheidungen

Jesus beendet
seinen Mittlerdienst

Der Zeitpunkt ist gekommen, wenn Jesus seinen Dienst im himmlischen Heiligtum beendet; der Prozeß, also der Zeitablauf, umfaßt die Spanne, in der Menschen das Malzeichen des Tieres oder das Siegel Gottes empfangen.

Gottes Entscheidung oder unsere?

Die Lehre, daß die Gnadenzeit kurz vor Christi zweitem Kommen zu Ende sein wird, hat vielfach unnötige Ängste ausgelöst. Man befürchtet, wir seien vielleicht nicht gut genug oder könnten *nach* der Zeit der Bewährung doch noch Sünden bei uns entdecken, die uns vorher nicht bewußt waren.

Derartige Ängste sind sicher unbegründet, besonders wenn man bedenkt, daß die Gnadenzeit ein Prozeß ist. Grundlage dafür ist die Überlegung: Wer bestimmt das Ende der Gnadenzeit, Gott oder wir? Auf unsere Entscheidung kommt es an.

Der endgültige Abschluß der Gnadenzeit – der Zeitpunkt, an dem Jesus seinen Dienst im himmlischen Heiligtum beendet – geht mit Gottes Ratschluß einher, daß nunmehr alle Entscheidungen getroffen sind und keiner übersehen ist, der sich für Jesus entschieden hat; keiner bleibt verloren, wenn er sich bekehrt.

Solange noch irgendein Suchender da ist, der sich noch nicht völlig entschlossen hat, wird die Gnadenzeit währen. Daß ein reumütiger Sünder, der aufrichtig umkehren möchte, am Ende der Bewährungszeit noch unentschlossen ist, das wird es nicht geben.

Für Adventisten, die oft befürchten, beim Abschluß der Gnadenzeit nicht „gut genug" zu sein, ist das eine befreiende Botschaft!

Ich stelle mir das Ende der Gnadenzeit so vor: Jesus wendet sich zu Gott und sagt: „Vater, alle, die gewillt sind, mein Opfer anzunehmen, haben es getan; die anderen lehnen mich ab. Nicht einer ist mehr da, den ich erretten könnte, keiner, für den ich noch Fürsprache einlegen müßte. Es ist nichts mehr zu tun; ich kann meinen Mittlerdienst beenden."

Diese Worte sind sicher sehr schmerzlich. Sie gleichen jenen, die Jesus gesprochen hat, als er über Jerusalem weinte: „Jerusalem, Jerusalem ... Wie oft habe ich deine Kinder versammeln wollen, wie eine Henne versammelt ihre Kücken unter ihre Flügel; und ihr

habt nicht gewollt! Siehe, ,euer Haus soll euch wüst gelassen werden'" (Mt 23,37.38).

Das Ende der Gnadenzeit wird also nicht allein von Gott bestimmt; er wird vielmehr auch unsere Entscheidung berücksichtigen
und die der ganzen Menschheit. *Jesus wird seinen Mittlerdienst nicht
beenden, solange auch nur einer da ist, der sich für ihn entscheidet.*

Wer sich nichts sehnlichster wünscht, als die Ewigkeit mit Jesus
im Himmel zu verbringen, wer an der Gemeinschaft mit ihm fest-
hält und von Herzen bereit ist, ihm zu dienen, für den wird die
Gnadenzeit nicht enden, wenn er in ihm bleibt.

Das Gericht an den Lebenden

Eine spezifische Glaubenslehre der Siebenten-Tags-Adventisten ist
die vom Endgericht Gottes, das 1844 im Himmel begann und fort-
dauern wird bis zum Ende der Gnadenzeit.

Ellen G. White gibt eine bemerkenswerte Erklärung zu diesem
Thema; sie nennt es „das Gericht an den Toten" und „das Gericht
an den Lebenden". Hier zwei ihrer Aussagen:

> Die Fälle der gerechtfertigten Toten wurden Gott darge-
> legt. Wenn diese Arbeit abgeschlossen ist, wird über die Le-
> benden Gericht gehalten. („Für die Gemeinde geschrieben",
> Bd. 1, S. 132)

> Das Gericht über die Toten ist seit über 40 Jahren im
> Gange, und wir wissen nicht, wie bald das Gericht über die
> Lebenden beginnen wird. („Testimonies", Bd. 5, S. 692)

Die erste Aussage erklärt, daß das Gericht an den Lebenden
durch den Urteilsspruch Gottes vollzogen wird, den er an einem
bestimmten künftigen Zeitpunkt bekanntmachen wird. Die zweite
Aussage deutet an, daß das Gericht an den Lebenden ein Vorgang
sein wird, der, wie das Gericht an den Toten, sich über eine längere Zeit erstreckt. Das ist der zweite Gedanke, dem ich hier nachge-
hen will.

E. G. White hat den Unterschied zwischen dem Gericht an den Toten und dem Gericht an den Lebenden nicht erklärt. Ich bin jedoch sicher, daß das Gericht an den Lebenden mit der Beendigung der Gnadenzeit zu tun hat. Seit 1844 haben Gott, Christus und das Universum alle, die je gelebt haben, einem Gericht unterzogen. Wenn aber das Gericht an den Lebenden beginnt, wird das Urteil verkündet, solange diese Menschen noch leben.

Meine Schlußfolgerung lautet, daß der Abschluß des Gerichtes an den Lebenden und das Ende der Gnadenzeit im wesentlichen den gleichen Zeitpunkt betreffen. Du magst anderer Meinung sein; gut. Ellen G. White hat uns nicht gesagt, was sie mit dem „Gericht an den Lebenden" meint. Meine Erklärung entspricht meinem jetzigen Verständnis. Ich werde auch in den Skizzen des Buches darauf zurückkommen. In der vorliegenden Grafik sind diese Überlegungen über das Ende der Gnadenzeit bereits mit eingefügt:

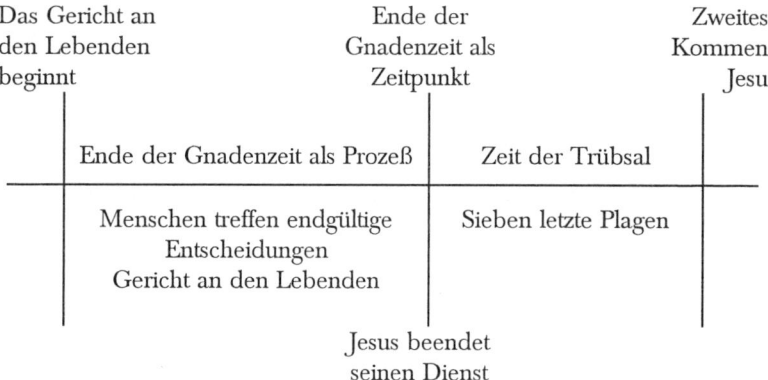

Die Aufgabe der Adventisten

Pläne und Konzepte aufzustellen ist heute allgemein üblich. Selbst weltliche Betriebe halten es so.

Wer dieses Buch liest, ist wahrscheinlich Glied der Gemeinschaft der Siebenten-Tags-Adventisten. Das bedeutet, sich auch an der

Planung und Durchführung bestimmter Aufgaben zu beteiligen. Wie läßt sich der Auftrag der Gemeinschaft der Siebenten-Tags-Adventisten in einem Satz umreißen? Denken wir auch darüber nach, warum die Gemeinschaft der Siebenten-Tags-Adventisten überhaupt besteht? Die Aufgabenbestimmung läßt sich in einem Satz unterbringen, und der lautet: die Welt auf das Ende der Gnadenzeit vorbereiten.

Vielleicht hat der eine oder andere gedacht, unsere Aufgabe sei die Vorbereitung der Welt auf das zweite Kommen Christi. Auch das ist richtig. Aber wer auf das Ende der Gnadenzeit vorbereitet ist, ist auch für Jesu Wiederkunft bereit; und jeder, der nicht vorbereitet ist auf das Ende der Gnadenzeit, ist auch für Jesu zweites Kommen nicht bereit. Letztlich ist es unser aller Ziel, die Welt auf den Abschluß der Gnadenzeit hinzuweisen.

Adventisten wissen, daß die letzte Krise kommt. Wir wissen, daß wir einer Zeit entgegengehen, in der jeder gezwungen sein wird, seine Entscheidung zu treffen – und es werden ewige Entscheidungen sein. Wir wissen ferner, daß Satan die spitzfindigsten Lügen darbieten wird, um die Menschen zu falschen Schlüssen zu verleiten. Wir wissen, daß uns die Erkenntnis der biblischen Lehren vom Sabbat und über den Zustand der Toten davor bewahren wird, den Täuschungen zu verfallen und falsche Entscheidungen zu treffen.

Die Warnung vor der kommenden Krise und die Verkündigung der Wahrheit, die dazu verhilft, selbst vorbereitet zu sein in dieser Auseinandersetzung, das ist unsere Aufgabe. Da liegt auch der Grund, weshalb unsere Lehre über das Ende der Gnadenzeit so wichtig ist.

Kapitel 7

Vorbereitung
auf das Ende der Gnadenzeit

In ihrem Buch „Der große Kampf" erklärt Ellen G. White, warum Jesus am 22. Oktober 1844 nicht gekommen ist: „Sie waren noch nicht bereit, ihrem Herrn zu begegnen. Sie mußten noch darauf vorbereitet werden." (S. 426)

Das klingt seltsam angesichts der Tatsache, daß gerade diese Menschen durch eine der bewegendsten geistlichen Erfahrungen der christlichen Geschichte gegangen waren. Was für eine Vorbereitung fehlte denn dem Volk Gottes noch? Die Erklärung lautet folgendermaßen:

> Diejenigen, die auf Erden leben, wenn die Fürbitte Christi im Heiligtum droben aufhören wird, werden vor den Augen eines heiligen Gottes ohne einen Vermittler bestehen müssen. Ihre Kleider müssen fleckenlos, ihre Charaktere durch das Blut der Besprengung von Sünde gereinigt sein. Durch Gottes Gnade und durch ihre eigenen fleißigen Anstrengungen müssen sie im Kampf mit dem Bösen siegreich bleiben. Während das Untersuchungsgericht im Himmel vor sich geht, während die Sünden der reumütigen Gläubigen aus dem Heiligtum entfernt werden, muß sich das Volk Gottes auf Erden in besonderer Weise läutern, d. h. seine Sünden ablegen. („Der große Kampf", S. 427)

Im selben Buch finden sich noch ähnliche Aussagen:

Während unser großer Hoherpriester jetzt die Versöhnung für uns vollbringt, sollten wir versuchen, in Christus vollkommen zu werden. Nicht mit einem Gedanken gab unser Heiland der Macht der Versuchung nach. Satan findet in den Herzen der Menschen diesen oder jenen Makel, den er sich zunutze macht; manche sündhafte Neigung wird gepflegt, durch die seine Versuchungen ihre Macht behaupten. Christus aber sagte von sich: „Es kommt der Fürst dieser Welt und hat nichts an mir." Satan vermochte nichts im Herzen des Sohnes Gottes zu finden, das ihn hätte berechtigen können, den Sieg davonzutragen. Christus hatte seines Vaters Gebote gehalten, und es war keine Sünde in ihm, deren sich Satan zu seinem Vorteil hätte bedienen können. *Dies ist der Zustand, der jenen eigen sein muß, die in der trübseligen Zeit bestehen sollen.* („Der große Kampf", S. 623 – Hervorhebung M. Moore)

Von allem, was Ellen G. White über die Endzeitereignisse gesagt hat, ist nichts so klar wie ihre Überzeugung, daß Gottes Volk sich anstrengen muß, die Vervollkommnung des Charakters zu erreichen, um auf die letzte Krise auf Erden vorbereitet zu sein.

Leider haben das viele Adventisten mißverstanden und sind aus Angst, sie könnten nicht „gut genug" sein, zu Perfektionisten geworden. Ich werde deshalb die christliche Vollkommenheit so darstellen, wie es dem hohen Maßstab von Ellen G. White entspricht und zugleich die Angst beseitigt, unter der viele Adventisten leiden, weil sie eine derartige Vorbereitung auf die Endzeit für eine Traumvorstellung halten.

Was ist Vollkommenheit?

Zuerst müssen wir über die Breite des Begriffs Vollkommenheit sprechen. Denn wenn wir sie erreichen wollen, sollten wir wissen, was Vollkommenheit ist.

Drei Vergleiche wollen uns helfen, die Vollkommenheit des Charakters zu verstehen. Diese Vergleiche haben mir deutlich gemacht, daß Vollkommenheit des Charakters nichts ist, wovor man sich fürchten müßte.

Vergleich mit einem Regenbogen. Wer hat nicht schon einmal versucht, einen Regenbogen zu fangen? Stellen wir uns vor, wir stünden auf einer Anhöhe und sähen unten im Tal einen Regenbogen, der wie ein Baum aus der Erde wächst. Wir rennen den Berg hinunter, aber wo ist der Regenbogen geblieben? Er stützt sich auf den nächsten Hügel da oben. Also laufen wir bergan. Unterdessen hat er sich schon ins nächste Tal bewegt! Wir könnten den Regenbogen bis zum Sonnenuntergang jagen und würden ihn doch nie erreichen; immer läuft er vor uns her.

So ist es auch mit der Vollkommenheit. Wenn wir denken, wir hätten sie erreicht, entfernt sie sich. Man könnte danach jagen, bis der Herr kommt, und würde sie doch nie erlangen. Das bedeutet aber nicht, daß Vollkommenheit eine Unmöglichkeit ist! Nur: wir werden nie wissen, wann wir sie erreicht haben. Das bestätigen die Worte in 1. Johannes 1,8: „Wenn wir sagen, wir haben keine Sünde, so betrügen wir uns selbst, und die Wahrheit ist nicht in uns."

Vergleich mit Christoph Kolumbus. Als er Spanien mit drei kleinen Schiffen verließ, wollte er nicht etwa Amerika entdecken, sondern einen kürzeren Seeweg nach Indien ausmachen. Und er dachte tatsächlich, er hätte Indien gefunden, als er in Amerika landete. Die Eingeborenen nannte er deshalb „Indianer". Erst nach Jahren erkannte Kolumbus, daß er gar nicht Indien gefunden hatte, sondern noch eine halbe Weltreise davon entfernt war.

So ist es auch mit der Vollkommenheit. Selbst wer da glaubt, er hätte sie endlich erreicht, wird früher oder später feststellen müssen, daß es nicht so ist. Immer noch ist Vollkommenheit „eine halbe Weltreise" entfernt.

Vergleich mit Abraham. Mein liebstes Beispiel für das Wesen der Vollkommenheit ist Abraham auf der Reise nach Kanaan. Als Gott das erste Mal in Ur in Chaldäa zu Abraham sprach, sagte er ihm, er solle in ein Land gehen, das er ihm zeigen werde (1 Mo 12,1). Im Hebräerbrief heißt es: Abraham verließ Ur und wußte nicht, wo er hinkäme (Hbr 11,8).

Wir wollen uns in die Lage Abrahams versetzen.

Vielleicht fragte er: „Ja, Gott, aber wo ist dieses Land?"

Und Gott gab die seltsame Antwort: „Ich werde dir nicht sagen, wo es ist."

Nun fragen wir: Hat Abraham das verheißene Land erreicht?

Natürlich. Aber wie kam er hin, wenn Gott ihm nicht sagte, wo es war? Zuerst mußte Abraham aufbrechen. Und als er das tat, lenkte Gott seine Schritte.

Achten wir auf den verborgenen Grundsatz, denn er ist entscheidend für alles, was noch zu sagen ist:

Abraham ging, Gott leitete ihn

Mit der Vollkommenheit verhält es sich genauso. Wir wissen nicht, wie oder was sie ist; Gott hat es uns nicht gesagt. Aber das bedeutet nicht, daß Vollkommenheit unmöglich ist. Wir müssen nur gehen wie Abraham; einen Fuß vor den andern setzen. Sind wir dazu bereit, so verbürgt sich Gott dafür, daß er uns zur Vollkommenheit führt.

Einige wünschen, die Reise zur Vollkommenheit sollte auf einem Zauberteppich zurückgelegt werden. Gott hätte ihn in Ur vor Abraham ausbreiten und sagen sollen: Legt euch in der Nacht auf diesen Teppich, und wenn ihr morgens erwacht, werdet ihr am Ziel sein. Mit anderen Worten: Gott allein ist verantwortlich für unsere Reise zum Himmel.

Andere denken, zum Himmel komme man mittels einer Straßenkarte, die Gott herausgibt und dann sagt: Dies ist der Weg, den du gehen mußt. Wenn du ankommst, warte ich dort auf dich. Das würde bedeuten: Für das Hinkommen bist du allein zuständig.

In Wirklichkeit waren weder Abraham noch Gott allein für die Reise verantwortlich. Abraham mußte einen Fuß vor den andern setzen und gehen; das war sein Teil. Gott lenkte Abrahams Schritte, und das war dessen Teil. Sobald Abraham das Seine tat, verbürgte sich Gott, für seinen Teil zu sorgen; und so wurde Abrahams Ankunft in Kanaan zur Gewißheit.

So ist es auch mit unserem Weg zur Vollkommenheit. Sie ist weder Gottes noch unsere alleinige Verantwortung, sondern etwas Gemeinsames zwischen uns und Gott. Wie Abraham werden wir nie wissen, wohin wir gehen, werden auch nie wissen, wann und ob wir vollkommen sind. Aber wenn wir unseren Teil tun – wenn wir „einen Fuß vor den andern setzen" –, steht Gott dafür ein, uns zur Vollkommenheit zu führen. Das ist eine wichtige Erkenntnis.

Wir wissen nicht,
was Vollkommenheit ist oder wie wir sie erreichen,
aber Gott selbst verbürgt sich, uns an dieses Ziel zu bringen.

Inwieweit liegt es an uns, die Vollkommenheit des Charakters zu erlangen? Drei Punkte seien genannt, die wir in diesem Kapitel ausführlich besprechen wollen. Sie heißen Überzeugung, Reue, Standhaftigkeit. An allem sind Gott und auch wir beteiligt.

Jeder Schritt, den wir machen und den Gott uns führt, bewirkt eine gewisse Umwandlung in uns. Das zu verstehen ist besonders wichtig, wenn wir zu den letzten beiden Schritten kommen.

Zuvor noch eine Erklärung. Alles, was in diesem Kapitel gesagt wird, hat es mit Heiligung zu tun. Rechtfertigung ist wichtig, weil sie zur Errettung führt. Davon wird im nächsten Kapitel die Rede sein.

Wenn das hier ein Buch über die Erlösung wäre, müßte man zuerst über die Rechtfertigung nachdenken, weil sie der Heiligung nicht nur vorangehen muß, sondern Voraussetzung für die Heiligung ist. Doch im Mittelpunkt dieses Buches steht die Eschatologie – die Lehre von den letzten Dingen –, deshalb werden Rechtfertigung und Heiligung so dargelegt, wie es unter diesem Aspekt am verständlichsten ist.

Überzeugung

Überzeugung heißt, einer Sache ganz gewiß oder von ihr geprägt zu sein. Überzeugung ist ein starker Glaube. Christen benutzen das Wort *Überzeugung*, um auszudrücken, Gott möge sie veranlassen, daß sie ihm bedingungslos gehorchen und glauben. Jesus sagte: „Und wenn er [der Heilige Geist] kommt, wird er der Welt die Augen auftun über die Sünde und über die Gerechtigkeit und über das Gericht." (Jo 16,8)

Wäre Überzeugung aber lediglich eine Übernahme von Informationen, dann könnte uns Gott uneingeschränkt lenken und leiten. Doch öfter, als wir zugeben, sind wir der Meinung, völlig im Recht zu sein, während wir das unserem Gott nicht immer zugestehen.

Wenn ich mich beispielsweise über einen anderen kräftig aufrege, habe ich keinen Zweifel, daß ich im Recht bin und mein Gegner nicht! Folglich nehme ich es mir auch heraus, dem anderen eins auf die Nase zu hauen! Doch schon ein Abstand von ein oder zwei Tagen kann mich verunsichern. Nachdem ich ruhiger geworden bin und nachgedacht habe, wird mir bewußt, daß mein Ärger unberechtigt war. In dem Augenblick aber, als ich wütend war, hätte mich keiner zur Einsicht bringen können.

Es ist Gottes Wirken, uns widerspenstige Menschen zu überzeugen, daß wir unrecht haben, obgleich wir uns so sicher sind, im Recht zu sein. Die Tatsache, daß Gott so oft versuchen muß – mitunter auch durch Schmerzen –, uns die Augen zu öffnen, beweist, daß der Herr maßgeblich an unserer Charakterentwicklung mitwirkt; und das ist entscheidend.

Gott überzeugt uns, indem er uns unsere Sünden zeigt. Und was haben wir zu tun? Der eindeutigste Bibeltext dazu steht in Psalm 139,23.24:

> Erforsche mich, Gott, und erkenne mein Herz;
> prüfe mich und erkenne, wie ich's meine.
> Und sieh, ob ich auf bösem Wege bin,
> und leite mich auf ewigem Wege.

Beachte, daß David darum bat, Gott möge ihn überzeugen. Er sagte: Erforsche meinen Verstand und meine Gedanken, und wenn du irgend etwas Unrechtes in meinem Leben entdeckst, dann sage mir, was es ist.

Unser Teil ist es, um dieses Überzeugtwerden zu bitten. Wir flehen zu Gott, daß er uns zeigt, was nötig ist, um vollkommen zu werden. Und Gott wird es tun.

Das sagte auch Paulus im Brief an die Philipper:

> Eins aber sage ich: Ich vergesse, was dahinten ist, und strecke mich aus nach dem, was da vorne ist, und jage nach dem vorgesteckten Ziel, dem Siegespreis der himmlischen Berufung Gottes in Christus Jesus. Wie viele nun von uns vollkommen sind, die laßt uns so gesinnt sein. *Und solltet ihr in einem Stück anders denken, so wird euch Gott auch das offenbaren.* (Phil 3,13-15 – Hervorhebung M. Moore)

Mancher macht sich Sorgen darüber, daß er nicht an alle Sünden denkt, die vor Beendigung der Gnadenzeit bekannt und überwunden sein müßten. Man befürchtet, sich an verborgene Sünden erst zu erinnern, wenn die Gnadenzeit vorbei ist. Das ist eine unnötige Angst. In dem eben zitierten Bibeltext versichert Paulus, daß uns Gott alles offenbaren wird, was wir wissen müssen. Und alles, woran uns Gott nicht erinnert, brauchen wir auch nicht zu wissen.

Ich betone das, weil es so wichtig ist:

Manche machen sich Sorgen, nicht an alle Sünden zu denken, die sie vor Beendigung der Gnadenzeit bekennen und überwinden müssen. Sie befürchten, sich an unbekannte oder nicht überwundene Sünden erst dann zu erinnern, wenn die Gnadenzeit zu Ende ist. Das ist eine unnötige Angst. In dem eben zitierten Bibelvers betont Paulus, daß Gott uns alles offenbaren wird, was wir wissen müssen. Und alles, woran uns Gott nicht erinnert, brauchen wir auch nicht zu wissen.

Dazu kommt noch ein anderer wichtiger Gedanke, den jeder Adventist begreifen sollte, weil wir dem Ende der Gnadenzeit und einem Leben ohne Fürsprecher entgegengehen:

Jesus wird uns an jede Sünde erinnern, die wir erkennen müssen, und er wird es so rechtzeitig tun, daß wir vor dem Ende der Gnadenzeit damit fertig werden können.

Wir erinnern uns: Das Ende der Gnadenzeit ist eine Zeitspanne und ein Zeitpunkt zugleich. In der letzten Krise, wenn die Gnadenzeit abläuft, wird Gott uns alles ins Gedächtnis zurückrufen – wirklich alles –, damit wir darauf vorbereitet sind, ohne Fürsprecher zu leben. Geheime Sünden, die noch bekannt und überwunden werden müßten, wird es nicht mehr geben.

Reue

Der nächste Schritt mit Gott führt in die Reue. Als Adam und Eva von Gott erschaffen wurden, waren sie vollkommen. Die Bibel sagt: „Gott sah an alles, was er gemacht hatte, und siehe, es war sehr gut." (1 Mo 1,31) Ellen G. White erklärt es so:

> Der Mensch war bei seiner Erschaffung mit hervorragenden Körperkräften und Geistesgaben beschenkt worden. Als vollkommenes Geschöpf lebte er in ungetrübter Gemeinschaft mit Gott. Reine Gedanken und ein heiliges Streben erfüllten ihn. („Der Weg zu Christus", S. 9)

Adam und Eva waren also vollkommen; von ganzem Herzen liebten sie Gott und wollten ihm auch gehorchen. Gottes Weg mit ihnen entsprach ihren eigenen Vorstellungen und Wünschen. Leider änderte sich das, als sie sündigten:

> Aber durch den Ungehorsam wurden diese Fähigkeiten in verkehrte Bahnen gelenkt. Selbstsucht trat an die Stelle der Liebe. Die Sünde schwächte den Menschen so sehr, daß *er aus eigener Kraft der Macht des Bösen nicht zu widerstehen vermochte.* („Der Weg zu Christus", S. 9 – Hervorhebung M. Moore)

Adam und Eva waren selbstsüchtig geworden. Ihr Trachten wurde sündig; sie waren gefangen in Sünde. Das war das Schlimmste. Sie hatten sich in eine Lage gebracht, aus der sie sich allein nicht befreien konnten. Wer in einen tiefen Brunnen fällt, kommt ohne fremde Hilfe nicht wieder heraus. Adam und Eva fielen tief in Sünde und brauchten Hilfe – so wie du und ich.

Ellen G. White macht uns dieses Problem verständlich:

> Es ist uns unmöglich, aus eigener Kraft dem Abgrund der Sünde zu entfliehen. Unsere Herzen sind voller Bosheit, aber wir können sie selbst nicht erneuern ... Erziehung und Bildung, Willenskraft und menschliche Anstrengungen haben ihren entsprechenden Wirkungsbereich; hier aber sind sie machtlos. Wohl können sie bewirken, daß sich der Mensch nach außen hin vorbildlich verhält, aber das Herz können sie nicht verändern. Sie sind nicht imstande, die verborgenen Triebkräfte des Lebens zu reinigen. („Der Weg zu Christus", S. 10)

Beachten wir den letzten Satz: „Sie sind nicht imstande, die verborgenen Triebkräfte [Quellen] des Lebens zu reinigen." Aus der Quelle entspringt Wasser und sprudelt an die Oberfläche der Erde. Eine unreine Quelle ist bitter oder giftig, vielleicht beides.

Im Yellowstone-Nationalpark in Amerika wurde eine bittere Quelle zur Touristenattraktion. Das Wasser schmeckt abscheulich. Vermutlich fließt es tief unten in der Erde durch eine Schwefelschicht, die es so bitter macht. Es wäre verfehlt, wollte man den Erdboden aufgraben, um den Schwefel zu entfernen, und so die Quelle zu reinigen. Das geht nicht.

Genausowenig können wir die Quelle unseres Lebens reinigen.

Entscheidend ist daher, daß wir wissen, wo die Quellen unseres Daseins sind. Sicher sind es die tiefsten Regungen unseres Herzens, unsere Wünsche und Ziele. Nur Gott kann dieses Denken und Trachten verändern. Das ist sein Teil. Jesus nannte diese Veränderung „von neuem geboren werden". Lesen wir, wie es Ellen G. White erklärt:

> Der Heiland sagt: „Es sei denn, daß jemand von neuem geboren werde." Wenn der Mensch nicht ein neues Herz empfängt, *ein neues Verlangen, neue Ziele und Beweggründe* hegt und zu einem neuen Leben findet, „kann er das Reich Gottes nicht sehen". („Der Weg zu Christus", S. 10 – Hervorhebung M. Moore)

Gott wird uns umwandeln; wir selber können es nicht! Unsere Wünsche, Absichten und Motive müssen geheiligt werden, und das bewirkt allein Gott.

Zweierlei hat also zu geschehen: Unsere Wünsche müssen sich ändern und danach auch unser Verhalten. Leider verwechseln viele Christen diese beiden Seiten der Überwindung von Sünde. Sie bitten Gott um Hilfe, daß er ihr sündhaftes *Verhalten* ändert, obwohl sie ihn bitten müßten, von ihren sündhaften *Wünschen* befreit zu werden.

Gott hat zugesagt, uns zu helfen; aber wir sollten nicht mit der Bitte um Änderung unseres Verhaltens beginnen, sondern zuerst um die Veränderung unseres Denkens. Der Versuch, Sünde auf der Ebene wohlanständigen Verhaltens zu überwinden, ist zwecklos.

Eine Frau betete: „Herr, entferne die Spinnweben aus meinem Haus." Dieses Gebet sprach sie Tag für Tag, bis ihr Mann aufgebracht sagte: „Herr, töte die Spinne!" Solange wir nur auf der Ebene unseres Verhaltens gegen die Sünde kämpfen, werden wir früher oder später kapitulieren, denn wir haben nur die Spinnweben entfernt, nicht aber die Spinne getötet.

Das Töten der Spinne bedeutet, die Quelle der Sünde – das Verlangen danach – tief im Herzen auszulöschen. Aber *die Begierden unseres Herzens kann nur Gott reinigen*. Den Sieg über die Sünde werden wir erst erringen, wenn wir Gott bitten, unsere verkehrten Gedanken und Wünsche zu ändern.

Wenn dich Satan in Versuchung führen will, dann sage nicht: „Herr, hilf mir, daß ich dies und das nicht tue", sondern: „Herr, räume die falsche Begehrlichkeit aus!" Wenn wir so beten, erlangen wir den Sieg, anders nicht.

Bedenke aber: Das kann ein äußerst schweres Gebet sein. Es sei an einem Erlebnis veranschaulicht. Ein Gemeindeglied sagte zu mir:

„Pastor, ich habe ein Problem. Ich trinke gern Alkohol. Ehe ich morgens zur Arbeit gehe, muß ich erst etwas Alkohol trinken. Ich habe versucht damit aufzuhören, aber es gelingt mir nicht. Kannst du mir helfen?"

Wir wollen das analysieren. Der Bruder sagte, er hätte ein starkes Verlangen nach Alkohol; er bräuchte das einfach. Dann habe er Gott um Hilfe gebeten, er möge das ändern, statt zu bitten, daß Gott das Verlangen danach auslöscht.

Nachdem ich das erklärt hatte, sagte der Bruder: „Morgen werde ich um Hilfe bitten, mir keinen Alkohol mehr zu wünschen." Dann überlegte er einen Augenblick: „Aber wenn ich das getan habe, kann ich mir doch keinen Schluck mehr genehmigen!"

Hier liegt das Problem. Unsere Sünden gefallen uns viel zu gut, so daß wir uns gar nicht wünschen, Gott möge sie wegnehmen.

Wir bitten in der Gemeinde oder in unserer Morgen- und Abendandacht um Hilfe, daß Gott uns befreie von einer Sünde, an der wir doch so gern festhalten. Im Augenblick der Versuchung aber sind wir gar nicht bereit dazu. Wenn Gott uns die Sünde wirklich wegnähme, könnten wir uns ja nicht mehr an ihr freuen.

Sich in dem Augenblick, wenn die Versuchung am stärksten ist, gegen die Sünde zu entscheiden, das ist der Schlüssel zum Überwinden. Wichtig ist das Gebet: Hilf mir, Gott, daß mich diese Sünde nicht mehr anficht! Nimm mir fortan auch das Verlangen danach!

Gott zu bitten, daß er die Neigung zu einer bestimmten Sünde von mir nimmt, obwohl ich ihr stark verhaftet bin – das ist ein schwerer geistlicher Kampf. Nur durchs Gebet können wir den Sieg erringen! Und wenn wir dabei bleiben, Gott um die Reinigung unseres Denkens und Wünschens zu bitten, kommen wir schließlich dahin, diese Sünde nicht mehr zu tun.

Beachte, daß aufrichtige Reue das Denken und Wünschen ändert, nicht unser Verhalten.

Standhaftigkeit

Eigentlich ist es falsch, diese Überlegungen mit „Standhaftigkeit" zu kennzeichnen, aber im Augenblick der Versuchung ist das der entscheidende Weg, mit unseren sündigen Neigungen fertig zu werden. Die Bitte, das Verlangen zu ändern, ist nicht das gleiche wie die Bitte, im Augenblick der Versuchung standhaft zu bleiben.

Wir brauchen Hilfe in beiden Situationen! Zuerst, daß Gott uns das sündige Verlangen wegnimmt und uns hilft, nichts Falsches zu tun. Danach muß die Neigung überwunden werden; andernfalls mühen wir uns vergeblich, etwas zu unterlassen, was wir doch so gern möchten. Wenn wir aber Gott um Veränderung unseres Denkens und Trachtens gebeten haben, sollten wir auch bereit sein, mit dem verkehrten Tun sofort aufzuhören.

Ändert sich aber das Verhalten wirklich ganz von selbst, wenn die Gedanken neu ausgerichtet sind?

Das wird meistens so sein. Viele Sünden werden schon durch das Überwinden des sündhaften Begehrens besiegt. Haben wir es mit tiefverwurzelten Sünden zu tun, so brauchen wir erst recht Gottes Hilfe, um unser ganzes Verhalten zu ändern. Der gewandelte Wunsch schafft dann auch eine Änderung des Verhaltens; aber das geschieht nicht zwangsläufig. Gott muß unser Denken umwandeln; wir können es nicht. Niemals aber wird Gott unser Tun und Verhalten ändern. Diese Erkenntnis ist wichtig:

Nur Gott kann unsere Wünsche ändern.
Dann können auch wir unser Verhalten ändern.

Im letzten Teil dieses Kapitels sollen noch ein paar praktische Ratschläge folgen, die hilfreich sein können, daß wir unser Verhalten wirklich ändern.

Mancher möchte, daß Gott beides tut. Aber Gott kann unser Verhalten nicht ändern, weil dann unser freier Wille verletzt würde. Das läßt sich sogar beweisen. Wer hat je erlebt, daß Gott einem Raucher die Zigarette aus dem Mund nimmt? Oder daß ein Paar aufgrund unmoralischen Sexverhaltens getrennt wird? Oder daß denen auf den Mund geschlagen wird, die Gottes Namen verunehren? Gott beseitigt wohl das sündhafte Verlangen, aber unser Verhalten müssen wir selber ändern.

Glücklicherweise sagt Gott nicht: Ich habe dir jetzt ein paar neue Wünsche eingegeben; nun ändere du dein Verhalten. Auch dabei hilft er uns.

Wie diese Hilfe aussieht, ist in einem Bibeltext zusammengefaßt:

Ich vermag alles durch den, der mich mächtig macht
[Christus]. (Phil 4,13)

Hier spricht Paulus über das Verhalten. Er sagt: „Ich vermag *alles*" – nicht nur einiges, sondern alles. Jede Sünde ist zu überwinden, ganz gleich, wie unmöglich das scheint.

Und wer bewirkt das? Paulus sagt: Ich kann alles durch den, der mir die Kraft schenkt. Wir ändern uns durch die Kraft Christi. Und Gott schenkt diese Kraft.

Und was ist unser Teil? *Darum zu bitten und zu beten!*

Wir haben noch über etwas anderes zu sprechen. Am besten läßt es sich an einem Beispiel erklären.

Wie verhält sich ein Kind, wenn es bei seinen Eltern etwas erreichen möchte? Das hört sich ungefähr so an:

„Vati, darf ich an den Fluß zum Schwimmen gehen?"

„Nein, heute nicht."

„Aber die anderen gehen doch auch hin!"

„Tut mir leid, aber Mutti und ich haben heute keine Zeit. Und allein lassen wir dich nicht gehen."

„Aber Vati, die anderen Jungen gehen auch ohne ihre Eltern."

„Mag sein, aber wir möchten das nicht."

„Ich werde bestimmt vorsichtig sein."

„Du weißt, Mutti und ich sind lieber mit dabei."

„Bitte, Vati!"

„Nun ..."

„Nur das eine Mal, Vati. Ich verspreche es dir!"

Wo ist der springende Punkt? Der Junge wird den Vater so lange bedrängen, wie er sich noch die geringste Chance ausrechnet, seinen Willen durchsetzen zu können. Spielen wir nun die gleiche Szene noch einmal durch, aber mit anderem Ausgang. Das funktioniert wunderbar bei allen Eltern, die es schon ausprobiert haben.

„Vati, darf ich heute nachmittag zur Badestelle gehen?"

„Nein, heute nicht!"

„Aber die anderen gehen doch auch hin."

„Ich habe dich verstanden; aber Mutti und ich haben heute keine Zeit, und allein lassen wir dich nicht gehen."

„Aber Vati, alle anderen Jungen gehen doch auch ohne Eltern."

„Hast du gehört, was ich gesagt habe?"

„Aber Vati ..."

„Ich habe ‚Nein' gesagt, und dabei bleibt es. Geh nach draußen und spiele im Garten. Wenn du willst, kannst du Billy einladen."

„Aber ..."

„Ich habe ‚Nein' gesagt. Kein Wort mehr. Geh hinaus!"

Der Junge marschiert nach draußen und murmelt etwas über die Ungerechtigkeit seiner Eltern vor sich hin. Aber fünf Minuten später spielt er zufrieden mit Billy, als hätte er nie ans Schwimmen gedacht.

Die Psychologie dieser Szene ist einfach und wirkt bei Erwachsenen wie bei Kindern. Solange wir meinen, die geringste Chance für eine Sünde zu haben, werden wir sie uns glühend wünschen. Erst wenn unser Verstand bejaht, daß er nicht haben kann, was er gern möchte, ist der Wunsch vergessen.

In einem Anti-Raucher-Seminar erzählte eine Frau am ersten Abend, sie hätte in der Vergangenheit schon wiederholt versucht, mit dem Rauchen aufzuhören, sei aber stets rückfällig geworden. Am letzten Abend aber sagte sie: „Diesmal habe ich für immer aufgehört!" Als ich fragte, wieso sie so sicher sei, erwiderte sie: „In der Vergangenheit habe ich immer gewußt, daß ich mir irgendwann – vielleicht in einem Monat oder einem Jahr – wieder eine Zigarette anstecken würde. Und so war es dann auch. Aber jetzt weiß ich, daß es in meinem Leben nie wieder eine Zigarette geben wird."

Das ist das Entscheidende: *Wenn dein Verstand bereit ist, deinen Wünschen nicht mehr nachzugeben, werden die Wünsche schnell verblassen.* Lerne „Nein" zu dir zu sagen – wie zu einem Kind, das dich mit Wünschen traktiert. Dann wirst du erleben, daß der Sieg zu erlangen ist. Das ist der entscheidende Schlüssel zur Verhaltensänderung.

Ellen G. White faßt es so zusammen:

> Es gibt ein wichtiges Gesetz, das nicht übersehen werden sollte. Wenn ein bestimmtes Wunschdenken als aussichtslos erkannt und aufgegeben wird, hört auch das Verlangen auf, danach zu streben. Aber solange noch die geringste Aussicht auf Erfüllung besteht, wird jede erdenkliche Anstrengung gemacht, um das Gewünschte zu bekommen. („Mind, Character, and Personality", Bd. 2, S. 419)

Sage „Nein" zur Versuchung, dann wird die Anfechtung vergehen!

So sehen die bisher genannten Schritte aus, wenn man sie in einer Tabelle zusammenfaßt:

	Gottes Teil	Unser Teil	Veränderung
Überzeugung	Er zeigt uns unsere Sünden	Wir bitten darum	unserer Einsicht
Reue	Er ändert unsere Wünsche	Wir bitten darum	unserer Wünsche
Standhaftigkeit	Er gibt uns die Kraft	Wir bleiben fest im Gebet	unseres Verhaltens

Wenn wir in Versuchung kommen, sollten wir fortan bitten: „Herr, ändere mein Herz, damit ich frei werde von quälenden Wünschen" – und danach das andere Gebet: „Herr, gib mir die Kraft, es nicht zu tun." Sage „Nein" zu dir selbst – genauso energisch wie zu einem Kind, das dich bedrängt und dem du etwas verbietest! Das mag hart sein, aber es wirkt.

Abraham ging ins „verheißene" Land, indem er einen Fuß vor den anderen setzte. Auch wir setzen einen Fuß vor den andern und bitten Gott, er möge uns zu Reue und Buße führen, uns Kraft schenken zum Überwinden und „Nein" zu uns selbst zu sagen. Das ist unser Teil. Ist das getan, dann sorgt Gott dafür, zur sogenannten Vollkommenheit heranzureifen. Du mußt dich nicht sorgen, ob du gut genug bist. Es ist Gottes Sache.

Wer den Heiligen Geist so bittet, wie wir es hier besprochen haben, der wird – mitunter sehr schnell – eine Veränderung in seinem Leben erkennen. Fangen wir an! Tun wir feste Schritte! Sei gewiß, Gott wird die Gnadenzeit nicht beenden, ehe du bereit bist.

Kapitel 8

Die Zeit der Katastrophen

Eine Schlagzeile fesselte meine Aufmerksamkeit: „Katastrophen in der ganzen Welt – eine Herausforderung für Hilfsorganisationen und Spender!"

Der Artikel handelte davon, daß sich im Frühjahr 1991 ungewöhnlich viele Naturkatastrophen ereignet hatten: Erdbeben in Costa Rica, in Georgien und in Peru; eine tödliche Choleraepidemie in Südamerika, Folge eines Erdbebens in Peru; in Bangladesch hinterließ ein Wirbelsturm mehr als 150.000 Tote. Der Autor des Artikels sagte: „Erfahrene Helfer stimmen darin überein, daß die Katastrophen in den letzten drei Monaten beispiellos an Zahl und Schwere sind und sehr kurz aufeinander folgten." („Christianity Today", 24. Juni 1991, S. 48)

Adventisten haben Naturkatastrophen schon immer als Zeichen des Endes angesehen, insbesondere Erdbeben, Hungersnöte, Epidemien. Davon spricht schon die Bibel (siehe Lk 21,11). Doch selbst die verheerendsten Katastrophen von heute sind nur Vorläufer der Endzeit-Katastrophen, die über die Erde gehen werden.

Adventgläubige ziehen Schlußfolgerungen aus diesem Geschehen, und es gibt biblische Beweise dafür, daß Katastrophen zur Endzeit gehören:

1. Eine Häufung schrecklicher Naturereignisse bricht über die Welt herein.

2. Die Katastrophen fallen zeitlich mit dem nahenden Ende zusammen.

3. Beginnen werden sie vor dem Abschluß der Gnadenzeit.
4. Katastrophen brechen plötzlich herein.
5. Gottes Volk wird den entscheidenden Grund für die Krise kennen.
6. Zu einem bestimmten Zeitpunkt wird Gott sein Walten über diese Erde verändern. Dann werden diese Katastrophen eintreten.

Das wollen wir Schritt für Schritt untersuchen.

Katastrophen und die Endkrise

Die Zeit des Endes wird eine Zeit großer Ängste und Nöte sein:

> Es naht die Zeit, da die Geschichte dieser Welt in die große Krise mündet und das Walten Gottes mit Spannung und unaussprechlicher Besorgnis beobachtet wird. Rasch werden dann die Gerichte Gottes – Feuersbrünste, Wasserkatastrophen, Erdbeben, dazu Kriege und Blutvergießen – einander folgen. („Schatzkammer der Zeugnisse", Bd. 3, S. 286)

Ellen G. White verbindet diese Zeitspanne mit dem Hinweis, daß dann eine Katastrophe nach der anderen über die Welt gehen wird.

Katastrophen vor dem Ende der Gnadenzeit

Die letzten sieben Plagen werden schrecklich sein. Davon haben Adventisten seit jeher gesprochen. Auch Ellen G. White hat an die Katastrophen vor Abschluß der Gnadenzeit gedacht, denn sie sagt, daß Menschen aus anderen Kirchen kommen werden, um sich dem Volk Gottes anzuschließen. Die „Zeit der Katastrophen" wird also vor Abschluß der Gnadenzeit beginnen.

Hier noch eine Aussage, die auf die Zeit der Trübsal vor dem Ende der Gnadenzeit hinweist:

Ich wurde beauftragt, die Botschaft zu sagen, daß Städte voller Übertretungen und extremer Sünden durch Erdbeben, Feuer und Flutkatastrophen vernichtet werden. Die ganze Welt soll gewarnt werden, daß es einen Gott gibt, der seine Autorität auch beweisen wird. Aller angehäufte Reichtum wird ein Nichts bedeuten ...

Mit den Städten der Völker wird streng verfahren werden; und doch wird der Herr sie nicht in vollem Zorn treffen, da sich noch einige von dem Feind lösen, Buße tun und bekehren werden, während die anderen den Zorn bis zum Tage des Gerichts anhäufen. („Evangelism", S. 27)

Ellen G. White benutzt hier nicht die Begriffe „Endkrise" oder „letzte große Krise", aber es besteht kein Zweifel, daß sie diese Zeit im Sinn hat. Ihre Aussage erhärtet, was bereits erwähnt wurde: Schreckliche Naturkatastrophen werden kommen; eine wird der anderen folgen; sie werden kurz vor Abschluß der Gnadenzeit eintreten, „da sich noch einige von dem Feind lösen, Buße tun und bekehren werden".

Plötzliche Katastrophen

Paulus warnte die Christen in Thessalonich: „Wenn sie sagen werden: ‚Es ist Friede, es hat keine Gefahr‘, dann wird sie das Verderben schnell überfallen." (1 Th 5,3) Zitate von Ellen G. White sagen das gleiche:

Ich wußte, daß die Zeit kurz ist und die Geschehnisse, die bald auf uns einstürmen, sehr plötzlich und schnell kommen. („Selected Messages", Bd. 3, S. 413)

Wir, die wir die Wahrheit kennen, sollten vorbereitet sein auf das, was als erschreckende Überraschung über die Welt hereinbrechen wird. („Testimonies", Bd. 8, S. 28)

Es ist die Aufgabe des Volkes Gottes, sich auf die künftigen Ereignisse vorzubereiten, die bald mit blinder Gewalt hereinbrechen werden. („Selected Messages", Bd. 2, S. 142)

Ellen G. White betont ferner, daß Gottes Volk sich vorbereiten sollte, besonders auf die Glaubensprüfung, die ausgelöst wird durch diese Katastrophen.

Die Krise für Gottes Volk

Es wird eine schreckliche Zeit für Gottes Kinder sein. Die folgende Aussage macht das deutlich:

> Erst in einer Krise zeigt sich, wes Geistes Kinder wir sind. Als es um Mitternacht hieß: „Siehe, der Bräutigam kommt; gehet aus, ihm entgegen!", da wurde deutlich, welche der so unsanft geweckten Jungfrauen sich auf dieses Ereignis vorbereitet hatten. Überrascht waren sie alle; aber die einen waren eben vorbereitet und die anderen nicht.
>
> So ist es auch heute: Eine plötzliche, unerwartete Notsituation, die uns vielleicht sogar dem Tod ins Auge blicken läßt, kann zeigen, ob wir wirklich an die Verheißungen Gottes glauben und von seiner Gnade getragen werden. Die letzte große Prüfung findet am Ende der Gnadenzeit statt, wenn es keine Gelegenheit mehr geben wird, sich mit geistlichem Nachschub zu versorgen. („Bilder vom Reiche Gottes", S. 358)

Die Krise für Gottes Volk wird den Glauben prüfen; und da dann die Bewährungszeit endet, muß die Prüfung ganz offensichtlich vor dem Abschluß der Gnadenzeit erfolgen.

Dennoch bin ich nicht der Meinung, daß uns die Naturkatastrophen so überrumpeln werden wie die Welt. Als Paulus von dem „schnellen Verderben" sprach, fügte er hinzu: „Ihr aber, liebe Brüder, seid nicht in der Finsternis, daß der Tag wie ein Dieb über euch komme" (1 Th 5,4). Die Krise, die wir erwarten, wird noch nicht das plötzliche Verderben über uns bringen, sondern erst deren Nachwirkungen.

Ellen G. White spricht davon, daß die Welt dem Volk Gottes die Schuld für diese Katastrophen geben wird:

Die Gottes Gesetz ehrten, sind beschuldigt worden, Gerichte über die Welt gebracht zu haben. Sie werden als die Ursache des Streites und Blutvergießens unter den Menschen sowie der fürchterlichen Erschütterungen der Natur angesehen werden, die die Erde mit Leid erfüllen. Die die letzte Warnung begleitende Kraft hat die Gottlosen in Wut versetzt; ihr Zorn ist geschürt gegen alle, die die Botschaft angenommen haben, und Satan wird den Geist des Hasses und der Verfolgung zu noch größerer Stärke anfachen. („Der große Kampf", S. 615)

„Die Gottes Gesetz ehrten, sind beschuldigt worden, Gerichte über die Welt gebracht zu haben." Gottes Volk wird angeklagt und verfolgt. Das wird die schwerste Krise für Gottes Kinder sein; nicht die Strafgerichte an sich.

Gott und seine Beziehung zur Erde

Ellen G. White deutet an, daß Gott der Welt seinen Schutz entziehen wird; damit ist die Zeit der Katastrophen eingeleitet.

Glaubst du, daß der Herr bald kommt und daß die letzte große Krise über die Welt hereinbrechen wird? Gottes Handeln wird sich rasch verändern. Die Welt wird durch Katastrophen heimgesucht, durch Wasserfluten, Stürme, Feuer, Erdbeben, Hungersnöte, Krieg und Blutvergießen.

Der Herr ist geduldig und von großer Kraft ... Aber seine Geduld währt nicht ewig. Wer ist vorbereitet auf die *plötzliche Veränderung in Gottes Handeln* mit den Sündern? („Fundamentals of Christian Education", S. 356.357 – Hervorhebung M. Moore)

Erneut weist sie darauf hin, daß Gottes Gerichte in Form von Naturkatastrophen die Endkrise einleiten werden. Zweimal spricht sie von einer „plötzlichen Veränderung" in Gottes Handeln mit den sündigen Menschen, die diese Katastrophen verursachen. Das geht auch aus dem folgenden Zitat hervor:

Gott umgibt seine Geschöpfe mit einem Zaun, um sie vor
der Macht des Zerstörers zu schützen. Aber die christliche
Welt hat das Gesetz Gottes mißachtet, und der Herr wird genau das tun, was er angekündigt hat: Er wird der Erde seinen Segen und den Menschen seine Fürsorge entziehen, weil
sie sich gegen sein Gesetz empören und andere lehren oder
zwingen, das gleiche zu tun. („Counsels on Health", S. 460)

Zuerst wird die Aufmerksamkeit hingelenkt auf Gottes Schutz,
durch den die Welt bewahrt wird. Doch es kommt eine Zeit, in der
Gott „seine schützende Fürsorge" zurückziehen wird. Dann werden
die schrecklichen Katastrophen hereinbrechen.

Wenn Gott seine Hand zurückzieht, beginnt der Zerstörer
sein Werk. („Manuscript Releases", Bd. 3, S. 314)

Die Gerichte Gottes

Was für Katastrophen werden das sein? Welche Naturkatastrophen
müssen wir erwarten?

Vermutlich die gleichen, die wir jetzt schon kennen, nur häufi-
ger und verheerender: Erdbeben, Vulkanausbrüche, Hurrikans,
Tornados, Flutwellen, Überschwemmungen. Zweimal spricht Ellen
G. White von großen Flutwellen, die die Küstenländer der Erde
überschwemmen:

In den Zeiten der Endgeschichte wird Krieg toben; es
wird Seuchen, Plagen und Hungersnot geben. Die Wasser
der Tiefe werden über die Ufer treten. Besitz und Leben
werden durch Feuer und Wasserfluten zerstört. („Review
and Herald", 19. Oktober 1897)

Beginnend mit einem Zitat aus Lukas 21,25, wo Jesus sagt: „Es
werden Zeichen geschehen an Sonne und Mond und Sternen, und
auf Erden wird den Völkern bange sein, und sie werden verzagen
vor dem Brausen und Wogen des Meeres", erklärt sie:

> Das Meer und die Wellen werden ihre Grenzen übersteigen und die Zerstörung wird ihre Spuren hinterlassen. („Selected Messages", Bd. 3, S. 417)

Erdbeben werden in der Endkrise bei weitem schlimmer sein als je zuvor:

> Wir haben Erdbeben an verschiedenen Orten erlebt, aber sie sind sehr begrenzt gewesen ... Schreckliche Erdstöße werden über die Erde kommen und kostbare Herrscherpaläste werden zu Ruinen. Die Erdkruste wird durch den Ausbruch der Elemente zerrissen. („Selected Messages", Bd. 3, S. 391)

Ein Feuerball. Ellen G. White hat mindestens drei Aussagen gemacht, die vor hundert Jahren für viele ein Rätsel waren. Wir lesen:

> Letzte Nacht wurde mir eine Szene gezeigt. Vielleicht werde ich nie den Mut haben, sie ganz zu enthüllen, sondern nur ein wenig davon.
>
> Ein Feuerball schien auf die Erde herniederzufallen und vernichtete große Häuser. Von Ort zu Ort erhob sich der Schrei: „Der Herr ist gekommen! Der Herr ist gekommen!" Viele waren nicht vorbereitet, ihm zu begegnen, nur wenige sagten: „Gelobt sei der Herr!"
>
> „Warum lobt ihr den Herrn?" fragten die Menschen, über die das plötzliche Verderben gekommen war. „Weil wir jetzt sehen, was wir erwartet haben."
>
> „Wenn ihr geglaubt habt, daß dies geschehen wird, warum habt ihr es uns nicht erzählt? Warum habt ihr uns in Unwissenheit gelassen? Wir sind uns so oft begegnet, warum habt ihr uns nichts von dem kommenden Gericht gesagt und erklärt, daß wir Gott dienen müssen, damit wir nicht umkommen? Jetzt sind wir verloren!" („Reflecting Christ", S. 243; siehe auch „Testimonies", Bd. 9, S. 28 und „Evangelism", S. 29)

Besagter Feuerball[1] gehört zu den Gerichten Gottes über diese Welt. Als im Jahre 1945 die erste Atombombe fiel, spekulierten Siebenten-Tags-Adventisten, daß dies der Feuerball sein könnte, den Ellen G. White in ihrer Vision gesehen hat.

Vor kurzem haben Wissenschaftler damit begonnen, die Auswirkungen eines Aufpralls von Asteroiden und großen Meteoriten auf die Erde zu untersuchen. Einige Adventisten haben spekuliert, Ellen G. White hätte so etwas schon gesehen. Doch ihre Beschreibung paßt nicht zu dem, was man heute über die Auswirkung eines Asteroidenaufpralls weiß. Ein Asteroid mit einem Durchmesser von zwei Kilometern würde einen ganzen Kontinent vernichten. Ellen G. White aber beschreibt einen Feuerball, der Gebäude vernichtet. Das könnte durch einen großen Meteoriten geschehen.

Jedenfalls sollte uns die biblische Vorhersage veranlassen, die Möglichkeit großer Zerstörungen durch Meteoriten, vielleicht auch durch Asteroiden in Betracht zu ziehen.

> Und es werden Zeichen geschehen an Sonne und Mond und Sternen, und auf Erden wird den Völkern bange sein, und sie werden verzagen vor dem Brausen und Wogen des Meeres, und die Menschen werden vergehen vor Furcht und in Erwartung der Dinge, die kommen sollen über die ganze Erde; denn die Kräfte der Himmel werden ins Wanken kommen. (Lk 21,25.26)

Der Aufprall eines großen Asteroiden würde schreckliche ökologische Folgen haben, besonders für die Atmosphäre. Der durch den Aufprall erzeugte Staub und das Feuer brennender Wälder würden die Sonnenstrahlen blockieren und das Klima auf der ganzen Erde beeinflussen. Globale Abkühlung und eine Reduzierung der Sonnenscheinenergie würden das Wachstum der Pflanzen beeinträchtigen und den Hunger in der Welt drastisch ausweiten.

Ein Asteroidenaufprall würde die Völker in Angst und Schrecken versetzen. Wenn die Kräfte des Himmels ins Wanken kommen,

---

[1] In „Evangelism" S. 29 spricht Ellen White von „Feuerbällen" in der Mehrzahl.

werden die Menschen vor Furcht vergehen. Der Sternenfall vom 13. November 1833 hat keine internationale Unruhe hervorgerufen. Aber die Worte des Lukas über Strafgerichte, die Gott über die Welt bringen wird, lassen auch an einen Meteoritenfall oder an den Aufprall von Asteroiden denken, obgleich es sich nicht behaupten läßt.

Allein schon die Beschreibung künftiger Zerstörungen ist bemerkenswert, wenn auch die Art der Katastrophe nicht erwähnt wird:

> Vor uns liegt eine Zeit, in der es so viel Leid geben wird, daß es durch keinen Balsam geheilt werden kann. Der trügerische Anspruch menschlicher Größe wird in Staub zerfallen, bevor die letzte große Vernichtung über die Erde hereinbricht. („Selected Messages", Bd. 3, S. 418.419)

Trügerische menschliche Größe, die zu Staub wird – was ist damit gemeint? Vielleicht die amerikanische und russische Weltraumindustrie oder der internationale Flugverkehr? Sie „wird in Staub zerfallen, bevor die letzte große Vernichtung über die Erde hereinbricht" – wobei diese große Vernichtung mit dem zweiten Kommen Christi einhergeht.

Wird Gott sein Volk warnen?

Ellen G. White erklärte, daß Gottes Gerichte über die Städte dieser Welt kommen werden.

> Ich wurde beauftragt, die Botschaft weiterzugeben, daß die Städte, die voll sind von Übertretung und Sünden, durch Erdbeben, Feuer und Flutkatastrophen vernichtet werden. („Evangelism", S. 27)

> O, daß Gottes Volk doch eine Ahnung von der bevorstehenden Zerstörung Tausender von Städten hätte, die zur Zeit weithin der Abgötterei verfallen sind. („Evangelism", S. 29)

Heute leben viele Kinder Gottes in diesen Städten. Wie wird es ihnen ergehen, wenn diese Katastrophen hereinbrechen? Gott schickt seinem Volk stets Warnungen vor künftigen Gerichten, damit es fliehen kann.

Dieser Grundsatz gehört zum Handeln Gottes mit seinem Volk. Ellen G. White sagte:

> Gott hat die Menschen vor kommenden Gerichten stets gewarnt. Wer seiner Warnungsbotschaft vertraute und – seinen Geboten gehorsam – nach seinem Willen handelte, blieb vor den Heimsuchungen bewahrt, die über die Ungehorsamen und Ungläubigen hereinbrachen.
>
> Zu Noah wurde einst gesagt: „Geh in die Arche, du und dein ganzes Haus, denn dich habe ich gerecht erfunden vor mir zu dieser Zeit." Noah folgte der Aufforderung des Herrn und wurde gerettet. Lot empfing die Botschaft: „Macht euch auf und geht aus diesem Ort, denn der Herr wird diese Stadt verderben." Lot begab sich in die Obhut der himmlischen Boten und wurde bewahrt.
>
> Auch Christi Jünger wurden vor der Zerstörung Jerusalems gewarnt. Wer von ihnen auf die Zeichen des nahenden Untergangs achtete und aus der Stadt floh, entging der Vernichtung. *So sind auch uns genügend Zeichen der Wiederkunft Christi und des Verderbens, das über die Welt hereinbrechen wird, gegeben worden.* Wer diese Warnungen beachtet, wird gerettet werden. („Das Leben Jesu", S. 631.632 – Hervorhebung M. Moore)

Beachten wir zwei Punkte in dieser Aussage:

1. Ellen G. White lenkt die Aufmerksamkeit darauf, daß Christus bestimmte Zeichen für die nahende Zerstörung Jerusalems gab. Wer auf diese Zeichen achtete, floh aus der Stadt und entging der Vernichtung.

2. Sie übertrug dieses Geschehen auf unsere Zeit und sagte: „Wir sind gewarnt vor der Zerstörung, die über die Welt kommen wird."

In beiden Fällen sagt sie das gleiche: Gott gab den Jüngern Hinweise auf die bevorstehende Zerstörung Jerusalems; und uns hat er Zeichen für die kommenden Gerichte gegeben. Ferner spricht sie genau über die Zeichen für die Jünger damals und die für uns heute. Das Zeichen einst war das Heranrücken der römischen Armeen, unseres wird das erste nationale Sonntagsgesetz in den Vereinigten Staaten sein.

Hier eine der beiden Aussagen:

> Durch die Verfügung, die der päpstlichen Einrichtung unter Verletzung des Gesetzes Gottes Geltung verschafft, wird sich das amerikanische Volk ganz von der Gerechtigkeit abwenden. Wenn einmal der Protestantismus seine Hand über die Kluft streckt, um die Hand der römischen Macht zu ergreifen, wenn er über den Abgrund hinweg die Hände des Spiritismus umfaßt, wenn unter dem Einfluß dieser dreifachen Vereinigung die USA jeden Grundsatz ihrer Verfassung als einer protestantischen und republikanischen Regierung verwerfen, ... dann können wir wissen, daß die Zeit für das außergewöhnliche Wirken Satans gekommen und das Ende nahe ist.
>
> Wie das Heranrücken des römischen Heeres für die Jünger ein Zeichen der bevorstehenden Zerstörung Jerusalems war, so mag dieser Abfall für uns ein Zeichen dafür sein, daß die Grenze der Geduld Gottes erreicht, daß das Maß der Ungerechtigkeit Amerikas voll ist und der Gnadenengel im Begriff steht, davonzufliegen, um nie mehr zurückzukehren. Dann wird das Volk Gottes in jenen Zustand von Trübsal und Qual gestürzt werden, den die Propheten als die Zeit der Angst in Jakob beschrieben haben. („Schatzkammer der Zeugnisse", Bd. 2, S. 132.133)

Diese Aussagen bestärken in mir die Überzeugung, daß Gottes Volk die Warnung begreifen muß. Die Endkrise und die damit verbundene „Zeit der Katastrophen" steht unmittelbar bevor, wenn die Regierung der Vereinigten Staaten das erste nationale Sonntagsgesetz in Kraft setzt.

Beherzigen wir diese Warnung? Was sollen wir tun, wenn das besagte Gesetz erlassen wird? Ellen G. White wird noch präziser in dieser Frage:

> Wie für die Christen Judäas die Belagerung Jerusalems durch die römischen Heere das Signal zur Flucht war, so wird es für uns eine Warnung sein, wenn sich die USA die Macht anmaßen, die Feier des päpstlichen Sonntags gesetzlich zu erzwingen. Dann wird es Zeit sein, die großen Städte zu verlassen und sich auch zum Verlassen der kleineren Städte bereitzuhalten, um in der Zurückgezogenheit und Abgeschiedenheit der Berge ein Heim zu suchen. („Schatzkammer der Zeugnisse", Bd. 2, S. 147)

Gottes Gerichte am Ende der Gnadenzeit werden besonders über die sündenverderbten Städte der Welt hereinbrechen. Gottes Volk wird gewarnt und dazu aufgefordert, die Städte zu verlassen.

Natürlich sollten wir planen, wohin wir gehen, und uns Gedanken darüber machen und beten. Wenn sich eine Tür für uns öffnet, sollten wir die Gelegenheit wahrnehmen und umziehen. Alle, für die das unmöglich ist, sollten Gott ernsthaft bitten, er möge ihnen zeigen, wann und wohin sie gehen sollen. Gott wird diese Gebete rechtzeitig beantworten.

Behalten wir den letzten Satz im Gedächtnis: „Wer diese Warnung beachtet, wird gerettet werden." Hier spricht Ellen G. White nicht von Rettung aus der Sünde, sondern von der Bewahrung vor Gottes Strafgerichten, die über die Städte kommen werden.

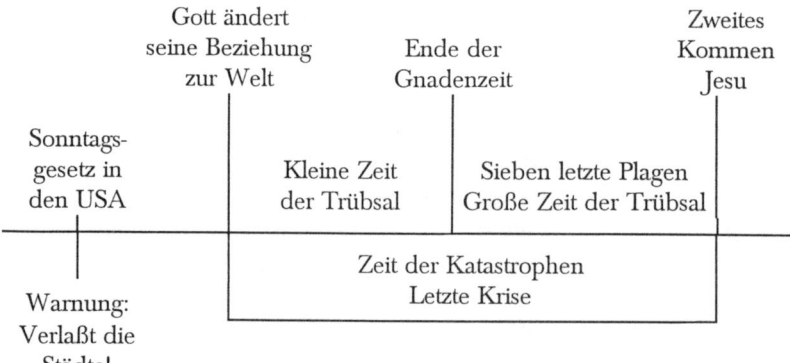

Warnung an unsere Mitmenschen

In der Schilderung vom „Feuerball" fragten die Freunde des Volkes Gottes: „Warum haben wir nichts davon gewußt? Warum habt ihr uns in Unwissenheit gelassen? Wir sind doch so oft einander begegnet; warum habt ihr uns nichts von dem kommenden Gericht gesagt und erklärt, daß wir Gott dienen müssen, damit wir nicht umkommen? Jetzt sind wir verloren!"

Über diese Worte habe ich mir oft Gedanken gemacht. Ich denke an meine Nachbarn und frage mich: Werden sie mir eines Tages so entgegentreten? Welche Verpflichtung habe ich ihnen gegenüber wie auch den Menschen in der Stadt, in der ich lebe? Fühle ich mich verantwortlich für mein Land und die Welt?

Ellen G. White betont, daß uns Gott die Verantwortung auferlegt, vor den kommenden Gerichten zu warnen. Jeder frage sich deshalb selbst: „Spricht Gott zu mir? Bin ich gerufen, etwas zu tun?"

> Rasch werden dann die Gerichte Gottes – Feuersbrünste, Wasserfluten, Erdbeben, dazu Kriege und Blutvergießen – einander folgen.
>
> Ach, daß die Menschen doch die Zeit ihrer Heimsuchung erkennten! Noch gibt es viele, die bis heute nichts von dem Prüfstein der Wahrheit in dieser Zeit gehört haben, und viele, an denen der Geist Gottes arbeitet ...
>
> Vor mehr als zwanzig Jahren wurde mir der Bedarf an ernsthaften Mitarbeitern für die Tausende in den Städten vor Augen geführt. Wer fühlt sich für die großen Städte verantwortlich? („Schatzkammer der Zeugnisse", Bd. 3, S. 286.287)

Wenn Gottes Gerichte über diese Welt so nahe bevorstehen, sollten Siebenten-Tags-Adventisten die aktivsten Bekenner sein und vor der hereinbrechenden Zerstörung warnen. Doch die meisten von uns sind wie gelähmt vor Angst, weil wir fürchten, unsere Vorhersagen könnten nicht eintreten, und dann würde man uns für Extremisten halten. Wir haben Angst, man könnte uns für verrückt erklären.

Muß uns Gott erst ins Meer werfen und von einem großen Fisch verschlucken lassen, ehe wir seinem Ruf folgen und Ninive warnen?

Dieses Kapitel hat mit dem Hinweis auf die rasche Zunahme von Naturkatastrophen in der Welt begonnen. Aber noch einmal sei betont, daß keine der heutigen Katastrophen der Erfüllung der schrecklichen Vorhersagen einer künftigen Zerstörung nahekommt. Die letzte Krise liegt noch vor uns. Wir sollten Gott danken, daß er uns durch Ellen G. White klar und deutlich hat sagen lassen, daß viele aus dem Volk Gottes unvorbereitet sein werden, wenn das Ende kommt.

Man mag es interessant finden, über die bevorstehenden Katastrophen zu spekulieren, aber die entscheidende Lehre ist folgende: Wir müssen geistlich vorbereitet und hellwach sein, solange es noch Zeit ist. Ich fürchte, es ist nicht mehr viel Zeit!

Kapitel 9

Die Vereinigten Staaten von Amerika

Am 2. August 1990 fiel der Irak in Kuwait ein. Wenige Tage später beschwerte sich ein ägyptischer Offizier und sagte aufgebracht zu einem Amerikaner: „Ihr seid die einzige Supermacht, die in der Welt übriggeblieben ist. Wir wissen es. Die Europäer wissen es. Die Sowjetunion weiß es. Warum wißt ihr es nicht?" („U. S. News & World Report", 11. März 1991, S. 50) George Bush wurde in der „Washington Post" als „einziger Boß der Welt" bezeichnet, und Jasir Arafat nannte Washington in einem Interview das „neue Rom".

Für Adventisten haben diese Worte einen prophetischen Klang. Wir glauben, daß Amerika in den letzten Ereignissen der Weltgeschichte eine einzigartige Stellung einnehmen wird.[1] Diese Überzeugung gründet sich auf die Prophezeiungen in Offenbarung 12 und 13 sowie auf Vorhersagen von Ellen G. White.

Die Vereinigten Staaten in Offenbarung 12

Das zwölfte Kapitel der Offenbarung ist uns Adventisten sehr vertraut; dennoch wollen wir hier einen Blick darauf werfen.

Die Vision beginnt mit einer schwangeren Frau, die von einem großen roten Drachen angegriffen wird. Der Drache – dahinter

---

[1]   Vgl. zu diesem Thema das Buch von Clifford Goldstein „Amerika in der Prophetie – Daten, Fakten, Hintergründe", Advent-Verlag Lüneburg, 1995.

verbirgt sich Satan – will das Kind der Frau vernichten. Es handelt sich dabei um Jesus. Der aber wird von Gott in den Himmel entrückt.

Dennoch war Satan nicht bereit, seine Niederlage einzugestehen; er griff statt dessen die Gemeinde Jesu an. Der Drache öffnete seinen Rachen und „stieß ... Wasser wie aus einem Strom hinter der Frau her, um sie zu ersäufen" (Offb 12,15). „Aber die Erde half der Frau und tat ihren Mund auf und verschlang den Strom, den der Drache ausstieß aus seinem Rachen." (Vers 16)

Adventisten glauben, daß Gott die „neue Welt", also Amerika, benutzt hat, um der Frau zu helfen. Er machte dieses Land zu einer Zufluchtsstätte für religiös Verfolgte. Wir sind auch überzeugt davon, daß Gott die Formulierung der amerikanischen Verfassung geleitet hat, dieses einzigartige Gesetzeswerk in der Geschichte, das Religions-, Rede- und Versammlungsfreiheit für alle garantiert, die auf amerikanischem Boden leben.

Die Vereinigten Staaten sind mit ihrer freiheitlichen Demokratie führend in der Welt. Viele Nationen haben sich am amerikanischen Vorbild orientiert. Zweifellos hat das Beispiel dieses Landes in den letzten 200 Jahren einen positiven Einfluß auf andere Staaten ausgeübt. Nach 70 Jahren der Tyrannei geben sogar die Russen zu, daß Amerika im Recht ist.

Wir aber glauben, daß Gott es ist, der alles so gelenkt hat. Bei Ellen G. White lesen wir: Amerika ist „für Gottes Diener und für Verteidiger seiner Wahrheit ein Zufluchtsort gewesen, wenn sie um des Gewissens willen verfolgt wurden". („Schatzkammer der Zeugnisse", Bd. 2, S. 290)

Rhode Island wurde durch Roger Williams zum Modell für bürgerliche und religiöse Freiheit; es wurde „zum Eckstein der amerikanischen Republik" („Der große Kampf", S. 299).

> Die Vereinigten Staaten sind ein Land, das unter dem besonderen Schutz des Allmächtigen stand. Gott hat Entscheidendes für dieses Land getan. (Ellen G. White Comments, „SDA Bible Commentary", Bd. 7, S. 975)

Glaubensfreiheit wurde gewährt und jedem gestattet, Gott
nach seinem Gewissen anzubeten. Republikanismus und
Protestantismus wurden die ersten Grundsätze der Nation
und sind das Geheimnis ihrer Macht und ihres Gedeihens ...
Die Vereinigten Staaten haben einen Platz unter den mächtigsten Nationen der Erde erlangt. („Der große Kampf", S.
441.442)

Heute haben sie nicht nur einen Platz *unter* den mächtigsten Nationen der Erde, sondern sie sind *die* mächtigste Nation.

Die Vereinigten Staaten in Offenbarung 13

Den Vorhersagen in der Offenbarung zufolge werden die Vereinigten Staaten das Prinzip der religiösen Freiheit verwerfen und die
Welt zu religiöser Intoleranz verführen.

In Offenbarung 13,11 heißt es: „Ich sah ein zweites Tier aufsteigen aus der Erde; das hatte zwei Hörner wie ein Lamm und redete
wie ein Drache."

Seit fast 150 Jahren haben wir gelehrt, daß die lammartige We-
sensbeschreibung dieses Tieres die Vereinigten Staaten versinnbildlicht, so wie wir sie bis heute kennen: eine demokratische, friedlie-
bende Nation. Der drachenähnliche Charakter des Tieres aber
deutet an, was aus den Vereinigten Staaten werden wird: eine ver-
folgende Macht.

Die Aussage, daß das Tier mit zwei Hörnern so wirkt,
„daß die Erde und die darauf wohnen anbeten das erste
Tier", zeigt an: diese Nation [die Vereinigten Staaten] wird
ihre Macht dazu benutzen, einen Gehorsam zu erzwingen,
welcher dem Papsttum huldigt. („Der große Kampf", S. 442)

Die Vereinigten Staaten werden die Heiligung des Sonntags erzwingen, der seinen Ursprung in der römisch-katholischen Geschichte hat. So wird das Prinzip der religiösen Freiheit, auf das
Amerika gegründet ist, mit religiösem Zwang vertauscht werden:

Die Feier des Sonntags im Sinne einer sogenannten christlichen Einrichtung verdankt ihr Dasein dem „Geheimnis der Bosheit". Sie erzwingen zu wollen bedeutet eine wirksame Anerkennung der Grundsätze, die den eigentlichen Grundstein Roms bilden. Wenn die USA die Richtlinien ihrer Verfassung so weit verlassen, daß sie ein Sonntagsgesetz erlassen, ... bedeutet das nichts anderes, als daß man sich einer Tyrannei ausliefert, die lange Zeit nur brennend darauf gewartet hat, ihre Gewaltherrschaft zu betätigen. („Schatzkammer der Zeugnisse", Bd. 2, S. 288)

Die gesetzgebende Versammlung unserer Nation wird Gesetze erlassen, um das Gewissen der Menschen zu bedrängen, ihre religiösen Rechte zu beschneiden sowie die Sonntagsheiligung zu erzwingen und Druck auszuüben auf jene, die den Siebenten-Tags-Sabbat heiligen. (Ellen G. White Comments, „SDA Bible Commentary", Bd. 7, S. 977)

Andere Nationen werden dem Beispiel der Vereinigten Staaten folgen ... Wenn Amerika, das Land der religiösen Freiheit, sich mit dem Papsttum verbünden wird, um Gewissenszwang auszuüben und die Menschen zur Beobachtung eines falschen Sabbats zu zwingen, werden sich die Völker in allen Ländern der Erde verleiten lassen, diesem Beispiel zu folgen. („Schatzkammer der Zeugnisse", Bd. 3, S. 38; Bd. 2, S. 337)

Amerikas Rolle in der Endzeit

Die Vereinigten Staaten werden führend sein im Endzeitgeschehen, sind sie doch die unbestrittene Supermacht der Welt. Seit einigen Jahren hat Amerika eine Position inne, die sie diese Rolle übernehmen läßt. In den ersten Jahrzehnten ihres Bestehens waren die Vereinigten Staaten ein Kind unter den Nationen der Erde. Frankreich und England waren die führenden Mächte.

Nach dem Ersten Weltkrieg wuchs zwar Amerikas Ansehen in der Welt, doch es blieb weiterhin isoliert und weigerte sich sogar, den von Präsident Wilson initiierten Völkerbund zu unterstützen. Für weitere 20 Jahre war Europa die politische Führungskraft der Welt.

Im Zweiten Weltkrieg zerstörte Hitler die politische und militärische Position Europas. Nach dem Krieg traten dann die Vereinigten Staaten machtvoll in Erscheinung. Doch noch immer waren sie nicht in der Lage, ihre prophetische Rolle zu übernehmen. Jenseits des Atlantischen Ozeans gab es noch eine andere Supermacht.

Vierzig Jahre lang, von 1950 bis 1990, zerbrachen sich Siebenten-Tags-Adventisten den Kopf, weil sie sich nicht vorstellen konnten, wie die Vereinigten Staaten die ganze Welt zum Befolgen einer Vorschrift zwingen könnten, solange ein Drittel des Globus von dem atheistischen Kommunismus beherrscht wird. 1959 fragte ich meinen Professor im Union College, wie der Kommunismus in die biblische Prophetie hineinpaßt.

Die dramatischen Ereignisse in Osteuropa in den Jahren 1989/1990 haben diese Frage beantwortet. Der kommunistische Gigant fiel, und Amerika war die einzige Supermacht.

Kaum ein Jahr später kam es zu einer Krise in der Welt, die den Vereinigten Staaten Gelegenheit gab, ihre neue Rolle zu testen: der Irak fiel in Kuwait ein.

Denken wir zurück an dieses Ereignis und seine Nachwirkungen. In weniger als sechs Monaten veranlaßte die Regierung der Vereinigten Staaten die Welt, einen militärischen Angriff gegen diesen „Bösewicht" zu organisieren – und der Bösewicht wurde besiegt.

Amerika legte ein Datum fest und sagte zu Saddam Hussein: „Bis zum 15. Januar ziehst du dich aus Kuwait zurück oder wir werden dich dazu zwingen!" Amerika stand nach der „Operation Wüstensturm" mächtiger und einflußreicher da als je zuvor.

Die Worte jenes ägyptischen Offiziers bedeuten ein Stück erfüllter Prophetie. Amerika ist die machtvollste Nation auf Erden. Jeder weiß das, und jeder findet das gut so.

Eine neue Weltordnung?

George Bush sprach von einer „neuen Weltordnung". Was hat der Präsident damit gemeint? Hier seine eigenen Worte:

> Aus dieser schwierigen Zeit ... kann eine neue Weltord-
> nung hervorgehen, frei von Bedrohung durch Terror, stärker
> in der Verfolgung des Rechts und sicherer beim Trachten
> nach Frieden, eine Zeit, in der die Nationen der Welt, Ost
> und West, Nord und Süd, in Harmonie gedeihen und leben
> können. (Zitiert in „Adventist Review", 21. März 1991, S. 11)

Die Vorstellungen von Präsident Bush sind sicher weit entfernt von Sonntagsgesetzen und religiöser Verfolgung. Ich bezweifle nicht, daß seine Absichten uneigennützig sind, und ich bin sicher, daß jeder Siebenten-Tags-Adventist dem zustimmen wird. Doch wir wollen die Geschichte näher untersuchen, auch den Konflikt mit dem Irak.

Nach dem Zweiten Weltkrieg übernahmen die Vereinigten Staaten die Rolle der Weltpolizei. Das war in den Jahren, die dem Krieg folgten, sicher nötig, denn Europa und Japan lagen in Schutt und Asche. Doch als diese Länder wieder erstarkten, regte sich Unmut gegen Amerikas beherrschende Stellung. In den siebziger und achtziger Jahren hörte man verächtliche Bemerkungen über Amerika. Viele wurden zweifellos durch den Kommunismus geschürt. Doch der springende Punkt ist folgender: Amerika war befangen und begann sich zurückzuziehen. Das wurde nach dem Vietnamkrieg ganz deutlich.

Als Saddam Hussein in Kuwait einfiel, beschlossen Präsident Bush und seine Berater, er müsse sich zurückziehen. Amerika wußte sich militärisch stark genug, um das zu erzwingen. Aber man war außerdem überzeugt, daß ein militärischer Sieg mit einer politischen Niederlage Hand in Hand gehen müsse, wenn man Amerika als Weltpolizei hinstellen und der Tyrannei bezichtigen würde. Deshalb waren der Präsident und seine Mitarbeiter bestrebt, möglichst viele Länder am Schlag gegen Hussein zu beteiligen.

Diese Strategie wirkte. Amerika errang den Sieg in Kuwait und beteiligte die Vereinten Nationen daran, die einzig legale Körperschaft, die die ganze Welt repräsentiert.

Ich habe keinen Zweifel, daß wir uns auf irgendeine Form der Weltregierung hin bewegen.

Der katholische Autor Malachi Martin sagt es unerschrocken und unzweideutig:

> Ob wir wollen oder nicht, ob wir bereit sind oder nicht, wir alle sind in einem mit aller Macht und harten Bandagen betriebenen globalen Drei-Wege-Wettkampf eingeschlossen. Die meisten von uns sind aber nicht Mitbewerber, sondern der Wetteinsatz. Der Wettkampf geht um die Errichtung der ersten Weltregierung, die je in der Gesellschaft der Völker existiert hat. Es geht darum, wer die zwiefältige Macht der Autorität und Kontrolle über jeden von uns, über uns alle zusammen als Gemeinschaft, über die sechs Milliarden Erdbewohner – die die Demographen am Anfang des dritten Jahrtausends erwarten – erhalten und ausüben wird.
>
> Im Wettkampf geht es um alles, und jetzt, da er begonnen hat, kann ihn nichts mehr zurück- oder aufhalten ...
>
> Diejenigen von uns, die jünger als 70 Jahre sind, werden zumindest die Einführung der Grundstrukturen dieser neuen Weltregierung erleben. Wer jünger als 40 ist, wird ganz gewiß unter ihrer gesetzgebenden, exekutiven und rechtsprechenden Autorität und Kontrolle leben. (Malachi Martin, „The Keys of This Blood", S. 15.16)

Präsident Bush hat das begriffen. Wie bereits erwähnt, halte ich seine Motive für uneigennützig. Er möchte den amerikanischen Traum über die ganze Welt ausbreiten. Jedes menschliche Wesen soll sich der Freiheit erfreuen – politisch, wirtschaftlich und religiös –, die Amerika so groß gemacht hat.

Er weiß, daß Drogen, Verbrechen, Terrorismus und Diktaturen eine Bedrohung dieser utopischen Vision sind, und er ist überzeugt, daß keine andere Nation diese enormen Kräfte des Bösen unter Kontrolle bringen kann.

Die Zusammenarbeit der Völkergemeinschaft ist erforderlich, um das zu bewältigen. Als Führer der einzigen Supermacht übt George Busch seine Autorität zur Erreichung dieses Zieles voll aus.

Bedeutet diese edle Zukunftsvision, daß wir nichts zu befürchten haben? Bedeutet die Absicht, alle Macht seines Amtes klug und zum Wohle der Menschheit auszuüben, daß diese Utopie Wirklichkeit wird? Hier helfen uns die biblische Prophetie sowie die Aussagen über die Endzeit von Ellen G. White weiter. Durch sie können wir das Geschehen in der Welt von heute deuten.

Wenn wir lesen, was die Heilige Schrift und Ellen G. White sagen – sie besonders, da sie viel später gelebt und differenzierter über die letzten Ereignisse gesprochen hat –, müssen wir zu dem Schluß kommen, daß diese Vorhersagen überraschend genau Wirklichkeit werden.

Auf drei Gebieten spitzt sich die Erfüllung der Vorhersagen zu: Die politische Macht der katholischen Kirche in der Welt erstarkt; der Spiritismus tritt in Erscheinung unter dem Mantel von New Age, und die rechtsgerichteten Protestanten fordern die Trennung von Kirche und Staat aufzugeben. Alle drei Erscheinungen sind in den Jahren zwischen 1975 und 1990 deutlich hervorgetreten.

Ich bin sehr vorsichtig, lediglich eine Zeitung mit einem aufsehenerregenden Bericht in der Luft herumzuschwenken und zu verkünden, daß sich wieder eine Prophezeiung erfüllt hat. Aber wenn ich die Entwicklung im Lichte der Prophetie betrachte, fühle ich mich sicher. Die Zeitereignisse sagen mir, daß die Sicht von Ellen G. White, soweit es die Vereinigten Staaten als Supermacht am Ende der Weltgeschichte betrifft, ihre Bestätigung findet.

Was bringt die Zukunft?

Das führt uns zur nächsten Frage: Was hat Ellen G. White außerdem noch vorhergesagt? Was hat sie angekündigt im Blick auf die Vereinigten Staaten, was bislang noch nicht eingetroffen ist?

Sie erklärte eindeutig, daß die amerikanische Regierung von religiösen Mächten beherrscht werden wird:

> Damit die Vereinigten Staaten dem Tier ein Bild machen können, muß die religiöse Macht den Staat so beherrschen, daß dieser auch von der Kirche zur Durchführung ihrer eigenen Absichten eingesetzt wird. („Der große Kampf", S. 443)

Wenn der Protestantismus seine Hand über die Kluft streckt, um die Hand der römischen Macht zu ergreifen, wenn er über den Abgrund hinweg die Hände des Spiritismus umfaßt, wenn unter dem Einfluß dieser dreifachen Vereinigung die USA jeden Grundsatz ihrer Verfassung als einer protestantischen und republikanischen Regierung verwerfen und Vorkehrungen zur Verkündigung päpstlicher Unwahrheiten und Irrtümer treffen, dann können wir wissen, daß die Zeit für das außergewöhnliche Wirken Satans gekommen und das Ende nahe ist. („Schatzkammer der Zeugnisse", Bd. 2, S. 132.133)

Doch es muß noch eine andere Entwicklung eintreten, bevor diese religiösen Gruppen die Regierung der Vereinigten Staaten so beeinflussen können, daß sie den Dogmen des Papsttums Geltung verschafft. Der Humanismus, der den westlichen Lebensstil prägt, muß untergraben werden – wohlgemerkt: nicht etwa zerstört!

Es wird immer vom Humanismus überzeugte Idealisten geben. Aber in Zukunft werden sie unsere Kultur nicht mehr so lenken und beeinflussen, wie sie es in den letzten fünfzig Jahren getan haben, wenn die Aussagen der Heiligen Schrift und die Visionen Ellen G. Whites in Erfüllung gehen sollen. Das Christentum – die Koalition von Protestanten und Katholiken – wird nicht nachlassen, Macht über Gesellschaft und Regierung zu gewinnen.

In etlichen Punkten besteht heute bereits eine Art von Vereinbarung zwischen Protestanten und Katholiken. Die Entschließung, staatliche Hilfsmittel für ihre Bekenntnisschulen zu fordern, hat die rechtsgerichteten Protestanten und die Katholiken bereits zusammengeführt; und beide Gruppen machen gemeinsame Anstrengungen, die legalisierte Abtreibung in den Vereinigten Staaten abzuschaffen. Bekanntlich ist das Abtreibungsverbot ein Dogma der römisch-katholischen Kirche.

Amerika ist heute vorwiegend eine weltliche Nation. Säkularismus beherrscht die Medien, das öffentliche Erziehungssystem, die wissenschaftlichen Institutionen und die Regierung. Säkularismus ist der bevorzugte Lebensstil in der amerikanischen Bevölkerung. Nur zwei andere Regionen – Australien und Westeuropa – sind vielleicht noch mehr verweltlicht als die Vereinigten Staaten.

Doch die Prophezeiung sagt, daß die *ganze* Erde – nicht nur ein Teil – sich „über das Tier" wundern wird (Offb 13,3). Und man wird sich nicht nur wundern, sondern auch anbeten: den Drachen und das Tier (Vers 4).

Anbetung ist die höchste Form religiöser Lebensführung. Wie aber kann die Bibel bei dem herrschenden Säkularismus in der gesamten westlichen Welt davon sprechen, daß die *ganze* Erde den Drachen und das Tier anbetet?

Das ist eine Vorhersage, die noch zukünftig ist. Doch wir glauben daran und können mit Überzeugung sagen, daß der Säkularismus vor dem Ende der Zeiten seine Macht verlieren wird. Genau vor dem Abschluß der Gnadenzeit wird die Welt von Religion geprägt und beherrscht sein. Ellen G. White sagt, daß „selbst Satan sich zu der neuen Ordnung der Dinge bekehrt" („Der große Kampf", S. 589).

So wie ich überzeugt bin, daß Präsident Bushs Vision von einer künftigen „neuen Weltordnung" völlig uneigennützig ist, so hat auch Amerikas jetzige politische Führung nicht die Absicht, selbst der mildesten Form religiöser Gesetzgebung zuzustimmen, geschweige denn Strafen wegen Mißachtung solcher Gesetze zu verhängen.

Wie aber wird es dann zu der Veränderung kommen?

Eine schrittweise Vereinigung von Kirche und Staat und die allmähliche Bewegung hin zur Sonntagsgesetzgebung durch politische Prozesse, wie sie heute schon im Gange sind, auch eine sporadische religiöse Verfolgung durch die amerikanische Regierung würden Jahrzehnte dauern.

Ich vermute aber, daß eine Reihe von Naturkatastrophen die Weltwirtschaft schwer erschüttern und die Versorgung mit Nahrungsmitteln gefährden wird. Ausweglose Situationen könnten dann sogar Atheisten dazu bewegen, verzweifelt nach religiösen Lösungen zu suchen. Überall würden Männer und Frauen zu der Einsicht kommen, daß Gott ihnen etwas zu sagen hat. Politische Prozesse, die sich normalerweise über Jahrzehnte hinziehen, könnten auf wenige Monate, vielleicht sogar Wochen verkürzt werden.

Genau das deutet Ellen G. White im Kapitel über die „Zeit der Katastrophen" an. Ich vermute, diese Katastrophen werden ein so starker Schock für die Menschen sein, daß sogar in Amerika drastische politische Maßnahmen gefordert werden, um die kritische Lage unter Kontrolle zu bekommen. Unter normalen Gegebenheiten wäre das undenkbar. Aber in panischer Angst werden sich Protestanten, Katholiken, Spiritisten und sogar Wissenschaftler vereinen, um einen beleidigten Gott zu besänftigen. Die Verfolgung in der letzten Zeit wird als vernünftige Lösung dieser Krise erscheinen.

Ein großer Teil der amerikanischen Säkularisten wird sich bei der Suche nach Krisenlösungen den Protestanten und Katholiken anschließen. Man kann sich leicht vorstellen, daß die Vereinigten Staaten – wieder völlig uneigennützig – die Welt bei der Suche nach einer Lösung der Probleme anführen werden. Und schließlich werden die Nationen der Welt unter Führung der Vereinigten Staaten der vermuteten „Ursache" des Problems entgegentreten und entweder Kapitulation oder Vernichtung fordern.

Kapitel 10

Sonntagsgesetze

Samuel Mitchel aus Quitman, Georgia, war der erste Siebenten-Tags-Adventist in den Vereinigten Staaten, der inhaftiert und beschuldigt wurde, ein Sonntagsgesetz verletzt zu haben. Im Jahre 1878 verbrachte er 30 Tage im Gefängnis unter Bedingungen, die so furchtbar waren, daß seine Gesundheit zugrunde gerichtet wurde. Eineinhalb Jahre später starb er.

Zu der Zeit hatten die meisten Staaten Sonntagsgesetze. Aber in den wenigen Fällen, wo Adventisten im Norden und Westen Amerikas vor Gericht kamen, wurden sie schnell wieder frei.

In Kalifornien wurde das Sonntagsgesetz außer Kraft gesetzt; im Süden jedoch lag die Sache anders. Arkansas hatte ein Sonntagsgesetz mit einer Ausnahmeklausel für Sabbathalter, die 1844 jedoch aufgehoben wurde. Ungefähr 20 Adventisten wurden damals bestraft.

Der Staat Tennessee ging besonders streng gegen Adventisten vor. 1885 wurden William Dortch, W. H. Parker und James Stem verurteilt und eingesperrt; sie mußten für einige Wochen aneinandergekettet mit Sträflingen arbeiten. 1889 und noch einmal 1890 wurde R. M. King inhaftiert, weil er am Sonntag Getreide gesät und Kartoffeln gehackt hatte. Er wurde schuldig gesprochen, und sein Fall ging schließlich bis zum Obersten Gerichtshof der Vereinigten Staaten. Doch King starb, bevor es zur Verhandlung kam.

Drei Jahre später wurden fünf Siebenten-Tags-Adventisten vor Gericht gebracht, weil sie in Tennessee die Sonntagsheiligung verletzt hatten. Auch sie wurden an Verbrecher gekettet und mußten arbeiten.

In dieser Zeit gelang es den Verfechtern der Sonntagsgesetze mehrfach, im Kongreß der Vereinigten Staaten Gesetzesentwürfe einzubringen. Ihr bekanntester Verbündeter war Senator H. W. Blair. 1888 schlug er vor, ein Gesetz zu erlassen mit dem Ziel, „den Menschen die Freude des ersten Tages der Woche zu garantieren, bekannt als Tag des Herrn, als Tag der Ruhe, und die Beobachtung als Tag der religiösen Anbetung zu unterstützen".

Anfang 1889 plädierte er für eine weitere Gesetzesänderung, die Amerikas öffentliche Schulen christianisiert hätte. Beide Gesetzesvorlagen wurden aber abgelehnt. Ende 1889 legte Blair einen anderen Entwurf für ein Sonntagsgesetz vor, der ebenfalls zurückgewiesen wurde.[1]

Ein Zeichen des Endes

Wenn es ein Zeichen der nahen Wiederkunft Jesu gibt, nach dem Siebenten-Tags-Adventisten in erster Linie Ausschau halten, dann ist es der Erlaß der Sonntagsgesetze.

Wir glauben, daß die Beobachtung des Sonntags das Malzeichen des Tieres ist. In ihrem Buch „Der große Kampf" behandelt E. G. White dieses Thema sehr ausführlich. Da dieses Buch 1888 erstmals veröffentlicht wurde, könnte die Vermutung naheliegen, ihre Darstellung sei die Reaktion auf die damalige Verfolgung der Adventisten. Doch das adventistische Verständnis vom Malzeichen des Tieres geht nicht auf E. G. White zurück; es ist auch nicht aufgrund der Verfolgung von Adventisten während Jahre um 1890 entstanden.

Der erste Siebenten-Tags-Adventist, der davon ausging, daß die Sonntagsheiligung das Malzeichen des Tieres ist, war Joseph Bates.

---

[1] Siehe Arthur W. Spalding, „Origin and History of Seventh-day-Adventists", Review and Herald Publishing Assn., Hagerstown, Md, 1962, Bd. 2, S. 253-262, und „Seventh-day Adventist Encyclopedia", rev. Ed., unter „Sunday Laws".

Er hat diese Auffassung in der zweiten Ausgabe der Zeitschrift „The Seventh-day Sabbath, a Perpetual Sign" im Jahre 1846 veröffentlicht.

Ellen G. White erhielt vom Herrn die Bestätigung, daß die Ansicht von Bates richtig war. Auch das Büchlein „A Word to the Little Flock", das sie gemeinsam mit ihrem Mann und Joseph Bates geschrieben und 1847 veröffentlicht hatte, machte diese Deutung bekannt. Sie vertrat diese Auffassung fast siebzig Jahre bis zu ihrem Tod im Jahre 1915.

Das macht deutlich, daß das adventistische Verständnis von Sonntagsgesetzen und vom Malzeichen des Tieres keineswegs seinen Ursprung in der Krise der Sonntagsgesetze um das Jahr 1890 hatte. Diese Ereignisse waren nur eine Bestätigung, daß die Adventisten im Recht waren. Die Endzeiterwartung der Gemeinde wurde dadurch fieberhaft in die Höhe getrieben.

Doch das Fieber schwand. In den meisten Staaten Amerikas blieben die Sonntagsgesetze in den Schubladen; und um das Jahr 1900 wurde kein Adventist mehr wegen einer Verletzung dieses Gesetzes verfolgt. Seither haben viele Staaten ihre Sonntagsgesetze außer Kraft gesetzt, und wo sie beibehalten wurden, wendet man sie nur sehr lässig an. Heutzutage besteht in den Vereinigten Staaten kaum ein Interesse, Sonntagsgesetze zu erlassen, geschweige denn zu erzwingen.

Unsere Gesellschaft ist so verweltlicht, daß kaum jemand den Wunsch hat, einen Anbetungstag gesetzlich vorzuschreiben.

Wegen dieser starken Abneigung gegenüber den Sonntagsgesetzen in den letzten hundert Jahren haben Siebenten-Tags-Adventisten die Auffassung hinterfragt, ob der letzte Konflikt tatsächlich eine Kontroverse des vierten Gebots wegen sein wird. Sie geben zu bedenken, daß Ellen G. White die Endzeit so beschrieben hat, wie man sie sich zur damaligen Zeit vorgestellt hätte. Hundert Jahre später mochten die strittigen Fragen ganz andere sein.

Ein adventistischer Theologe schrieb mir: „Könnte es sein, daß die Geschichte über die Sonntagsfrage hinweggegangen ist und daß etwas ganz anderes als letzte Prüfung auftauchen wird?"

In dem Gedanken, daß eine Prophezeiung, die sich in einer bestimmten Zeit auf bestimmte Weise erfüllen wird, sich aber zu einem späteren Datum ganz anders darstellt, steckt ein Körnchen Wahrheit. Doch die Heilige Schrift, und nicht nur Ellen G. White, machen deutlich, daß im Mittelpunkt des letzten Konflikts das Gesetz Gottes stehen wird.

> Und der Drache wurde zornig über die Frau und ging hin, zu kämpfen gegen die übrigen von ihrem Geschlecht, die Gottes Gebote halten und haben das Zeugnis Jesu. (Offb 12,17)

> Hier ist Geduld der Heiligen! Hier sind, die da halten die Gebote Gottes und den Glauben an Jesus! (Offb 14,12)

Die Offenbarung bezeugt außerdem, daß sich der letzte Kampf um wahre und falsche Anbetung dreht, also die Anbetung des Tieres und seines Bildes auf der einen Seite (siehe Offb 13,4.8.15; 14,9.10) und die Anbetung Gottes auf der anderen (siehe Offb 14,6.7). Wahre Anbetung kommt außerdem in einer Sprache zum Ausdruck, die so stark an das vierte Gebot erinnert, daß es nahezu unmöglich ist, beides nicht im Zusammenhang zu sehen: „Betet an den, der gemacht hat Himmel und Erde und Meer und die Wasserquellen." (Offb 14,7)

Des weiteren sind Ellen G. Whites Ansichten vom Sabbat-/Sonntagkonflikt am Ende der Zeit unlösbar mit allem anderen verbunden, was sie über diese Zeit sagt. Die folgenden Aussagen stehen für Dutzende anderer, die sie während ihres siebzigjährigen Dienstes gemacht hat:

> Der Sabbat ist die große Prüfungsfrage. Er ist die Demarkationslinie zwischen Treue und Wahrheit und Untreue und Übertretung. („Selected Messages", Bd. 3, S. 423)

> Die Sabbatfrage ist das Kernstück des letzten großen Konflikts, in dem die ganze Welt eine Rolle spielen wird. (Ellen G. White Comments, „SDA Bible Commentary", Bd. 7, S. 977)

> Es kommt eine Zeit, in der das Gesetz Gottes in unserem Land in einem speziellen Punkt angefochten werden wird. Die Herrschenden in unserer Nation werden durch Erlaß dem Sonntagsgesetz Geltung verschaffen. (Ellen G. White Comments, „SDA Bible Commentary", Bd. 7, S. 977)

> Diese Frage [Sonntagsgesetzgebung] liegt vor uns. Gottes Sabbat wird mit Füßen getreten werden, und der falsche Sabbat wird erhöht. („Selected Messages", Bd. 2, S. 375)

Wir haben also absolut keinen Grund, der Schlußfolgerung auszuweichen, daß der Sabbat-/Sonntagkonflikt die große politische Streitfrage während der Endkrise sein wird.

Warum keine Sonntagsgesetze?

Nach Prüfung all dieser Beweise bin ich zu dem Ergebnis gekommen, daß das Problem nicht lautet: *Wird* das vierte Gebot im Mittelpunkt der Krise stehen? Die Frage lautet vielmehr: *Warum* ist die Entwicklung in den letzten 100 Jahren – trotz der eindeutigen Vorhersagen von Ellen G. White – zunächst in eine andere Richtung gelaufen?

Meine Antwort ist die folgende: Satan hat seine Lehren aus der Krise um die Sonntagsgesetze in den Jahren um 1890 gezogen. Zuerst mußte er feststellen, daß Siebenten-Tags-Adventisten das Sabbatgebot sehr ernst nehmen und die Sonntagsgesetze bekämpfen.

Nach der Inhaftierung von fünf Siebenten-Tags-Adventisten 1892 in Tennessee wurden 300.000 Traktate verbreitet, die den Regierungsbeamten, den Gesetzgebern und den Bewohnern des Landes unseren Standpunkt erläuterten. Das Ergebnis war die Einstellung der Verfolgung. A. T. Jones war ein furchtloser Kämpfer gegen die Sonntagsgesetze, die dem U.S. Kongreß um 1890 vorgelegt wurden. Das Resultat war die Ablehnung dieser Vorlagen.

Wir haben die Sonntagsgesetze bekämpft und haben gewonnen. Ich kann mir vorstellen, daß Satan seine Wunden leckte und gesagt hat: Nächstes Mal passe ich besser auf! Satan hat gelernt, daß derartige Gesetze die Adventisten aufrütteln, sich noch ernster auf Christi zweites Kommen vorzubereiten.

Schließlich will Satan die Adventisten überlisten. So läßt er die Sonntagsgesetze im Verborgenen, wo sie nicht zu erkennen sind. Und mancher denkt, wir hätten noch viel Zeit! Satan aber arbeitet im Hintergrund und beseitigt die Barrieren – die Trennung von Kirche und Staat –, die vor 100 Jahren die Sonntagsgesetze gestoppt haben.

Die Fragen des täglichen Lebens werden uns viel wichtiger sein, und wir werden wie gewöhnlich weitermachen, bis es zu spät ist. Dann kann sich Satan hinterlistig auf seine Opfer stürzen wie eine Katze auf die Maus. Eine kleine Unaufmerksamkeit – und die Sonntagsgesetze werden uns ins Gesicht schlagen; dann gibt es nichts mehr, was wir dagegen tun könnten.

Die Sabbat-/Sonntagkrise – schrittweise oder plötzlich?

Drei Kapitel in dem Buch „Der große Kampf" behandeln die Auseinandersetzungen vor dem Ende der Gnadenzeit; sie stehen unter den Überschriften „Gottes Gesetz ist unveränderlich", „Der kommende Kampf" und „Die letzte Warnung".

Wer diese Kapitel gelesen hat, gewinnt den Eindruck, daß sich die Sabbat-/Sonntagkrise in den Vereinigten Staaten allmählich entwickeln wird. In den folgenden Aussagen wird angedeutet, daß die Sonntagsgesetze eine brisante Streitfrage unter den amerikanischen Politikern sein werden und daß sich die Gesetzgebung über längere Zeit hinziehen wird. Achten wir besonders auf die Worte in Kursivschrift (vom Autor hervorgehoben):

> Die politische Verderbtheit untergräbt die Liebe zur Gerechtigkeit und die Achtung vor der Wahrheit. Selbst im freien Amerika werden *Beamte und Gesetzgeber dem Verlangen des Volkes nach einem Gesetz, das die Sonntagsfeier erzwingt,*

nachgeben, nur um sich die öffentliche Gunst zu sichern. („Der große Kampf", S. 593)

Da aber die Frage der Erzwingung der Sonntagsfeier überall erörtert wird, sieht man das so lange bezweifelte Ereignis näher kommen, und die dritte Engelsbotschaft wird eine Wirkung hervorrufen, die vorher nicht da sein konnte. („Der große Kampf", S. 606)

Wenn die Bewegung, den Sonntag zu erzwingen, Anklang findet, freut er sich [der Papst] in der Gewißheit, daß mit der Zeit die ganze protestantische Welt unter das Banner Roms kommen wird. („Der große Kampf", S. 449)

Wenn die Bewegung, die Sonntagsfeier zu erzwingen, kühner und entschiedener wird, werden die Gesetze gegen diejenigen angerufen werden, die die Gebote Gottes halten. („Der große Kampf", S. 608)

Wir wollen unser Augenmerk auf die hervorgehobenen Worte richten. Die Rede ist von einer Gesetzgebung, die auf einen politischen Prozeß zurückzuführen ist, also mehr auf Werbefeldzüge als auf administrative Beschlüsse.

- *Die erste Aussage.* Ellen G. White sagt, daß „Beamte und Gesetzgeber dem Verlangen des Volkes nachgeben". Wieviel Beeinflussung ist erforderlich, um ein Volksbegehren durchzuführen? Und wieviel Einwirkung auf Beamte und Gesetzgeber ist nötig, damit sie dieser Forderung nachgeben? Sehr viel!

- *Die zweite Aussage.* Ellen G. White sagt, daß die „Frage der Erzwingung der Sonntagsfeier *überall* erörtert wird ..." Erörterungen kommen nicht über Nacht. Selbst bei der heutigen Massenkommunikation braucht es Zeit, um die öffentliche Meinung so zu manipulieren, daß nationale Rechtsordnungen ins Gegenteil verkehrt werden. Der Streit um die Abtreibung ist ein gutes Beispiel dafür. Seit einigen Jahren ver-

suchen religiöse Fanatiker durch Terroranschläge gegen Ab-
treibungskliniken die öffentliche Meinung zu beeinflussen.
Immerhin *„sieht man das so lange bezweifelte Ereignis näher-
kommen"*. Noch ist es nicht soweit. Noch ist es erst auf dem
Wege.

- *Die dritte Aussage.* Ellen G. White sagt, *„wenn die Bewegung,*
den Sonntag zu erzwingen, *Anklang findet ..."* Wieder handelt es sich um eine Zeitperiode. Eine Entwicklung braucht
Zeit. Ellen G. White sagt, diese Bewegung „findet Anklang".

- *Die vierte Aussage.* Ellen G. White sagt, daß die Bewegung,
die Sonntagsfeier zu erzwingen, „kühner und entschiedener"
wird. Wieder ein Hinweis auf eine langwierige Entwicklung.

Trotzdem glaube ich, daß Gottes Volk der Sabbat-/Sonntagkrise
plötzlich gegenüberstehen wird, ohne die geringste Vorwarnung.
Zwei Gründe dafür:

Erstens: Am Ende des letzten Jahrhunderts, als Ellen G. White
diese Worte schrieb, erwarteten die Adventisten ganz allgemein,
daß die Forderung nach einer Sonntagsgesetzgebung entscheidend
dafür sein würde, die Mauer zwischen Kirche und Staat in den
Vereinigten Staaten zu beseitigen. Nicht nur für die Erörterung der
Sonntagsgesetze, auch für die Aufhebung der Trennung von Kirche
und Staat war Zeit nötig.

Hundert Jahre später hat Satan seine Strategie geändert. Heute
nutzt er andere Taktiken, um die Trennung von Kirche und Staat
zu beseitigen – er bedient sich zum Beispiel der Abtreibungsfrage
oder der Forderung nach staatlicher Finanzhilfe für Bekenntnisschulen.

Die Einführung eines nationalen Sonntagsgesetzes erfordert heute viel weniger politische Aktionen als vor hundert Jahren. Wenn
der augenblickliche Trend anhält, wird der Oberste Gerichtshof zu
der Zeit, wenn die Sonntagsgesetze zur Diskussion stehen, die
Trennung von Kirche und Staat bereits aufgehoben haben – die
einzige Barriere, die jetzt noch besteht.

Der zweite Grund, weshalb Sonntagsgesetze heute rascher wirken werden, ist die Schnelligkeit, mit der Informationen um die Welt gehen – rascher als vor hundert Jahren. Durch die internationalen Verbindungen kann jeder, der über Geld und Telekommunikation verfügt, in Sekundenschnelle einen anderen in der Welt erreichen. Wer das nötige Geld hat, kann innerhalb von vierundzwanzig Stunden an fast alle Orte der Erde reisen; abgelegene Gebiete sind in achtundvierzig Stunden erreichbar.

Die kommunistisch beherrschten Länder Osteuropas sind Ende 1989 überraschend schnell zerfallen; die Vereinigten Staaten und ihre Verbündeten haben den Irak Anfang 1991 blitzartig besiegt, und die Sowjetunion zerfiel Ende 1991 im Handumdrehen. Warum sollte es dann Jahre dauern, die Endkrise in Gang zu setzen?

Die Welt, in der wir leben, unterscheidet sich wesentlich von der zu Lebzeiten von Ellen G. White. Ihr Verständnis von der Dauer der Zeit, die dem Ausbruch des Konflikts vorangehen wird, unterscheidet sich beträchtlich von den Zeitabläufen heute, obwohl die grundsätzliche Vorstellung vom Ausbruch des kommenden Sabbat-/Sonntagkonflikts aufrechterhalten wird.

Die Überzeugung, daß die Sonntagsgesetze schnell in den Vordergrund rücken, widerspricht keinesfalls dem, was Ellen G. White schrieb. Sie betonte häufig die Plötzlichkeit der Gerichte Gottes: „Die künftigen Ereignisse werden Gottes Volk unerwartet und mit blinder Gewalt überfallen" (1903); „was bald über die Welt hereinbrechen wird, wird eine ungeahnte Überraschung sein" (1904).

Die Kräfte des Guten und des Bösen in der Welt stehen in hartem Konkurrenzkampf. Seit den Jahren um 1960 ist das Böse brutaler geworden. Säkularismus beherrscht fast ausschließlich das öffentliche Leben, die Regierungen, Wissenschaft, Erziehung, Kunst und Journalismus. Andererseits kämpfen evangelikale und fundamentalistische Christen heftig, um ein paar jüdisch/christliche Werte unserer Kultur zu erhalten.

Konservative Christen weisen deutlich hin auf die Probleme unserer Gesellschaft: Pornographie, Homosexualität, sexueller Mißbrauch von Kindern, freie Liebe, Drogen, Alkoholismus, Gewalt und Sexprogramme im Fernsehen – man könnte eine Liste ohne Ende aufführen.

Früher oder später werden wahre Religion auf der einen Seite und Säkularismus wie auch New Age in einem letzten Kampf aufeinanderprallen und um die Beherrschung unseres Planeten streiten.

Die politische Realität zeigt, daß es Jahrzehnte erfordert, um einen Konflikt in Gang zu setzen und schrittweise zu lösen. Doch ein übernatürliches Geschehen durch das Eingreifen Gottes in Form von weltweiten Naturkatastrophen könnte die Menschen veranlassen, ihren moralischen Zustand zu überprüfen.

Katastrophen in der Größenordnung, wie sie Ellen G. White kommen sah, würden selbst hartgesottene Leugner aufrütteln zu der Erkenntnis, daß „Gott uns etwas zu sagen hat".

Ich nehme an, daß die von Ellen G. White vorausgesagten langwierigen Prozesse heute bereits anlaufen. Vielleicht bereitet sich der Gesetzgeber schon darauf vor, dem allgemeinen Verlangen der Protestanten nachzugeben (siehe „Der große Kampf", S. 593). Nicht der Ruf nach einem Sonntagsgesetz steht im Vordergrund, sondern die Forderung, die Barriere gegen dieses Gesetz zu beseitigen: die Trennung von Kirche und Staat.

Es ist offenkundig, daß sich Ellen G. Whites Vorhersage vor unseren Augen erfüllt, aber viele von uns wollen das nicht wahrhaben, weil es nicht so geschieht, wie wir gedacht haben. Ein derartiges Täuschungsmanöver hat Satan schon vor 2.000 Jahren bei den Juden inszeniert. Wir sollten daher nicht überrascht sein, wenn er heute das gleiche bei Gottes Volk in Anwendung bringt.

Ellen G. Whites Vorhersage über die Endzeitpolitik der Vereinigten Staaten spricht von einem schrittweisen Prozeß. Weil dieser Prozeß jetzt schon vonstatten geht – abgesehen von den Sonntagsgesetzen –, ist zu erwarten, daß die Sonntagsgesetze rasch verabschiedet werden, sobald sie erst einmal erlassen sind. Langwierige Erörterungen sind kaum zu erwarten, und man täusche sich nicht in der Annahme, es sei dann noch früh genug, sein Leben mit dem Willen Gottes in Übereinstimmung zu bringen.

Wir sollten uns vielmehr auf eine „plötzliche" Endkrise vorbereiten, auf eine Überraschung, die uns mit „blinder Gewalt" überfällt. Wer mit einer schrittweisen Entwicklung der Endzeitereignisse rechnet, wird sich vielleicht verrechnen und zu lange gewartet haben.

Ich glaube deshalb, daß sich Ellen G. Whites Vorhersagen von plötzlichen, unerwarteten Katastrophen – in denen Gottes Volk dem Tod ins Auge sehen wird – auch so erfüllen.

Als vor rund hundert Jahren Adventisten in verschiedenen Teilen der Vereinigten Staaten verfolgt wurden, weil sie am Sonntag „arbeiteten", und ein nationales Sonntagsgesetz im Kongreß erörtert wurde, fieberten die Gläubigen.

Doch heute, wo es kein erkennbares Anzeichen für ein Sonntagsgesetz gibt, ist die Nähe der Endkrise greifbarer als vor hundert Jahren.

Damals waren die Amerikaner stark anti-katholisch. Das Papsttum war noch weit davon entfernt, seine Weltherrschaft wiederherzustellen. Der Spiritismus war praktisch unbedeutend. Die Menschen in Amerika unterstützten die Trennung von Kirche und Staat, was jedes nationale Sonntagsgesetz scheitern lassen mußte. Das *einzige* Zeichen für die Erfüllung unseres prophetischen Verständnisses waren die Sonntagsgesetze in den einzelnen Staaten und die Erörterung eines nationalen Sonntagsgesetzes.

Heute sind keine Bestrebungen für den Erlaß eines nationalen Sonntagsgesetzes erkennbar; aber wir sind Zeugen davon, daß vier der adventistischen Endzeit-Vorhersagen immer mehr an Raum gewinnen: der New Age-Spiritismus, eine Wiederbelebung der römisch-katholischen Kirche, der Angriff auf die Trennung von Kirche und Staat durch amerikanische Protestanten und die Erstarkung der Vereinigten Staaten zur einzigen Supermacht der Welt.

Diese Zeichen des Endes sind viel bedeutsamer als Sonntagsgesetze, weil sie den Rahmen bilden, nicht nur für die Sonntagsgesetze, sondern für die Erfüllung der von Ellen G. White vorhergesagten Endkrise.

Wir stehen am Rande eines gewaltigen Geschehens, und ich glaube an Ellen G. Whites Vorhersage, daß „die Schlußereignisse

111

sehr schnell ablaufen" werden („Schatzkammer der Zeugnisse", Bd. 3, S. 239).

Für Siebenten-Tags-Adventisten ist es Zeit aufzuwachen und den Herrn zu suchen, um den Spätregen zu bitten und die Erneuerung unserer Herzen. Das ist nötig, damit wir in inniger Gemeinschaft mit Jesus durch die dunkelste Stunde der Erde gehen können.

Außerdem ist es Zeit, den Menschen um uns herum zu sagen, was vor uns liegt. Wenn wir es nicht tun, wird Gott andere erwählen, die dazu bereit sind.

Kapitel 11

Wie konnte das wirklich geschehen?

Am Morgen des 18. Dezember 1991 nahm ich meine Zeitung zur Hand und las: „Das neue Jahr wird das Ende für die Sowjetunion sein." Das hatte man kommen sehen! Boris Jelzin hatte aus der Sowjetunion einen Staatenbund gebildet. Damit waren vierundsiebzig Jahre kommunistischer Herrschaft zu Ende gegangen – und das war wirklich kaum zu glauben.

Hätte man uns das drei Jahre früher erzählt, wir hätten den Berichterstatter für verrückt erklärt.

Drei Monate vor der Entmachtung des Kremls fand ich folgende Schlagzeile: „Menschenrechte stehen in der Sowjetunion ganz oben auf der Agenda." In dem Artikel war zu lesen, die Sowjetunion habe ein internationales Forum für Menschenrechte einberufen, das der neugewonnenen Freiheit als Bollwerk dienen solle.

Drei Jahre früher hätte man in der westlichen Welt eine derartige Ankündigung Moskaus für einen Propagandatrick gehalten. Heute wissen wir: Demokratie und Freiheit sind auf dem Weg, sich in fast allen Teilen der Welt durchzusetzen. Vielleicht ist es nur eine Frage der Zeit, daß sich selbst China daran beteiligt.

Bestimmte Voraussetzungen

Für die rasche Übernahme des amerikanischen Systems in der Politik durch eine organisierte Religion halte ich zwei Voraussetzungen für erforderlich. Erstens: den Abbruch der Barriere, die zur Zeit noch Kirche und Staat trennt. Und der ist durch den Obersten Gerichtshof Amerikas bereits im Gange oder schon fast vollendet.

Dadurch aber wird die schwere Verfolgung, die Adventisten für die Vereinigten Staaten und die ganze Welt kurz vor dem Ende vorausgesagt haben, kaum ausgelöst. Die Regierungen anderer Länder schützen auf ihre Art die Rechte der Minderheiten. Eine Verschiebung der Beziehungen zwischen Kirche und Staat ist sicher nicht die große Bedrohung unserer Freiheit – wenn alles so weitergeht wie in den letzten 200 Jahren.

Wenn alles so weitergeht ...

Das aber ist die große Frage: WENN!

Das bringt mich zu einem weiteren Umstand, der für die Übernahme der politischen Institutionen durch eine organisierte Religion erforderlich ist: eine Zeit unheilvoller politischer und internationaler Not. In der Krise kann sich das Gleichgewicht der politischen Kräfte sehr schnell verschieben. Wenn zutrifft, was in diesem Buch gesagt wird, dann steht eine internationale Krise unvorstellbaren Ausmaßes vor uns. Es sei hier nur an die Worte Jesu erinnert:

> Es werden Zeichen geschehen an Sonne und Mond und Sternen, und auf Erden wird den Völkern bange sein ... Die Menschen werden vergehen vor Furcht und in Erwartung der Dinge, die kommen sollen über die ganze Erde. (Lk 21,25.26)

Zwischen den Zeilen steht, daß kurz vor dem Ende eine schreckliche Krise über die Welt hereinbrechen wird. Dadurch kann es zu einer drastischen Verschiebung der politischen Kräfte kommen. Im Zusammenhang damit könnte eine religiöse Macht die angestrebte politische Herrschaft übernehmen. Jesus verknüpft diese Krise mit Zeichen an Sonne, Mond und Sternen, also denkbaren Naturkatastrophen, die Gott über die Erde kommen läßt. Auch wenn Adventisten nicht an diese Möglichkeit gedacht haben, die Wissenschaftler haben es bestimmt.

Welche organisierten Religionen?

Sind religiöse Organisationen vorbereitet, in das politische Vakuum einzutreten und in der Krise die Macht an sich zu reißen? Es gibt tatsächlich zwei religiöse Gruppen, die nach politischer Macht streben: den rechtsgerichteten Protestantismus und den römischen Katholizismus.

Der rechtsgerichtete Protestantismus. Die amerikanischen rechtsgerichteten Protestanten haben sich seit Ende 1960 und Anfang 1970 organisiert und geschult. Sie arbeiten eifrig hinter den Kulissen und kontrollieren die Regierungsinstitutionen des Landes.

Noch rümpfen säkulare Humanisten die Nase über ihre fundamentalistischen protestantischen Landsleute. Aber wenn sie mit dem Naserümpfen aufhören und näher hinsehen, werden sie erkennen, daß die Fundamentalisten ihren Einfluß ausgeübt und drei amerikanische Präsidenten ins Weiße Haus gebracht haben: Carter, Reagan und Bush; den Obersten Gerichtshof haben sie außerdem durch diese Präsidenten nach ihren eigenen Vorstellungen umgeformt.

Damit sind sie in ihrer politischen Zielsetzung vorangekommen und haben sogar die Pro-Abtreibungs-Entscheidung des Obersten Gerichts von 1971 gestürzt.

Dieses Anti-Abtreibungsverlangen ist nur die Spitze des Eisberges. Vor einigen Jahren stand in einem Nachrichtenmagazin, daß sich die Macht der rechtsgerichteten Protestanten in diesem Land totgelaufen habe. Amerika – so der Bericht – sei zu seinen gesunden Wurzeln zurückgekehrt.

Vermutlich wird sich die geringschätzige Haltung dem rechtsgerichteten Protestantismus gegenüber zum Nachteil der Säkularisten auswirken; schlimmer noch: die Freiheit, an der wir alle in den letzten 200 Jahren festgehalten haben, wird zugrunde gerichtet. Ein Wachposten, der da meint, es gäbe keine Gefahr, weil er keine erkennen kann, ist in höchstem Maße gefährdet.

Säkularisten und auch viele Adventisten haben kaum eine Vorstellung von der Macht des rechtsgerichteten radikalen Christentums; sie begreifen auch nicht, wie weit diese Leute bei der Übernahme von Amtsgewalt bereits gegangen sind. Solange wir nur die Nase rümpfen, weigern wir uns ernsthaft zur Kenntnis zu nehmen, worin die tödliche Gefahr für unsere Freiheit besteht, bis eines Tages – wie im Irak – die Radikalen die Herrschaft an sich gerissen haben. Und dann wird es zu spät sein.

Der römische Katholizismus. Die katholischen Bestrebungen, politische Macht zu gewinnen, sind nicht so offenkundig. Trotz des Zweiten Vatikanischen Konzils und der danach großzügig herausgestellten religiösen Freiheit haben die Päpste ihre Ablehnung der Trennung von Kirche und Staat nie aufgegeben.

Malachi Martin macht das in seinem Buch „The Keys of This Blood" sehr deutlich:

> Für Johannes Paul gibt es einen grundsätzlichen menschlichen Trugschluß, der den vorherrschenden Säkularismus des Westens und den Gorbatschowismus lähmt: Der weitverbreitete Gedanke (der heutzutage ein Prinzip ist), daß eine Mauer aufrechterhalten werden muß, koste es, was es wolle – selbst auf Kosten der Freiheit –, ist die Trennung von Kirche und Staat, also die Trennung zwischen religiösem und öffentlichem Leben. Die Mauer – oft gekennzeichnet als eine legale Sache – ist heiliger als Mutterschaft. Aber, wie der Papst argumentiert, der Gedanke, daß wir mit der Welt verknüpft sein können und nicht mit Gott, ist genauso verkehrt wie der Gedanke, daß wir mit Gott verbunden sein können, ohne mit der Welt verbunden zu sein. (Malachi Martin, „The Keys of This Blood", S. 365)

Wer nun noch immer nicht davon überzeugt ist, daß die Trennung von Kirche und Staat mehr ist als ein Luxus in diesem Land, der durchdenke die Logik der folgenden Feststellung:

> Die römisch-katholische Kirche hat schon immer behauptet – und tut es unter Johannes Paul II. auch heute –, daß sie der alleinige Schiedsrichter ist über das, was moralisch gut und was moralisch schlecht ist. (Ebenda, S. 157)

Was schlagen Johannes Paul II. und seine Kirche vor, mit denjenigen zu tun, die sich dafür entscheiden, moralisch Falsches zu lehren oder daran festzuhalten?

Über Malachi Martins Antwort und die Antwort seiner Kirche zu dieser Frage sollte ernsthaft nachgedacht werden. Er behauptet, daß religiöse Einheit autonom sein muß, wenn sie in der Welt Autorität haben will – d. h. sie muß ohne Beeinträchtigung durch andere Nationen ihren Willen ausüben können und in der Lage sein, Sanktionen zu verhängen.

Wir erinnern uns an die Sanktionen, die dem Irak aufgrund der Unterwerfung Kuwaits auferlegt wurden. Dem Irak wurde nicht erlaubt, auf internationalen Märkten zu kaufen oder zu verkaufen, bevor nicht die Forderungen der UNO erfüllt waren.

Nach Meinung Martins ist es das Ziel von Johannes Paul II., daß seine Kirche nicht nur Amerika beherrscht, sondern die kommende Weltregierung. Sobald dieses Ziel erreicht ist, wird er der Welt eine moralische Ordnung auferlegen mit allen Sanktionen, die erforderlich sind, um dies durchzusetzen. Natürlich wird alles zum „Wohle der ganzen Gesellschaft auf verschiedenen Gebieten" geschehen.

Hier sei an einen von Roland Hegstad gern zitierten Spruch erinnert: Verfolgung entsteht nicht durch böse Menschen, die andere gut machen wollen, sondern durch gute Menschen, die andere ebenso gut machen wollen.

Schon deshalb sollte die Trennung von Kirche und Staat nicht aufgegeben werden. Solange der Grundsatz der Verfassung unangetastet bleibt, kann es auch keine religiöse Intoleranz geben. Aber sobald er aufgegeben wird, wird sich die Intoleranz ausbreiten.

Die Frage lautet: Wann wird das geschehen? Beim Fall des Kommunismus in Osteuropa haben wir erlebt, wie schnell es gehen kann. Die „Schlußereignisse, die sehr schnell ablaufen" – so Ellen G. White – (siehe „Schatzkammer der Zeugnisse", Bd. 3, S. 23), scheinen in Gang zu sein. Wird es bald auch eine erzwungene moralische Autorität beim Kaufen und Verkaufen geben?

Gehört das zu den „schnellen Schlußereignissen", die sich anbahnen?

Johannes Paul II. will die Herrschaft über die kommende Weltregierung nicht durch militärische Kräfte erreichen; der Vatikan hat kein Militär. Doch Johannes Paul II. rechnet damit, die politische Kontrolle über die Welt auch durch kosmische Katastrophen in seine Hände zu bekommen:

> Er [Johannes Paul] wartet ... auf ein Ereignis, das die menschliche Geschichte spaltet, das die unmittelbare Vergangenheit von der nahenden Zukunft trennt. Es wird ein für alle Augen sichtbares Ereignis am Himmel, in den Meeren und auf den kontinentalen Landmassen dieser Erde sein. Besonders unsere Sonne wird es betreffen, die jeden Tag erhellt und auf die Täler, Berge und Ebenen der Erde scheint ...
>
> Nach Johannes Pauls Glaubensüberzeugung wird es ein Ereignis sein, das unmittelbar alle jetzigen großen Pläne der Nationen zunichte macht und den großen Plan des Schöpfers der Menschen einführt. Dann ist Johannes Pauls Wartezeit zu Ende. Dann wird seine Aufgabe als Diener des großen Plans beginnen. Seine Willenskraft, daran festzuhalten, damit fortzufahren und dann, wenn die entscheidenden Ereignisse eintreten, diese Aufgabe zu übernehmen, erhält er unmittelbar durch die Autorität des Petrus, die ihm an dem Tage anvertraut wurde, als er im Oktober 1978 Papst wurde. Diese Autorität und Macht werden durch die Schlüssel des Petrus symbolisiert, gewaschen im menschlichen Blut des Gottessohnes Jesus Christus. Einzig und allein Johannes Paul ist und wird an diesem Tage der Besitzer dieser Schlüssel seines Blutes sein. (Malachin Martin, „The Keys of This Blood", S. 639)

Ellen G. White war es nicht allein, die Katastrophen voraussagte. Siebenten-Tags-Adventisten sind auch nicht die einzigen, die eine Zeit nie dagewesener Naturkatastrophen in naher Zukunft erwarten. Auch Johannes Paul II. weiß, was kommt. Beide wissen, was vor uns liegt, und von beiden Seiten werden Erklärungen für das Geschehen angeboten, wenn es soweit ist.

In solch erschreckender Zeit kann nur die hohe Mauer der Trennung von Kirche und Staat vor der furchteinflößenden religiö-

sen Macht schützen, die darauf aus ist, die Führung zu übernehmen. Die derzeitige Nachgiebigkeit, diese Mauer zu durchbrechen,
wie von Ellen G. White vorhergesagt (siehe „Der große Kampf", S.
593), spielt das Geschehen unmittelbar in die Hand des Papstes.

Ist aber die Mauer erst beseitigt und die Krise da, dann wird der
römische Katholizismus mit Unterstützung der amerikanischen konservativen Protestanten in das politische Vakuum eindringen, um
„eine Autorität einzuführen, die solche Sanktionen mit sich bringt,
die nicht nur für die Aufrechterhaltung der Einigkeit und der Ziele
der Institutionen wirksam sind, sondern auch für die Aktivitäten,
die dem Wohl der ganzen Gesellschaft und auf jedem Gebiet dienen sollen" (Malachi Martin, „The Keys of This Blood", S. 138).

Seit 150 Jahren lehren Siebenten-Tags-Adventisten, daß das erste
Tier in Offenbarung 13 das Papsttum und das zweite Tier die Vereinigten Staaten sind. Dieser Prophezeiung zufolge wird das zweite
Tier die Bewohner der Erde verführen, „daß sie ein Bild machen
sollen dem Tier, das die Wunde vom Schwert hatte und lebendig
geworden war" (Offb 13,14).

Mit anderen Worten: Die Vereinigten Staaten werden nicht nur
eine Union von Kirche und Staat, die dem Papsttum wohlgesinnt
ist, innerhalb ihrer eigenen Grenzen bilden, sondern auch einen
Feldzug führen, damit alle in der Welt das gleiche tun.

Heute, da Amerika die einzige Supermacht darstellt, ist es auch
in der Lage, diese Prophezeiung zu erfüllen. Es bedarf nur noch der
entscheidenden Anlässe – Ellen G. White nennt dafür die „Zeit der
Katastrophen", Johannes Paul das „spaltende Ereignis" –, dann wird
es geschehen.

> Und die ganze Erde wunderte sich über das Tier, und sie
> beteten den Drachen an, weil er dem Tier die Macht gab,
> und beteten das Tier an und sprachen: Wer ist dem Tier
> gleich, und wer kann mit ihm kämpfen? (Offb 13,3.4)

Kapitel 12

Das Malzeichen des Tieres

Adventisten sprechen gern über die Sonntagsgesetze, weil sie darin das deutlichste Zeichen für das Herannahen des Endes sehen. Leider bringen es einige fertig, aus den kleinsten Nachrichtenfetzen über ein Sonntagsgesetz mehr herauszulesen, als drin steht. Folglich erkennen sie auch nicht, daß das Malzeichen des Tieres viel mehr einschließt als nur die Sonntagsgesetze.

Die werden, wenn sie ausgerufen sind, nur das sichtbare Zeichen einer umfassenderen Realität sein. In einem Kapitel wurde bereits darauf hingewiesen, daß Adventisten seit Beginn ihrer Geschichte gelehrt haben, daß das Malzeichen des Tieres die Sonntagsheiligung ist, und zwar dann, wenn sie durch Gesetz erzwungen wird. In diesem Kapitel soll über die geistlichen Auswirkungen dieses Endzeitphänomens nachgedacht werden.

Eine unbestritten biblische Lehre über die Endzeit ist folgende: Es wird nur zwei Klassen von Menschen geben, wenn Jesus kommt; diejenigen, die Gott treu sind, und die anderen, die zu Satan gehören. Heute gibt es noch drei Gruppierungen: die treu sind zu Gott, andere, die dem Satan folgen, und schließlich jene, die noch keine Entscheidung getroffen haben.

Da nur Gott in den Herzen der Menschen lesen kann, weiß auch nur er allein, wer wo steht. Viele, die regelmäßig den Gottesdienst besuchen, meinen, sie stünden auf der Seite Gottes, während sie in Wirklichkeit auf Satans Seite stehen. Andere dagegen, die sich selbst für unwürdig halten, betrachtet Gott als seine Kinder. Auch

Menschen, die Gott treu sein wollen, stehen in der Gefahr, die Seite zu wechseln, ehe sie sterben oder ehe Jesus wiederkommt.

Solange noch Bewährungszeit ist, kann es auch einen Seitenwechsel geben. Aber wenn die Krise der Endzeit da ist, werden alle gezwungen sein, nur einem der beiden Herren zu dienen. Beide Seiten werden klar herausgestellt – in den meisten Fällen sogar für menschliche Augen erkennbar.

Menschen mit dem Malzeichen des Tieres

Jesus hat in etlichen Gleichnissen gelehrt, daß es am Ende nur zwei Menschenklassen geben wird. Untersuchen wir, welche geistlichen Lehren die folgenden Gleichnisse enthalten:

- Gleichnis vom Sämann und dem Samen (Mt 13,3-9.18-23)
- Gleichnis vom treuen und vom bösen Knecht (Mt 24,45-51)
- Gleichnis von den klugen und den törichten Jungfrauen (Mt 25,1-13)
- Gleichnis von den anvertrauten Zentnern (Mt 25,14-30)
- Gleichnis von den Schafen und den Böcken (Mt 25,31-46)

Sämann und Samen. Jesus verknüpfte dieses Gleichnis nicht mit der Endzeit; aber es sei hier so gedeutet, weil es die Menschen in zwei Gruppen teilt und damit den geistlichen Zustand derer kennzeichnet, die Gott ablehnen.

Auf den ersten Blick sieht es so aus, als teile das Gleichnis die Menschen in *vier* Gruppen. Doch wir stellen fest, daß sowohl der Samen, der auf den Weg, auf den steinigen Boden wie auch unter die Dornen gesät ist, die Ungläubigen oder Abgefallenen beschreibt. Nur der auf gutes Land gesäte Same steht für die Gerechten. Im Gleichnis wird also die Ablehnung Gottes durch Menschen deutlich gemacht; und damit ist es geeignet, den geistlichen Zustand derer zu kennzeichnen, die das Malzeichen des Tieres empfangen werden.

Beachtenswert, wie Jesus die Symbole einsetzt:

- *Der Same auf dem Weg* steht für Menschen, die geistlichen Belangen gegenüber so ablehnend sind, daß Gott ihre Herzen nicht berühren kann.

- *Der Same auf dem steinigen Boden.* Diese Menschen lieben die Wahrheit, versäumen aber, auf eine feste Verbindung mit Jesus bedacht zu sein. Wenn Trübsal kommt, geben sie den Glauben auf.

- *Der Same unter den Dornen.* Da hat man zu einer bestimmten Zeit eine gute Beziehung zu Jesus gehabt, aber dann sind irdische Dinge immer wichtiger geworden.

Es ist anzunehmen, daß der Same, der auf den Weg fällt, auf die weltlich Eingestellten anzuwenden ist. Doch die Menschen, die das Malzeichen des Tieres erhalten, werden sehr religiös sein, sogar gewissenhafte Kirchgänger – jeden Sonntag.

Nun sagt ihr vielleicht: „Aber ich halte ja den Sabbat."

Vorsicht! Auch ihr seid Kandidaten für das Malzeichen des Tieres! Gemeint sind doch Menschen, die das Wort hören, aber nicht verstehen, die vom Wirken des Heiligen Geistes zwar wissen, ihm aber keine Aufmerksamkeit schenken. Gerade unter den sogenannten „Religiösen" sind oft solche, die der Heilige Geist am schwersten bewegen kann, weil sie meinen, bei ihnen sei alles in bester Ordnung. Am häufigsten trifft das auf Menschen zu, die sich besonders von Gott berufen fühlen.

Der Same, der auf steinigen Boden und unter die Dornen fällt, stellt Christen dar, die es versäumen, eine feste Verbindung zu Jesus zu pflegen. Das tägliche Leben ist so voll von Anforderungen und wichtigen Terminen, daß keine Zeit bleibt, um in der Bibel zu lesen und zu beten. Dann gibt es auch solche, die bei weitem nicht überlastet sind, denen aber Fernsehen, Sport und Geldverdienen mehr bedeuten als das Bibellesen. Genügt es nicht, einmal in der Woche zum Gottesdienst zu gehen?

Es leuchtet ein: Die ersten drei Gruppen in diesem Gleichnis stehen in Gefahr, eines Tages das Malzeichen des Tieres zu tragen.

Ein anderes Gleichnis: ***Der treue und der böse Knecht.*** Sie sind als Knechte eine Zeitlang treu, aber als die Rückkehr des Herrn auf sich warten läßt, wird der eine leichtsinnig und ausfallend. Er sagt zu sich selbst: „Mein Herr kommt noch lange nicht, und fängt an, seine Mitknechte zu schlagen, ißt und trinkt mit den Betrunkenen." (Mt 24,48.49)

„Ich mißhandle niemanden", wehrt da jemand ab. Vielleicht nicht körperlich, doch wie steht es mit den Gefühlen? Paulus warnte die Galater: „Wenn ihr euch aber untereinander beißt und freßt, so seht zu, daß ihr nicht einer vom andern aufgefressen werdet." (Gal 5,15) Ihr beißt eure Mitchristen durch Klatsch und Kritik.

Jesus sagt außerdem, daß der untreue Knecht anfing, mit den Betrunkenen zu essen und zu trinken. Das bezieht sich durchaus auch auf das Trinken von Alkohol. Es ist eine Tatsache: Die Zahl der Siebenten-Tags-Adventisten, die Alkohol trinken, nimmt zu, manche trinken vielleicht mäßig, andere nicht so mäßig. Hat das die Verzögerung der Wiederkunft Christi mit sich gebracht? Wer zu denen gehört, die angefangen haben, Alkohol zu trinken und Drogen zu konsumieren, der lese dieses Gleichnis in Matthäus.

Sicher gilt das auch für alle anderen Sünden, die auf Nachlässigkeit oder Leidenschaft zurückzuführen sind, beispielsweise auf Gewalt, Sexfilme im Kino und im Fernsehen, pornographische Zeitschriften und Schundliteratur. Nur Gott kennt die Zahl der Christen, die sich auf außereheliche Affären, Inzest und sexuelle Ausschweifungen eingelassen haben, obgleich sie Sabbat für Sabbat den Gottesdienst besuchen und bei Gemeindeaktivitäten mit gutem Beispiel vorangehen. Ihnen allen gilt dieses Gleichnis.

Die klugen und die törichten Jungfrauen. Hier werden all jene Christen angesprochen, die da meinen, sie stünden nicht in Gefahr, weil sie sich nicht an sündhaftem Treiben beteiligen.

Man könnte denken, daß mit „Schlafen" in diesem Gleichnis geistliche Trägheit gemeint ist. Doch auch die klugen Jungfrauen schlafen ein! „Schlafen" steht hier für die Vernachlässigung der guten Taten, die wir Tag für Tag tun sollten. Verhängnisvoll ist nicht, daß die törichten Jungfrauen schliefen, sondern daß sie zur falschen Zeit schliefen. Sie ließen es zu, daß sich die Pflichten des Alltags zwischen Jesus und ihr geistliches Leben stellten.

Es ist nicht falsch, das Haus sauberzumachen, den Rasen zu mähen, einzukaufen oder Briefe zu schreiben. Auch dürfen wir Urlaub machen; es wäre völlig verkehrt, wenn wir es nicht täten. Aber es ist eine falsche Verwendung unserer Zeit, wenn wir all das zum Wichtigsten in unserm Leben machen und die Beziehung zu Jesus vernachlässigen.

Die anvertrauten Zentner. Jesus war sehr praktisch in seinem Denken. Zweifellos ist es wichtig, sich Zeit für Jesus zu nehmen; Arbeiten ist ebenfalls wichtig. Gott erwartet, daß wir sorgfältig und klug arbeiten. Um uns das zu vermitteln, erzählte Jesus die Geschichte von den anvertrauten Zentnern.

Der Mann mit dem einen Zentner begründete sein Nichtstun damit, daß er sich fürchtete (siehe Mt 25,25). Er erlaubte den Sorgen und der Angst, daß sie sein Denken beherrschten. Sicher ist dieses Gleichnis eine Warnung für alle, die dazu neigen, sich in ihrem Leben von Gefühlen leiten zu lassen. Gott will, daß wir klar denken und nicht Sklaven von Angst und Sorge sind.

Mancher lehnt eine Aufgabe in der Gemeinde ab, weil er befürchtet, er könnte es nicht schaffen. Die Einsicht in die eigenen Grenzen mag gut und berechtigt sein. Wir sollten Nein sagen, wenn wir einer Aufgabe nicht gewachsen sind. Aber wenn wir Fähigkeiten haben und die Mitarbeit verweigern, nur weil wir unsicher sind und Angst haben, machen wir uns der gleichen Sünde schuldig wie der Mann mit dem einen Zentner.

Die Schafe und die Böcke. Mit Jesu letztem Gleichnis über die beiden Menschengruppen am Ende der Zeit wird gezeigt, daß die auf der falschen Seite Stehenden mehr an sich selbst als an ihrem Nächsten interessiert waren. Nichts beschäftigt sie so sehr wie ihre eigenen Angelegenheiten; die Nöte der Menschen in ihrer Umgebung nehmen sie nicht wahr. Das kennzeichnet genau diejenigen, die dann sagen werden: „Herr, wann haben wir dich hungrig oder durstig gesehen oder als Fremden oder nackt oder krank oder im Gefängnis und haben dir nicht gedient?" (Mt 25,44)

Offensichtlich haben sie die Nöte der anderen überhaupt nicht bemerkt.

Eine unmögliche Liste?

Manche holen jetzt vielleicht tief Luft und sagen: Wir haben gedacht, daß Menschen, die das Malzeichen des Tieres empfangen, wirklich böse sind! Es wäre ja auch einleuchtend, daß unmoralische Menschen und solche, die die Wahrheit ablehnen, das Malzeichen erhalten. Aber wer nur wenig in der Bibel liest, zu wenig betet und die Nöte anderer übersieht! – Sollte man dafür das Malzeichen des Tieres empfangen?

Beachten wir eine Aussage von Ellen G. White:

> Womit helft ihr, Brüder, bei dem großen Werk der Vorbereitung? Jene, die Verbindung mit der Welt pflegen, werden von der Welt geprägt und bereiten sich auf das Malzeichen des Tieres vor. („Schatzkammer der Zeugnisse", Bd. 2, S. 60)

Beachten wir, daß E. G. White das Wort „vorbereiten" in zweifacher Bedeutung benutzt. Einmal: Wir müssen uns vorbereiten, damit wir im letzten Konflikt unter den Gerechten sind. Keiner wird in oder durch diese Krise einfach so auf Gottes Seite rutschen. Heute, in der Zeit der Verzögerung, während es kaum dringend erscheint, haben wir uns vorzubereiten.

Zweitens weist sie darauf hin, daß auch jene, die das Malzeichen des Tieres erhalten, sich ebenfalls darauf vorbereiten: „Wer die Verbindung mit der Welt pflegt, wird von der Welt geprägt und *bereitet sich* so auf das Malzeichen des Tieres *vor*."

Beachten wir, daß das Verb in der Gegenwart steht. Wer geglaubt hat, das Malzeichen des Tieres gleiche einer Entscheidung, die man so nach und nach trifft – vielleicht wenn die Sonntagsgesetze kommen –, der denke noch einmal darüber nach.

Überprüft euer Leben! Woran seid ihr mehr interessiert: an euren Terminen, am Geldverdienen, an der Mode, am Essengehen oder am Kauf der neuesten Technik? Seid ihr überhaupt noch interessiert an Gott? Verbringt ihr mit euren Interessen so viel Zeit, daß für Gott nichts mehr übrig ist? *Dann seid ihr auf direktem Weg zum Malzeichen des Tieres.*

Ich höre, wie da jemand sagt: „Diese Liste ist unmöglich! Sieh dir doch an, worüber Jesus in den Gleichnissen gesprochen hat, nämlich übers Beten und Arbeiten, die Beachtung der Nöte anderer, ganz zu schweigen von Alkohol, Unmoral und wie ich meine Zeit verbringe. Das treibt einen Menschen ja zum Wahnsinn!"

Ganz ruhig!

Die Liste mag lang sein, aber Gott verlangt von keinem, sich auf alle Sünden auf einmal zu stürzen. Bittet, daß er euch zeigt, worauf ihr zunächst achten solltet! Überzeugen ist Gottes Sache, nicht eure; ihr habt um Überzeugung zu bitten. Versucht nicht, die ganze Liste auf einmal abzuhaken. Bittet den Heiligen Geist um offene Augen für die wichtigste Frage in eurem Leben; darauf konzentriert eure Aufmerksamkeit.

Solange ihr euren Weg mit Gott geht, wird er euch helfen, mit all euren Sünden fertigzuwerden, ehe die Gnadenzeit zu Ende geht. Wenn ihr von Herzen wünscht, in der letzten Auseinandersetzung auf seiner Seite zu stehen und euch gewissenhaft vorbereitet, wird er nicht zulassen, daß ihr das Malzeichen des Tieres empfangt.

Denkt vor allem daran, daß die wichtigen Fragen nicht euer Verhalten, sondern euer Herz betreffen, denn aus dem Herzen kommen die Gedanken. Entscheidend ist daher ein reines Herz. Aber die Kraft für eine Umwandlung des Herzens entspringt nicht zuerst dem Sündenkampf. Wichtig ist, das erneuerte Herz auch sprechen zu lassen. Und das sollte besonders in den Zeiten geschehen, wo wir noch nicht in schweren Auseinandersetzungen mit der Sünde stehen.

Nachfolger Jesu wissen, was für die Erneuerung des Herzens entscheidend ist. Dennoch wollen wir uns vergegenwärtigen, daß vor allem Gebet und Bibelstudium wichtig sind.

Wer liest täglich in der Bibel – nicht nur den Kalenderzettel beim Frühstück mit Blick auf die Uhr? Man sollte sich täglich ein paar Kapitel vornehmen und darüber nachdenken. Wer befaßt sich mit schwierigen Texten, bis er sie verstanden hat? Beten wir auch um ein besseres Verständnis für Gottes Plan mit unserem Leben und den Sieg über die Sünde! Das erfordert Zeit, die wir mitunter gern anders verwenden würden.

Länger als fünf Minuten beten? Wer kann das schon? Eine halbe Stunde, eine ganze Stunde beten und nicht aufhören? Wer hat das Verlangen, im Alltag mit Gott zu sprechen?

So sollten Bibelstudium und Beten aussehen, damit das Herz umgewandelt wird. Man denke ja nicht, ich hätte das von mir aus erkannt; auch ich lebe in einer Welt mit ihren Zwängen und ringe genauso wie andere. Ich treffe bei weitem nicht immer die richtigen Entscheidungen, aber ich habe Erfahrungen gemacht und weiß, worüber ich rede.

Als ich mich entschloß, bestimmte Andachtszeiten in meinem Leben einzuhalten, wuchs in mir das Bedürfnis danach und half mir, täglich die nötige Zeit zu finden.

Das ist es, was ich mit dem Wachsen einer lebendigen Gemeinschaft mit Jesus meine. Heute sollten wir uns darauf vorbereiten, damit wir in der dunkelsten Stunde dieser Erdenzeit bestehen können. In einem Kapitel über das Malzeichen des Tieres muten diese Überlegungen seltsam an, sind es aber nicht. Wer sich nicht ein reines Herz hat schenken lassen, kann auch keine Gemeinschaft mit Jesus haben.

Die dritte Engelsbotschaft

E. G. White hielt dieses Thema für sehr wichtig. Hier einige ihrer Aussagen:

> Die schrecklichste Drohung, die je an Sterbliche gerichtet wurde, findet sich in der dritten Engelsbotschaft. („Der große Kampf", S. 450)

> [Die dritte Engelsbotschaft] ist die letzte Botschaft. Weitere ... gnadenvolle Einladungen werden nicht mehr gegeben. („Testimonies", Bd. 5, S. 206.207)

Die dritte Engelsbotschaft ist die Evangeliumsbotschaft für diese letzte Zeit. („Testimonies", Bd. 6, S. 241)

Die dreifache Engelsbotschaft ist die große Prüfungswahrheit für diese Zeit.. („Schatzkammer der Zeugnisse", Bd. 2, S. 369)

Dies ist eine bestimmte Botschaft, die Trennung hervorruft. („Schatzkammer der Zeugnisse", Bd. 3, S. 128)

Nach der Auseinandersetzung über die Gerechtigkeit durch Glauben bei der Generalkonferenz in Minneapolis 1888 wurde Ellen G. White gefragt, ob Gerechtigkeit durch den Glauben auch ein Teil der dritten Engelsbotschaft sei. Vielleicht sollte mit dieser Frage eine Entschuldigung für die Betonung dieser Wahrheit gesucht werden. Wenn dies der Fall war, mußte die Antwort enttäuschen, denn Ellen G. White erwiderte: „Es ist die dritte Engelsbotschaft im eigentlichen Sinn." („Selected Messages" Bd. 1, S. 372)

Wenn wir nun diese Botschaft lesen, sollten wir uns Gedanken darüber machen, was sie mit der Gerechtigkeit durch den Glauben zu tun hat. Beachten wir, was die dritte Engelsbotschaft wirklich sagt:

> Und ein dritter Engel folgte ihnen und sprach mit großer Stimme: „Wenn jemand das Tier anbetet und sein Bild und nimmt das Zeichen an seine Stirn oder an seine Hand, der wird von dem Wein des Zornes Gottes trinken, der unvermischt eingeschenkt ist in den Kelch seines Zorns, und er wird gequält werden mit Feuer und Schwefel vor den heiligen Engeln und vor dem Lamm. Und der Rauch von ihrer Qual wird aufsteigen von Ewigkeit zu Ewigkeit; und sie haben keine Ruhe Tag und Nacht, die das Tier anbeten und sein Bild, und wer das Zeichen seines Namens annimmt." Hier ist Geduld der Heiligen! Hier sind, die da halten die Gebote Gottes und den Glauben an Jesus! (Offb 14,9-12)

Das klingt erschreckend. Verständlich daher, daß E. G. White sagte: „Es ist die schrecklichste Drohung, die je an Sterbliche gerichtet wurde." Aber wie ist es dann zu begreifen, daß sie diese Worte als „Gerechtigkeit durch Glauben im eigentlichen Sinn" und „als Evangelium für diese letzte Zeit" bezeichnete?

Sie tat es aus gutem Grund. Dieses Kapitel soll abgeschlossen werden mit einer kurzen Untersuchung dieser Botschaft, die alles, was hier besprochen wurde, in einem Paket zusammenschnürt.

Der Glaube und die Taten des Volkes Gottes werden ausgewogen sein. Zuerst sei festgestellt, daß nicht alle Nachrichten der dritten Engelsbotschaft bedrückend sind. Der abschließende Vers sagt: „Hier ist Geduld der Heiligen! Hier sind, die da halten die Gebote Gottes und den Glauben an Jesus." (Vers 12) In anderen Übersetzungen heißt es: „... und haben den Glauben Jesu." Sooft E. G. White über die dritte Engelsbotschaft im Zusammenhang mit der Gerechtigkeit durch den Glauben sprach, hatte sie den zwölften Vers im Sinn. Er besteht aus drei Teilen und spricht vom

1. Geduldigen Ausharren
2. Halten der Gebote Gottes
3. Glauben an Jesus

Geduldigsein, besonders unter starken Herausforderungen, ist schwer. Gottes Volk, das in die Krise der Endzeit kommt, wird härter geprüft, als Gläubige je geprüft worden sind. Deshalb legt Gott einen so hohen Maßstab an die Charakterbildung dieser Menschen. Anders ließe sich die Verbindung mit Jesus in der dunkelsten Stunde der Erde gar nicht aufrechterhalten.

Die beiden letzten Teile des zwölften Verses gehören zusammen: Gehorsam und Glauben. Gottes Volk hat in seiner ganzen Geschichte damit zu kämpfen gehabt, die Ausgewogenheit zwischen Glauben und Werken zu begreifen. Manche haben den Glauben stärker betont, andere die Werke. Am Ende des 19. Jahrhunderts waren die Adventisten so stark auf Werke orientiert, daß Ellen G. White feststellen mußte, einige entbehrten „des belebenden Einflusses des Heiligen Geistes so sehr wie die Hügel von Gilboa, auf die weder Tau noch Regen fällt" („Evangelism", S. 166.167).

In der letzten Hälfte des 20. Jahrhunderts hat es eine stärkere Betonung des Glaubens gegeben; vielleicht aber haben einige das Pendel auch zu weit in diese Richtung ausschlagen lassen. Der dritten Engelsbotschaft zufolge wird das Endzeitvolk Gottes ein ausgewogenes Verständnis von Glauben und Werken haben; das sollte nicht nur auf unsere Theologie, sondern auch auf unsere Erfahrungen zutreffen.

Die Welt im Aufruhr gegen Gott. Die dritte Engelsbotschaft zeichnet einen scharfen Kontrast zwischen Gerechten und Ungerechten. Gottes Volk wird zu jener Zeit ein klares Verständnis von der Gerechtigkeit durch den Glauben haben. Das ist die Grundlage für eine enge Beziehung zu Jesus.

Die Ungerechten werden die Gerechtigkeit durch den Glauben ablehnen und sich weigern, in Gemeinschaft mit Jesus einzutreten. Sie werden „die Bösen" sein und das Malzeichen des Tieres erhalten. Deshalb kann E. G. White die dritte Engelsbotschaft in einem Atemzug als „Evangelium für diese letzte Zeit" und „Gerechtigkeit durch Glauben im eigentlichen Sinn" bezeichnen, zugleich aber auch als „schrecklichste Drohung, die je an Sterbliche gerichtet wurde". Die dritte Engelsbotschaft ist eine furchterregende Warnung vor den Folgen des Ausschlagens der Botschaft von der Gerechtigkeit durch den Glauben und der Ablehnung einer Umwandlung des Herzens durch Jesus.

Adventisten aber sagen doch, das Malzeichen des Tieres sei die Beobachtung des Sonntags, wenn dies durch Gesetz erzwungen wird. Wie kann das etwas mit Gerechtigkeit durch Glauben und der Gemeinschaft mit Jesus zu tun haben?

Kernstück des vierten Gebots ist letztlich die Beziehung zu Jesus. Jede Beziehung zwischen intelligenten Wesen braucht Zeit, um sich entwickeln zu können. Junge Leute, die verliebt sind, verbringen viel Zeit miteinander, um sich kennenzulernen. Weil heute die meisten so mit ihrer Arbeit und anderen Aktivitäten beschäftigt sind und keine Zeit mehr füreinander haben, lassen sie sich nach wenigen Ehejahren scheiden. Sie haben ihrer Gemeinsamkeit zu wenig Zeit gewidmet.

Das gleiche gilt für Gott. Wenn wir Gemeinschaft mit ihm pflegen wollen, müssen wir Zeit mitbringen – viel Zeit für Andacht und Gebet. Der Sabbat sondert den siebten Teil unserer Zeit für das geistliche Wachstum ab, damit Mensch und Gott in eine enge Beziehung zueinander treten.

Wer seine Zeit mit Jesus verbringt, wird innerlich umgewandelt. Gläubige, die den Sabbat heiligen, werden entdecken, daß sich die rauhen Kanten ihres Charakters abschleifen. Schroffe Menschen werden freundlich, hitzige Temperamente werden geduldig, Wollüstige werden rein. Deshalb sagte Gott zu Israel, daß der Sabbat ein Zeichen sei dafür, „daß ich der Herr bin, der euch heiligt" (2 Mo 31,13).

Nicht der Sabbat macht uns heilig; er ist vielmehr ein Zeichen dafür, daß Gott uns heiligt. Heiligung kommt nicht durch Sabbathalten, sondern Jesus zu kennen; das führt zur Heiligung. Der Sabbat verschafft uns die Möglichkeit, ihn wirklich kennenzulernen. Gott selbst hat uns dafür den Sabbat gegeben. Menschen, die das Malzeichen des Tieres erhalten, lehnen nicht nur die Sabbatfeier ab, sondern auch die Umwandlung ihres Herzens in der Gemeinschaft mit Jesus. Die aber läßt sich am Sabbat erleben.

Freilich gibt es außer dem Sabbat noch andere Wege und Zeiten für das Hineinwachsen in eine Gemeinschaft mit Jesus. Der Sabbat aber bietet die Gelegenheit, die Gott selbst bei der Erschaffung des Menschen vorgesehen und in den Zehn Geboten niedergeschrieben hat. Wer die Heiligung des Sabbats ablehnt, weist auch die beste Möglichkeit zurück, in eine lebendige Gemeinschaft mit Jesus einzutreten.

Die einfachste Definition des Malzeichens ist wohl folgende: Es ist das Zeichen, das Gott in der dunkelsten Stunde der Erde denen aufdrückt, die sich geweigert haben, lebendige Gemeinschaft mit Jesus zu pflegen. So steht das Malzeichen für unsere Entscheidung heute und nicht für etwas, was irgendwann in Zukunft über uns verhängt wird. Es ist die Wahl, die wir heute treffen. Wer morgen das Malzeichen des Tieres erhält, hat es der Einstellung seines Herzens heute zuzuschreiben.

Wir selbst also entscheiden für uns über das Malzeichen des Tieres. Kein Wunder, daß Gott in der Offenbarung so viel Geduld aufbringt, um uns zu warnen!

Denken wir darüber nach: Siebenten-Tags-Adventisten, die nicht heute schon auf Erneuerung ihres Herzens und die Verbindung mit Jesus bedacht sind, werden in der dunkelsten Stunde der Erde nicht bewahrt bleiben vor dem Malzeichen des Tieres, auch wenn sie selber vor den Sonntagsgesetzen kräftig gewarnt haben sollten.

Ohne feste Verbindung mit Jesus könnte das Malzeichen sogar demjenigen aufgedrückt werden, der die Gültigkeit des Sabbats bejaht und verteidigt hat. Ich vermute, daß mancher Siebenten-Tags-Adventist das Malzeichen des Tieres an seiner rechten Hand erhalten wird (Offb 13,16), obwohl er den Sabbat bejaht, dem Druck zur Anpassung aber nachgegeben hat.

Nichts ist entscheidender für Gottes Volk, als Jesus kennenzulernen. Geschieht das nicht, werden die Folgen ewig und schrecklich sein. Wir sollten der Verzögerung nicht erliegen, sondern aufwachen, ehe es zu spät ist.

Kapitel 13

Das Siegel Gottes
und die 144.000

Wenn der Brief geschrieben ist, wird er zusammengefaltet, in einen Umschlag gesteckt und zugeklebt. Nun ist er sicher verwahrt. Theoretisch kann keiner mehr etwas daran ändern.

Im Neuen Testament wird erklärt, daß Gott sein Volk versiegelt. Das Siegel im geistlichen Sinn ist dem Versiegeln eines Briefes vergleichbar. Schon in biblischer Zeit hatte das Wort Siegel diese Bedeutung. Ein auf Papyrus oder Pergament geschriebener Brief wurde zusammengerollt und mit einem Tropfen heißen Wachses versiegelt. Damit war sichergestellt, daß kein anderer etwas ändern oder lesen konnte, außer dem einen, an den der Brief gerichtet war.

Doch in alter Zeit bedeutete Siegel noch mehr. Der Absender preßte nämlich ein kleines Metallstück – oft kunstvoll geprägt und mit einem Namen versehen – in das heiße Wachs. Aus dem Namen im Siegel konnte der Empfänger des Briefes schließen, wer den Brief abgeschickt hatte. Christen, die versiegelt sind, haben den Namen Gottes auf Stirn, Charakter und Herz geprägt, und Gott steht dafür, daß keiner das Siegel brechen und ihr Leben verändern kann.

Im Epheserbrief und in der Offenbarung wird das Siegel erwähnt, das Gott seinem Volk aufdrückt.

> In ihm seid auch ihr, die ihr das Wort der Wahrheit gehört habt, nämlich das Evangelium von eurer Seligkeit – in

ihm seid auch ihr, da ihr gläubig wurdet, versiegelt worden mit dem heiligen Geist, der verheißen ist. (Eph 1,13)

Und betrübet nicht den heiligen Geist Gottes, mit dem ihr versiegelt seid auf den Tag der Erlösung. (Eph 4,30)

Paulus sagt über das Siegel zweierlei:

- Einmal benutzt er die Form der Gegenwart. Er schrieb seinen Brief an die Epheser um 60 n. Chr. und sagte ihnen, daß sie bereits versiegelt sind.

- Paulus erklärte diesen Christen nicht, daß vielleicht nur einige von ihnen versiegelt wurden; offensichtlich waren alle versiegelt.

Vergleichen wir diese Texte mit dem, was Johannes über das Siegel Gottes in der Offenbarung sagt:

Danach sah ich vier Engel stehen an den vier Ecken der Erde, die hielten die vier Winde der Erde fest, damit kein Wind über die Erde blase noch über das Meer noch über irgendeinen Baum. Und ich sah einen andern Engel aufsteigen vom Aufgang der Sonne her, der hatte das Siegel des lebendigen Gottes und rief mit großer Stimme zu den vier Engeln, denen Macht gegeben war, der Erde und dem Meer Schaden zu tun: Tut der Erde und dem Meer und den Bäumen keinen Schaden, bis wir versiegeln die Knechte unseres Gottes an ihren Stirnen. Und ich hörte die Zahl derer, die versiegelt wurden: hundertvierundvierzigtausend, die versiegelt waren aus allen Stämmen Israels. (Offb 7,1-4)

Bei näherer Betrachtung werden zwischen Paulus und Johannes deutliche Unterschiede erkennbar:

- Johannes spricht von der Versiegelung des Volkes Gottes als künftigem Ereignis; die 144.000 waren also im Jahre 90 n. Chr., als er das schrieb, noch nicht versiegelt.

- Nur eine bestimmte Gruppe, nicht alle in der Gemeinde, erhalten das in der Offenbarung erwähnte Siegel.

Der folgende Vergleich will uns helfen, den Unterschied klar herauszustellen:

Das Siegel nach Paulus	*Das Siegel nach Johannes*
• Für jeden vorhanden	• Nur für die 144.000
• Bereits gegeben	• Noch nicht gegeben

Die Aussage des Paulus führt zu der Annahme, daß von der neutestamentlichen Zeit an bis heute jeder Christ für die Versiegelung vorgesehen ist. Aber wer sind die 144.000, über die Johannes in der Offenbarung spricht? Tragen sie ein anderes Siegel als das von Paulus erwähnte? Wurden sie versiegelt, als Johannes die Offenbarung schrieb? Oder ist ihre Versiegelung noch zukünftig?

In diesem und den folgenden Kapiteln sollen die einzelnen Aspekte untersucht werden. Im Mittelpunkt dieses und des nächsten Kapitels stehen die geistlichen Erfahrungen der 144.000 und die Aussagen in Offenbarung 13 und 14. Adventisten sind mit dem Inhalt dieser Kapitel gut vertraut. Wenn es nicht so ist, lege man dieses Buch zunächst zur Seite und lese erst diese beiden Kapitel in der Offenbarung.

Ein Endzeitvolk

Neben der Beschreibung der 144.000 in Offenbarung 7,1-4 werden sie von Johannes auch in Kapitel 14,1-5 erwähnt. Zu beachten ist der Zusammenhang der Beschreibung in Kapitel 14 mit dem, was Johannes unmittelbar davor und genau danach in Offenbarung 14,1-5 sagt.

Offenbarung 13 beschreibt die Gefolgschaft Satans kurz vor dem Ende der Gnadenzeit; und Offenbarung 14,6-14 nennt die Botschaft, die Gottes Volk genau vor dem Ende der Gnadenzeit verkünden soll.

Die Beschreibung der 144.000 in Kapitel 14,1-5 ist eingeschoben zwischen die beiden Schilderungen der Endzeit. Dieser Aspekt ist so wichtig, daß ich ihn im folgenden Diagramm dargestellt habe.

Offb 13	Offb 14,1-5	Offb 14,6-12
MALZEICHEN DES TIERES	DIE 144.000	DREIFACHE ENGELSBOTSCHAFT
Beschreibt die Bösen unmittelbar vor dem Ende der Gnadenzeit	Beschreibt die 144.000	Beschreibt die Gerechten unmittelbar vor dem Ende der Gnadenzeit

Da die Abschnitte vor und nach Offenbarung 14,1-5 die Ereignisse in der Welt genau vor dem Abschluß der Gnadenzeit beschreiben, ist offenkundig, daß die 144.000 von Kapitel 14,1-5 zu dieser Zeit leben. Sie sind das Endzeitvolk; das heißt, daß sie in dieser Zeit das Siegel bekommen.

Gemäß Offenbarung 7,1-4 werden die 144.000 das Siegel erhalten, bevor die vier Winde blasen; also genau vor der Zeit der Trübsal. Wenn aber die 144.000 unmittelbar *vor* der Zeit der Trübsal versiegelt werden, dann heißt das, daß sie auch *während* der Zeit der Trübsal auf Erden leben. E. G. White sagt dazu:

> Sie singen „ein neues Lied" vor dem Stuhl, ein Lied, das niemand lernen kann, ausgenommen die 144.000 ... Niemand außer den 144.000 kann dieses Lied lernen ... Diese sind's, die gekommen sind aus großer Trübsal, sie haben die trübselige Zeit erfahren, eine Zeit, wie sie nie auf Erden war, seit Menschen darauf wohnen; sie haben die Angst in der Zeit der Trübsal Jakobs ausgehalten; sie sind während der letzten Ausgießung der Gerichte Gottes ohne Vermittler gewesen. („Der große Kampf", S. 648)

> Bald hörten wir die Stimme Gottes gleich vielen Wassern, die uns Tag und Stunde des Kommens Jesu mitteilte. Die lebenden Heiligen, 144.000 an der Zahl, kannten und verstanden die Stimme ... („Frühe Schriften von E. G. White", S. 13)

Aus diesem Überblick läßt sich schlußfolgern, daß die 144.000 zunächst noch nicht versiegelt sind. Aber was ist dann das Siegel

Gottes, und wie unterscheidet sich das Siegel des Paulus vom Siegel des Johannes?

Das Siegel Gottes

Ein Siegel steht für Verwahrtes, es schützt und garantiert Beständigkeit dessen, was da versiegelt ist. Paulus erklärte den Christen in Ephesus, daß sie versiegelt worden seien „für den Tag der Erlösung". (Eph 4,30) Das besagt, daß ihre Erlösung verbürgt ist.

Die Heilige Schrift bestätigt, daß Christen sich ihrer Erlösung gewiß sein können (siehe Jo 10,27.28; 1 Jo 5,12.13). Sicher meinte das Paulus, als er von der Versiegelung des Volkes Gottes zu seiner Zeit sprach. Ihre Erlösung war verbürgt.

Wodurch unterscheidet sich davon das Endzeitsiegel des Johannes?

Bekanntlich skizziert Offenbarung 13 und 14 den Ablauf der Weltgeschichte bis zum Ende der Gnadenzeit. In diesem Zusammenhang bedeuten Siegel oder Malzeichen des Tieres für alle Menschen, die es erhalten, das Ende der Bewährungszeit. Wer das Siegel Gottes erhält, hat einen Platz in Gottes ewigem Reich, während die anderen, die das Malzeichen des Tieres empfangen, verdammt sind zum ewigen Tod. So bezeugt es auch Jesus in Offenbarung 22,11:

> Wer Böses tut, der tue weiterhin Böses, und wer unrein ist, der sei weiterhin unrein; aber wer gerecht ist, der übe weiterhin Gerechtigkeit, und wer heilig ist, der sei weiterhin heilig.

Das Siegel Gottes und das Malzeichen des Tieres sind Symbole für das Ende der Gnadenzeit. Das von Paulus erwähnte Siegel ist Gottes Zusicherung für die Christen aller Zeiten und besagt, daß ihre Erlösung sicher ist, solange ihre Verbindung mit Gott besteht. Da aber ihre individuelle Bewährungszeit noch nicht zu Ende ist, können sie die Erlösung auch verlieren. Wenn aber die 144.000 versiegelt werden, endet zugleich auch ihre Bewährungszeit, und ihre Erlösung ist für immer und ewig gesichert.

Ist die Zahl 144.000 wörtlich
oder symbolisch zu verstehen?

So fragen Adventisten sehr oft, und leider haben sich viele über diese Frage ereifert. Jede Antwort – ob symbolisch oder konkret – hat ihre Verfechter.

Meine Meinung werde ich hier darlegen, ohne mich auf eine Argumentation einzulassen. Es ist müßig, darüber zu streiten. Hier seien lediglich die Vorstellungen beider Seiten vermittelt, und jeder kann selber entscheiden, welche ihm sinnvoll erscheint.

Eine buchstäbliche Zahl. Wer die wörtliche Auslegung bevorzugt, führt meist zwei Quellen an, die eine in der Bibel und die andere im Schrifttum von E. G. White.

Johannes sagt:

> Ich hörte die Zahl derer, die versiegelt wurden: 144.000,
> die versiegelt waren aus allen Stämmen Israels. (Offb 7,4)

Die Tatsache, daß Johannes die Zahl hörte, legt nahe, daß es eine bestimmte Anzahl von Menschen ist. E. G. White scheint diese Ansicht mit wenigstens einer Aussage zu stützen:

> Bald hörten wir die Stimme Gottes gleich vielen Wassern,
> die uns Tag und Stunde des Kommens Jesu mitteilte. Die le-
> benden Heiligen, 144.000 an der Zahl, kannten und verstan-
> den die Stimme ... („Frühe Schriften von E. G. White", S. 13)

Eine symbolische Zahl. Wer diese Auffassung vertritt, stützt sich auf die Aussage des Johannes, daß es genau 12.000 Versiegelte aus jedem Stamm Israels sein werden. Diese Stämme gibt es heute nicht mehr, so daß die Zahl 12.000 symbolisch sein muß. Warum sollte die Gesamtzahl wörtlich zu verstehen sein, wenn die Teile symbolisch gemeint sind?

Wenn die 144.000 die Gesamtheit aller Menschen repräsentie-ren, die bei Jesu Kommen verwandelt werden (wie einige glauben; siehe der nächste Abschnitt), dann gibt es ein ernsthaftes Problem bei der Auslegung der buchstäblichen Zahl. Ich kann mir nicht vorstellen, daß Gott gesagt hat, soundso viele Menschen und nicht einer mehr überleben das Ende der Gnadenzeit, um Jesus kommen zu sehen. Wenn andererseits die 144.000 eine besondere Gruppe von Menschen repräsentieren, die die Zeit der Trübsal überstehen (siehe nächster Abschnitt), dann räume ich bereitwillig ein, daß die 144.000 auch wortwörtlich verstanden sein können.

Die 144.000 und die große Schar

Offenbarung 7 spricht von zwei Menschengruppen. Über die 144.000 haben wir bereits nachgedacht. In den Versen 9-17 erwähnt Johannes eine „große Schar". Er sagt:

> Danach sah ich, und siehe, eine große Schar, die niemand zählen konnte, aus allen Nationen und Stämmen und Völkern und Sprachen. (Offb 7,9)

Diese Menschen kommen also aus der ganzen Welt – „aus allen Nationen und Stämmen und Völkern und Sprachen". Die Schlußfolgerung, daß die Schar der Erlösten aus allen Zeitaltern kommt, ist wahrscheinlich die naheliegende. Doch gibt es dabei ein Problem, denn Johannes sagt:

> Und einer der Ältesten fing an und sprach zu mir: Wer sind diese, die mit den weißen Kleidern angetan sind [die große Schar], und woher sind sie gekommen?
> Und ich sprach zu ihm: Mein Herr, du weißt es.
> Und er sprach zu mir: *Diese sind's, die gekommen sind aus der großen Trübsal* und haben ihre Kleider gewaschen und haben ihre Kleider hell gemacht im Blut des Lammes. (Offb 7,13.14 – Hervorhebung M. Moore)

Die große Schar wird offenbar genauso durch die Zeit der großen Trübsal gehen wie die 144.000. Damit stellt sich die Frage: Wird nur die eine Gruppe oder werden beide die Zeit der Trübsal

141

erleben? Auch in dieser Frage haben Adventisten unterschiedliche Vorstellungen. Deshalb seien hier die Gründe genannt, die hinter diesen beiden Auffassungen stehen. Nach meinem Dafürhalten ist keine von beiden überzeugend.

Es handelt sich um dieselbe Gruppe. Begründung für die Ansicht, daß die 144.000 und die große Schar ein und dieselbe Gruppe sind, ist eine Aussage von E. G. White:

> Niemand außer den 144.000 kann dieses Lied lernen ... Diese sind's, die gekommen sind aus großer Trübsal ... Sie haben ihre Kleider gewaschen und haben ihre Kleider hell gemacht im Blut des Lammes ... Darum sind sie vor dem Stuhl Gottes und dienen ihm Tag und Nacht in seinem Tempel; und der auf dem Stuhl sitzt, wird über ihnen wohnen. („Der große Kampf", S. 648)

Hier bezeichnet Ellen G. White die 144.000 mit denselben Worten, wie die Offenbarung die große Schar beschreibt. Daraus könnte man schließen, daß sie tatsächlich eine Gruppe sind. Aber wie werden aus zwei Gruppen eine? Die für eine Gruppe plädieren, weisen darauf hin, daß uns Johannes die 144.000 auf Erden zeigt, während die große Schar im Himmel ist. Wenn nun die 144.000 im Himmel sind – so ist festzustellen –, sind sie überhaupt keine begrenzte Zahl, sondern eine zahllose Schar. Diese Ansicht gründet sich auf ein symbolisches Verständnis der Zahl 144.000.

Es sind zwei Gruppen. Beweis für die Existenz von zwei Gruppen ist der große Unterschied zwischen beiden:

Die 144.000	Die große Schar
• Eine bestimmte Zahl	• Eine zahllose Schar
• Aus den Stämmen Israels	• Aus allen Nationen

Die Unterschiede legen nahe, daß uns Johannes verständlich machen will: Es sind zwei Gruppen.

Ein weiteres Argument dafür findet sich in Offenbarung 14,1-5. Dort werden die 144.000 im Himmel beschrieben, und dort wird auch ihre Zahl genannt (siehe Offb 14,1). Dem Anschein nach wird die Unterscheidung der großen Schar und der 144.000 im Himmel beibehalten.

Die davon überzeugt sind, daß die 144.000 und die große Schar zwei Gruppen sind, vertreten außerdem die Meinung, daß die große Schar so wie auch die 144.000 vor dem Ende der Gnadenzeit versiegelt sein werden, obwohl das in Offenbarung 7,9-17 nicht erwähnt wird. Sie müßten versiegelt sein, weil sie nach Abschluß der Gnadenzeit ohne Fürsprecher leben.

Wann werden die 144.000 versiegelt?

Wir haben eben festgestellt, daß die 144.000 versiegelt werden, ehe sich die vier Winde erheben, also bevor die Zeit der Trübsal über die Erde kommt. Wir sollten uns aber mehr darauf konzentrieren, wann das sein wird. Zwei Punkte seien erwähnt.

Wir werden jetzt versiegelt. Die wichtigste Lektion, die wir über den Zeitpunkt des Siegels Gottes lernen sollten, ist folgende: Wir werden genau jetzt versiegelt.

Ellen G. White sagt:

> [Das Siegel ist kein] Zeichen, das man sehen kann, sondern ein Gegründetsein im Glauben, intellektuell und geistlich, so daß es [Gottes Volk] nicht mehr hin- und hergerissen werden kann. (Ellen G. White Comments, „SDA Bible Commentary", Bd. 4, S. 1161)

Das Siegel Gottes ist „ein Gegründetsein im Glauben". Wenn meine Frau und ich uns einen neuen Wirkungsbereich suchen, legen wir alles darauf an, heimisch zu werden. Das dauert gewöhnlich ein bis zwei Jahre.

So braucht auch Gottes Volk Zeit, um im Glauben zu wachsen und gegründet zu sein. Die Beendigung der Gnadenzeit wie auch das Versiegeltwerden sind ein Prozeß und ein Zeitpunkt zugleich. In unserer Bewährungszeit kommt ein Punkt, da sie zu Ende geht, dann sind wir sozusagen versiegelt. Aber auch schon vorher kann gesagt werden, daß wir versiegelt sind. *Versiegelung ist ein Prozeß, der heute geschieht.* Wir können nicht warten, bis die Zeit der endgültigen Versiegelung kommt und uns erst dann vorbereiten. Die Festigung unseres Glaubens muß jetzt erfolgen. Das ist der einzig sichere Weg, die Gemeinschaft mit Jesus auch in der dunkelsten Stunde der Erde zu wahren.

Vor der kleinen oder der großen Zeit der Trübsal? Wenn Johannes sagt, daß die Winde erst blasen, wenn die 144.000 versiegelt sind, spricht er über eine Zeit, in der dieser Vorgang abgeschlossen ist und Gottes Volk die Versiegelung durchlaufen hat. Johannes betont, daß die 144.000 diesen Punkt erreichen, ehe die vier Winde blasen.

Nun noch eine andere Frage. Wenn Johannes von dem Blasen der vier Winde spricht, hat er dann die kleine oder die große Zeit der Trübsal im Auge? Die Antwort aus meiner persönlichen Auffassung ist folgende: Die 144.000 und die große Schar sind zwei Gruppen.

In einem vorangegangenen Kapitel ist dargelegt, daß die letzte Krise vor dem Ende der Gnadenzeit beginnt und über diesen Zeitpunkt hinaus bis zum zweiten Kommen Christi reicht.

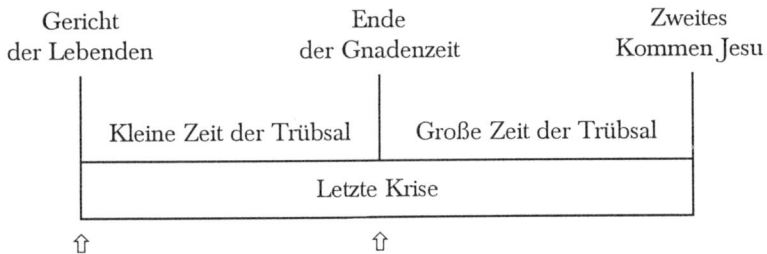

Zu beachten sind in diesem Diagramm die beiden Pfeile unten. Die 144.000 werden vor der Zeit – angedeutet durch den zweiten Pfeil – versiegelt werden.

Im Kapitel über das Ende der Gnadenzeit ist der Hinweis gegeben, daß Gottes Volk der Übrigen zuerst gerichtet wird; die Bewährungszeit für die Übrigen wird abgeschlossen sein, während Gnadenzeit noch für jene besteht, die bislang keine Gelegenheit hatten, die Wahrheit zu hören. Die 144.000 würden demnach als erste versiegelt, denn sie haben die höchste Stufe geistlichen Wachstums erreicht. Die Offenbarung sagt, sie sind „jungfräulich ... und in ihrem Mund wurde kein Falsch gefunden; sie sind untadelig" (Offb 14,4.5). Offenbarung 14,4 bezeichnet sie als „Erstlinge", vielleicht weil sie als erste versiegelt sind.

Sicher möchte Gott, daß wir in den 144.000 Zeugen und Bekenner dieser Warnungsbotschaft sehen. Und die große Schar wird bestehen aus denen, die durch das Zeugnis der Getreuen in letzter Stunde überall auf der Welt für den Herrn gewonnen wurden.

Das steht im Einklang mit der Tatsache, daß die 144.000 Gottes Gemeinde der Übrigen sind, während die große Schar aus allen „Nationen" kommt. Der Grund, weshalb die 144.000 vor der Zeit der kleinen Trübsal versiegelt sein werden, ist darin zu sehen, daß sie die letzte Warnung während der kleinen Zeit der Trübsal zu verkündigen haben.

Das Wichtigste ist jedoch, daß die 144.000 bereits jetzt versiegelt werden. Gottes Siegel ist seine Garantie, daß unsere Zugehörigkeit zu ihm für ewige Zeiten fest bleiben wird. Haben wir aber vor Abschluß unserer Bewährungszeit keine Gemeinschaft mehr mit ihm, ist es unmöglich, daß wir mit seinem Siegel für ewig versiegelt werden. Wir müssen „im Glauben verwurzelt" sein, müssen jetzt wachsen und zur Reife kommen.

Traurig, daß Glieder der Gemeinschaft der Siebenten-Tags-Adventisten mit allen Glaubenslehren bestens vertraut sein können, ohne aber auf der richtigen Seite zu stehen. Versäumen wir nicht in der Gemeinschaft mit Jesus zu wachsen und Frucht zu bringen, bevor die Gnadenzeit zu Ende ist.

Kapitel 14

Die geistliche Erfahrung
der 144.000

Vor ungefähr 25 Jahren besuchte ich ein Jugendtreffen in Texas. Den Namen der Stadt habe ich vergessen, aber ich erinnere mich noch gut an John Thurber, der das Singen leitete. Wir sangen ein Lied über den Strom des Lebens, und vor meinen Augen erstand ein Bild, als wäre ich schon dort und teilte die Freude über das Neue Jerusalem mit meinen Freunden.

Ich erlebte damals gerade eine schwierige Zeit; da war der Gedanke an den Himmel etwas Tröstliches. Die Melodie und der Text des Liedes überwältigten mich so, daß mir Tränen über die Wangen liefen. Ein junger Pastor, der neben mir stand, legte seinen Arm um meine Schultern. Das war wohltuend für mich. Ich mußte einfach an den Himmel denken. Das war heilige Freude.

Und noch immer, wenn ich Loblieder zur Ehre Gottes höre, werden meine Gedanken zum Thron des Allmächtigen gelenkt. Ich sehe mich mit Millionen von Erlösten vor Ihm stehen, zusammen mit den heiligen Engeln, vereint im Lobpreis Gottes und Jesu Christi. In solchen Augenblicken ist mir der Himmel sehr nahe.

Was aber hat das mit den 144.000 zu tun? Tatsächlich alles! Lest, was Johannes in Offenbarung 14 schreibt:

> Und ich sah, und siehe, das Lamm stand auf dem Berg
> Zion und mit ihm Hundertvierundvierzigtausend, die hatten
> seinen Namen und den Namen seines Vaters geschrieben

auf ihrer Stirn. Und ich hörte eine Stimme vom Himmel wie die Stimme eines großen Wassers und wie die Stimme eines großen Donners, und die Stimme, die ich hörte, war wie von Harfenspielern, die auf ihren Harfen spielen. Und sie sangen ein neues Lied vor dem Thron und vor den vier Gestalten und den Ältesten; und niemand konnte das Lied lernen außer den Hundertvierundvierzigtausend, die erkauft sind von der Erde. (Offb 14,1-3)

Eine anbetende Gemeinschaft

Für Adventisten sind die 144.000 gekennzeichnet durch ihren Charakter. Sie sind vollkommen, Überwinder im Kampf mit der Sünde und vorbereitet auf das Ende der Gnadenzeit. Die Zeit der Trübsal werden sie ohne Fürsprecher bestehen.

All das trifft natürlich zu, und in diesem Kapitel wird noch mehr darüber zu sagen sein. Übersehen wir aber nicht, daß die Beschreibung der 144.000 im wesentlichen davon spricht, daß sie vor Gottes Thron anbeten. Die 144.000 werden also vor allem eine betende Gemeinschaft sein. Gehen wir noch einen Schritt weiter: Die 144.000 hätten nie Vollkommenheit erlangt, wären sie nicht ein anbetendes Volk gewesen.

Es ist traurig, daß seit Jahren in unseren Gemeinden gegähnt wird, wenn es um Anbetung geht. Schriften über Anbetung verstauben auf unseren adventistischen Büchertischen. *Das ist wirklich traurig!*

Die Menschen aber, die in der dunkelsten Stunde dieser Erde die dreifache Engelsbotschaft verkündigen, sind eine Gemeinschaft von Betern, die Gott in aufrichtiger Freude loben. Ehe wir nicht gelernt haben, Gott wahrhaftig anzubeten, können wir die Botschaft nicht überzeugend verkündigen.

Der Frühregen kam herab auf die Jünger, *nachdem* sie Gott im Tempel gepriesen hatten und zehn Tage lang im Obergemach eines Hauses einmütig im Gebet beieinander waren (Lk 24,50-53; Apg 2,1-4). Der Spätregen wird eines Tages auf uns herabkommen, aber nur, wenn wir gelernt haben, was es heißt, Gott anzubeten. *Sollten wir den Spätregen je erleben wollen, dann ist eine Erneuerung der Anbetung unerläßlich.*

Wer sich Gedanken darüber macht, der rede mit seinem Prediger. Und wenn es noch andere in der Gemeinde gibt, die auch ein Verlangen danach haben, sollte man gemeinsam zum Prediger gehen. Es ist nicht zu erwarten, daß der Gottesdienst in der Gemeinde dann sofort anders gestaltet wird. Für den Prediger allein wäre das auch eine nahezu unmögliche Aufgabe. Er braucht die Bereitschaft der Gemeinde und die Willigkeit der Glieder, Zeit und Opfer dafür aufzubringen.

Das Wesentliche für eine Erneuerung des Gottesdienstes ist ein fester Zeitplan und die gründliche Vorbereitung auch der geringfügig erscheinenden Einzelheiten. Jede Einzelheit sollte dem großen Anliegen dienen. Das ist wichtig. Man kann keinen dynamischen Gottesdienst erwarten, wenn sich der Älteste und der Prediger schnell noch fünf Minuten austauschen, bevor sie aufs Podium gehen. Alles sollte schon vorher geplant und geprobt werden. Gebete müssen überlegt und Schriftlesungen richtig ausgewählt sein.

Die Teilnahme an solch dynamischen Gottesdiensten sollte zu einem geistlichen Erlebnis für die Gläubigen werden. Christen brauchen jede Woche diese Erfahrung, wenn sie geistlich wachsen wollen. Wer das einmal erlebt habt, wünscht es sich immer wieder. Leider erleben viele adventistische Gemeinden derartige Gottesdienste nur alle paar Monate. Der Grund? Wir sind zu sehr mit den Dingen des täglichen Lebens beschäftigt und wollen unsere Zeit nicht opfern für ein Gottesdienstprogramm, das allen zum Segen wird.

Einige adventistische Gemeinden haben es versucht und sind dafür kritisiert worden. Ich gehöre nicht zu denen, die die sogenannten „Feiergottesdienste" befürworten. Wenn ich sehe, was da vor sich geht, stelle ich manches in Frage, gleichwohl kann ich manchem zustimmen.

Wie wir auch über „Feiergottesdienste" denken mögen, so stimmen wir doch sicher darin überein, daß wir voll Freude Gott loben wollen und daß die Gemeinschaft geistlich belebt werden soll. Die

Offenbarung sagt, daß die 144.000 Gott mit einem Lied loben und ihn anbeten.

Sie sind demnach eine anbetende Gemeinde von Gläubigen. Adventisten, die dereinst unter ihnen sein wollen, sollten ihre Zeit nach Möglichkeit der gemeinsamen Anbetung widmen, solange es noch Tag ist.

Eine vollkommene Gemeinschaft

Anbetung ist das eine Kennzeichen der 144.000, das die Offenbarung erwähnt, Vollkommenheit das andere.

Ellen G. White hat seit Anbeginn ihres Dienstes betont, wie das Volk Gottes sein muß, das die Endzeit durchlebt. Sie sagte: Die das Zeichen Gottes erhalten, müssen vollkommen sein. Hier noch ein Ausspruch für viele andere, die man anführen könnte:

> Suchen wir nach seiner Fülle, streben wir nach dem uns vorgesteckten Ziel – nach der Vollkommenheit seines Charakters? Wenn das Volk des Herrn dieses Kennzeichen erreicht, wird es an seinen Stirnen versiegelt. (Ellen G. White Comments, „SDA Bible Commentary", Bd. 6, S. 1118)

> Das Siegel des lebendigen Gottes wird nur an den Stirnen derer sein, die einen christusähnlichen Charakter haben. (Ellen G. White Comments, „SDA Bible Commentary", Bd. 7, S. 970)

> Wer dieses Siegel empfängt, muß als Anwärter auf den Himmel ohne Flecken vor Gott dastehen. („Schatzkammer der Zeugnisse", Bd. 2, S. 60)

Einige ärgern sich darüber, daß E. G. White die Vollkommenheit des Volkes Gottes betont, wenn es das Siegel Gottes erhalten und nach dem Ende der Gnadenzeit ohne Fürsprecher leben soll. Das riecht manchen zu sehr nach Werkgerechtigkeit. Sie weisen darauf hin, daß Vergebung und Rechtfertigung ausreichen, um das Siegel Gottes zu erhalten.

Andere, die sich streng an E. G. Whites Aussagen halten, sind auf dem Wege, einen extremen Perfektionismus zu entwickeln. Sie halten es für entscheidend, daß jeder Adventist bis zum Ende der Gnadenzeit absolute Sündlosigkeit erreicht. Ihnen fällt es schwer, die theologische Auffassung anderer zu akzeptieren. Aber auch unter denen, die einen extremen Perfektionismus ablehnen, vermute ich eine Vielzahl von Gläubigen, die befürchten, sie könnten nicht gut genug sein.

Zwischen diesen beiden Lagern ist in der Gemeinschaft der Siebenten-Tags-Adventisten ein Meinungsstreit entbrannt und dadurch eine tiefe Kluft entstanden.

Wo liegt die Wahrheit?

Zuerst sollten wir zugestehen, daß Ellen G. White völlig mit der Heiligen Schrift übereinstimmt, wenn sie sagt, daß alle, die das Siegel vor dem Ende der Gnadenzeit empfangen, vollkommen sein müssen. Offenbarung 14,4.5 erwähnt folgende Kennzeichen der 144.000:

- sie sind mit Frauen nicht befleckt
- sie sind jungfräulich
- in ihrem Munde ist kein Falsch gefunden
- sie sind untadelig.

Wer E. G. White dafür kritisiert, daß sie einen solch hohen Maßstab an die charakterliche Haltung des Volkes Gottes in der Endzeit anlegt, sollte begreifen, daß er damit nicht nur Probleme mit E. G. White, sondern auch mit der Bibel hat. Die Schwierigkeit liegt bei uns. Unser Mißverständnis ist das Problem.

Aber wo ist die Lösung dieser schwerwiegenden Frage? Dürfen Christen das Maß der Vollkommenheit als Voraussetzung für den Empfang des Siegels Gottes betonen, ohne dabei Perfektionisten zu sein oder Angst davor zu haben?

Die Antwort liegt darin, daß es zwei Arten von Vollkommenheit gibt. Die eine festigt uns in der Gewißheit der Erlösung, die andere bereitet uns vor auf den Erhalt des Siegels Gottes. Die eine steht am Anfang des christlichen Lebens, die andere am Ende.

Vollkommenheit und Heilsgewißheit. Wenn der Meinungsstreit über die Gerechtigkeit durch den Glauben im Jahre 1888 für unsere Gemeinschaft etwas Positives bewirkt hat, dann insofern, als er uns das Verständnis dafür geöffnet hat, daß Erlösungsgewißheit auf der Grundlage des Glaubens durch Gnade empfangen wird und nicht durch Sündlosigkeit. Die Gemeinschaft mit Jesus ist entscheidend – und nicht die Intensität oder Qualität der Gemeinschaft mit ihm –, sondern daß wir überhaupt eine persönliche Beziehung zu ihm haben.

Warum? Der Glaube, die Voraussetzung eines Lebens mit Jesus, schenkt Sündenvergebung, wandelt das Herz und führt zur Vollkommenheit, die Gott gibt, indem er uns errettet.

E. G. White beschreibt das so:

> Er lebte auf Erden unter den gleichen Prüfungen und Versuchungen, die auch uns begegnen; doch er blieb ohne Sünde. Er starb für uns und ist bereit, unsere Sünden auf sich zu nehmen und uns seine Gerechtigkeit zu schenken. Wenn wir uns ihm weihen, ihn als unseren Heiland annehmen, werden wir – so sündhaft unser Leben auch gewesen sein mag – um seinetwillen gerecht geachtet. Christi Wesen tritt an die Stelle unseres sündhaften Wesens, und wir werden von Gott angenommen, als ob wir nie gesündigt hätten. („Der Weg zu Christus", S. 43)

Das ist mit *Vollkommenheit* gemeint. Wir mögen immer noch Sünden zu überwinden haben, dennoch hält uns Gott für gerecht, weil Christus uns seine Vollkommenheit verleiht. Sein sündloses Wesen bedeckt unsere Sündhaftigkeit. Wenn Gott uns anschaut, sieht er die Vollkommenheit seines Sohnes und nicht unser sündhaftes Wesen. Wir sind nur durch Christus vollkommen.

Diese Vollkommenheit steht jedem Menschen zur Verfügung, und zwar augenblicklich, sobald er Jesus annimmt. Man nennt dies *Rechtfertigung.* Der Verbrecher am Kreuz hatte kaum Zeit, um seine Sünden zu überwinden oder Jesus ähnlich zu werden. Dennoch war er in Gottes Augen vollkommen, weil Jesu Vollkommenheit seine Sündhaftigkeit bedeckte.

Diese Art Vollkommenheit ist das, was die Bibel „das Kleid der Gerechtigkeit Christi" nennt. Ein Kleid ist ein Gewand, das den Körper bedeckt. Wenn wir darin ein Gleichnis für die Rechtfertigung sehen, meinen wir, daß unsere Sünden bedeckt sind.

Natürlich müssen wir begreifen, daß Christi Gerechtigkeit niemals Sünden bedecken wird, die nicht bereut und bekannt sind. Wichtig ist auch die Erkenntnis, daß uns das Kleid der Gerechtigkeit nur so lange gegeben ist, wie wir in der Gemeinschaft mit Jesus bleiben. Das aber setzt voraus, daß wir Tag für Tag unsere Sünden bereuen und bekennen.

Die Gleichnisse der Bibel veranschaulichen die Lehre vom Kleid der Gerechtigkeit. Wir denken an den Vater des verlorenen Sohnes, der das „beste Gewand" herbeibringen ließ, um die Schande seines Sohnes zu bedecken. Völlig verschmutzt war der vom Schweinetrog gekommen (Lk 15,22).

Oder denken wir an die alttestamentliche Geschichte vom Hohenpriester Josua und dem Satan, der ihn verklagte. Da trat der Engel des Herrn auf und entfernte Josuas unreine Kleider, zog ihm Feierkleider an und setzte ihm einen „reinen Kopfbund" aufs Haupt (siehe Sach 3,1-5).[1]

Jesu Gleichnis von dem Hochzeitsgast ohne hochzeitliches Gewand veranschaulicht das Schicksal derer, die sich weigern, das Kleid der Gerechtigkeit Christi anzuziehen (siehe Mt 22,1-14).

Das Kleid der Gerechtigkeit Christi, die Rechtfertigung durch Ihn, wird dem Sünder in dem Augenblick zuteil, wenn er Jesus als seinen Erlöser annimmt. Bleibt er in Gemeinschaft mit Jesus, dann

---

[1] Im Gleichnis vom verlorenen Sohn zieht der Vater das „beste Kleid" über das schmutzige Gewand seines Sohnes. Dadurch wird veranschaulicht, daß Gott den Sünder so annimmt, wie er ist. Wir müssen uns nicht selbst vollkommen machen, wenn wir zu Jesus kommen. Im Gleichnis von Sacharja werden Josuas Kleider ausgezogen, bevor ihm das Feierkleid angelegt wird. Damit wird deutlich, daß Christus uns nicht nur vergibt, sondern auch reinigt (siehe 1 Jo 1,9). Sacharja will damit nicht sagen, daß Gott uns erst annimmt, wenn wir sauber sind; denn nicht Josua mußte sich selbst die schmutzigen Kleider ausziehen, sondern jemand anders bekam den Befehl, ihm die „unreinen Kleider" wegzunehmen (Sach 3,4).

bekleidet ihn dieses Gewand bis zum Tod oder bis zur Wiederkunft
Christi, je nachdem, was zuerst eintritt.

Erlösung wird uns in dem Augenblick zugesichert, in dem wir
Christus als unseren Erlöser annehmen, unsere Sünden bekennen
und ihn um Vergebung bitten. In diesem Augenblick können wir
gewiß sein, daß wir errettet sind. Johannes sagt:

> Wer den Sohn hat, der hat das Leben ... Das habe ich
> euch geschrieben, damit ihr wißt, daß ihr das ewige Leben
> habt. (1 Jo 5,12.13)

*Ohne die Vollkommenheit, die Christus uns bereits am Anfang unseres
christlichen Lebens schenkt, kann keiner errettet werden.* Für diejenigen,
die nach dem Ende der Gnadenzeit ohne Fürsprecher leben müssen, gilt das gleichermaßen wie für diejenigen, die vorher leben.

Vollkommenheit und Versiegelung. Ellen G. White schreibt auch
über den Reifeprozeß in der Nachfolge Jesu:

> Niemals wird das Siegel Gottes auf die Stirn eines Unrei-
> nen gedrückt, niemals auf die Stirn eines ehrgeizigen Mannes
> oder einer weltlichen Frau, niemals auf die Stirn eines dop-
> pelzüngigen Mannes oder einer betrügerischen Frau. Wer
> dieses Siegel empfängt, muß als Anwärter auf den Himmel
> vor Gott ohne Flecken dastehen. („Schatzkammer der Zeug-
> nisse", Bd. 2, S. 60)

> Wer Welt, Fleisch und Teufel überwindet, wird zu denen
> gehören, die das Siegel des lebendigen Gottes empfangen.
> („Testimonies to Ministers", S. 445)

> Nicht mit einem Gedanken gab unser Heiland der Macht
> der Versuchung nach ... Es war keine Sünde in ihm, deren
> sich Satan zu seinem Vorteil hätte bedienen können. Dies ist
> der Zustand, der jenen eigen sein muß, die in der trübseligen
> Zeit bestehen sollen. („Der große Kampf", S. 623)

Diese Art von Vollkommenheit ist allein das Ergebnis einer le-
benslangen Gemeinschaft mit Jesus. Während des ganzen Lebens

bedeckt Christi Vollkommenheit die Unvollkommenheiten unseres Charakters, selbst dann, wenn wir dabei sind, unsere Fehler zu überwinden. Jene, die versiegelt werden, haben die volle Reife Christi erreicht.

Im folgenden Diagramm sind beide Aspekte zusammengefaßt:

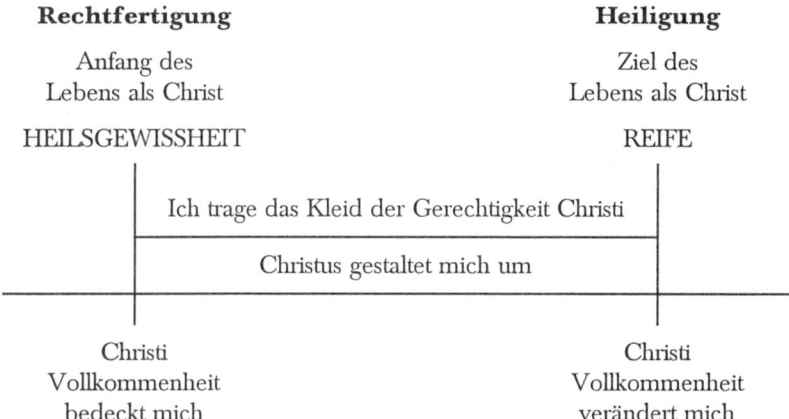

Rechtfertigung	Heiligung
Anfang des Lebens als Christ	Ziel des Lebens als Christ
HEILSGEWISSHEIT	REIFE
Ich trage das Kleid der Gerechtigkeit Christi	
Christus gestaltet mich um	
Christi Vollkommenheit bedeckt mich	Christi Vollkommenheit verändert mich

Leider begegnet man unter Gläubigen der Meinung, man müßte am Ende der Gnadenzeit aus sich selbst vollkommen sein. Eine Frau sagte mir, sie habe immer geglaubt, wir müßten es nach dem Ende der Gnadenzeit ganz allein ohne den Heiligen Geist schaffen. *Das ist ein tragischer Irrtum!*

Charaktervollkommenheit, wie wir sie am Ende unseres christlichen Lebens erreichen, hebt nicht die Bedürftigkeit für die Art von Vollkommenheit auf, die uns am Anfang unseres Glaubensweges zuteil wurde. Rechtfertigung ist immer und allein die einzige Grundlage der Erlösungsgewißheit, zumal in der Zeit der Trübsal.

Zurück zu dem Thema, das im ersten Teil dieses Kapitels behandelt wurde.

Die 144.000, die kurz vor dem Ende der Gnadenzeit versiegelt werden, sind von ganzem Herzen Christen, die Gott freudig anbeten und ihn preisen. Manche Adventisten stehen in der Gefahr, das

Streben nach Vollkommenheit so stark zu betonen, daß sie die Freude und das Glück in Jesus Christus vergessen. Freude aber gehört zur Freiheit in Jesus. Freudige Anbetung ist mit das Wichtigste, was zum Erlangen der Vollkommenheit gehört.

Kritiker der von Freude geprägten Gottesdienste weisen hin auf E. G. Whites Aussage, daß „alle, die weder über ihren eigenen geistlichen Niedergang betrübt sind noch über die Sünden anderer trauern, das Siegel Gottes nicht erhalten werden" („Schatzkammer der Zeugnisse", Bd. 2, S. 54).

Sie beziehen sich darauf, daß Gott die Israeliten in Vorbereitung auf den Großen Versöhnungstag aufforderte, zu fasten und ihre Sünden zu erforschen. Während des himmlischen Großen Versöhnungstages, der 1844 begann, sollten wir das gleiche tun. Freudige Anbetung sei daher nicht vereinbar mit Traurigkeit und Kummer über die eigenen Sünde.

Wir sollten aber bedenken, daß David sein ernstes Sündenbekenntnis zusammen mit einem freudigen Lobpreis Gottes im selben Gebet zum Ausdruck bringen konnte. In Psalm 51,5 sagt er: „Ich erkenne meine Missetat, und meine Sünde ist immer vor mir." Und in Vers 14 heißt es: „Erfreue mich wieder mit deiner Hilfe."

Psalm 51 und Psalm 150 widersprechen sich nicht.

E. G. White selbst hat gesagt, daß sich während der Krise vor dem Ende der Gnadenzeit Millionen dieser Bewegung anschließen werden. Wenn im Himmel Freude ist über einen Sünder, der Buße tut (siehe Lk 15,7), wie groß muß dann die Freude sein, wenn sich Millionen bekehren!

Wird Gottes Volk zu dieser Zeit mit starren Gesichtern dasitzen, weil der Große Versöhnungstag gekommen ist und wir nicht feiern dürften? Oder werden wir uns dem Lobpreis des Himmels anschließen im Dank für die Tausenden – vielleicht Millionen –, die errettet sind?

Noch ein Gedanke, eine Frage: Als der verlorene Sohn heimkehrte, ließ der Vater ein Fest ausrichten, und die ganze Familie feierte – mit einer Ausnahme. Welches Familienglied erhob Einspruch und welcher Charakter wird dadurch repräsentiert?

Wenn wir uns auf das Siegel Gottes und das Ende der Gnadenzeit vorbereiten, sollten wir uns keine düsteren Gedanken über Vollkommenheit machen, so daß uns gar keine Zeit bleibt, Gott mit freudigem Herzen zu loben und anzubeten. Freude ist Teil der Vollkommenheit, und wir stehen in der Gefahr sie zu verlieren, wenn wir diese Freude nicht im Herzen tragen.

Kapitel 15

Der Spätregen

Am 19. August 1991 gab es folgende Schlagzeile in der Presse: „Gorbatschow abgesetzt!" Die Welt hielt den Atem an und fragte sich, was aus Gorbatschow und der aufkeimenden demokratischen Bewegung in Rußland werden sollte. Drei Tage später verkündete das Fernsehen: ‚Gorbatschow ist wieder da!'

Tags darauf las ich, warum der Putsch der kommunistischen „Hardliner" fehlgeschlagen war; und in der folgenden Woche wurde man mit Analysen dieses Falles überschwemmt. Die „Hardliner" hatten versäumt, auch Boris Jelzin gefangenzunehmen, die Verbindung zur Außenwelt abzuschneiden und die Demonstrationen auf den Straßen aufzulösen. Dieser Versäumnisse wegen war der Putsch gescheitert.

Noch immer ist es möglich, Erklärungen abzugeben für alles, was in der Welt geschieht. Aber Christen wissen, daß Gott die Geschichte steuert. Wer die Augen nicht verschließt, der weiß, welche Stunde die prophetische Uhr geschlagen hat, der weiß auch, daß es eine Antwort darauf gibt, weshalb der Kommunismus in Osteuropa Ende 1989 zusammengebrochen und der Putsch der „Hardliner" in Rußland gescheitert ist.

Gott hat das Weltgeschehen in der Hand. *Er bereitet alle – besonders aber sein Volk – auf die Endkrise vor.*

Im Alten Testament steht die Geschichte von Elisas Diener, der frühmorgens aufstand, auf das Dach des Hauses stieg und sah, daß das syrische Heer während der Nacht die Stadt umzingelt hatte. Er lief zu Elisa, und der führte ihn wieder aufs Dach hinauf und bat Gott, er möge dem Diener die Augen öffnen. Plötzlich sah der, daß die Berge rings um die Stadt voll feuriger Rosse und Wagen des Himmels waren (siehe 2 Kön 6,8-17).

Zwar können wir sie nicht sehen, aber die Bibel sagt, daß dieselben Engel die vier Winde halten, damit sie noch nicht über die Erde blasen (siehe Offb 7,1-4). Engel leiten den Verstand und die Herzen von Menschen, und Gott lenkt die Geschichte so, daß sein Werk vollendet werden kann.

Und dieses Werk wird jetzt vollbracht. Nach dem Untergang des Kommunismus ist ein geistlicher Hunger aufgebrochen, der von einem raschen Gemeindewachstum begleitet wird.

Im Monat Juli 1991 wurden allein in Moskau 1.000 Menschen und in der Russischen Föderation insgesamt 3.000 Menschen getauft. (Anfang 1996 gab es 39.200 Adventisten in der Russischen Föderation und 109.889 in der GUS.)

Satan wollte das Werk Gottes in Rußland hindern, aber Gott griff ein und sagte: Nein.

Der Zusammenbruch des Kommunismus in Osteuropa und das explosionsartige Wachstum der Gemeinde sind deutliche Zeichen für die Nähe des Endes und die Ausgießung des Spätregens.

Vielleicht sträubt sich mancher dagegen, politische Ereignisse als Hinweis auf den Spätregen anzusehen. Deshalb sei auf eine biblische Prophezeiung über den Spätregen hingewiesen:

> Und ich sah einen andern starken Engel vom Himmel herabkommen, mit einer Wolke bekleidet, und der Regenbogen auf seinem Haupt und sein Antlitz wie die Sonne und seine Füße wie Feuersäulen. Und er hatte in seiner Hand ein Büchlein, das war aufgetan. Und er setzte seinen rechten Fuß auf das Meer und den linken auf die Erde, und er schrie mit großer Stimme, wie ein Löwe brüllt. (Offb 10,1-3)

Wer hat diese Worte jemals als Prophezeiung auf den Spätregen angesehen? Doch es ist so. Ellen G. White sagte:

Der mächtige Engel, der Johannes unterwies, war kein geringerer als Jesus Christus selbst. Indem er seinen rechten Fuß auf das Meer und den linken auf das Land setzte, umriß er die Gebiete, wo er in der Endphase des großen Kampfes tätig ist. Diese Position deutet Christi allbeherrschende Macht und Autorität über die ganze Erde an. (Ellen G. White Comments, „SDA Bible Commentary", Bd. 7, S. 971)

Die Botschaft in Offenbarung 10 – das ganze Kapitel – macht deutlich, daß am Ende der Zeit Jesus selbst die Herrschaft über sein Werk in der Welt übernehmen wird. Ohne Frage hat er, seit er die Erde verließ, stets durch den Heiligen Geist gewirkt (siehe Jo 16,5-7). Insofern ist diese Vision von Jesus auch eine Vision vom Wirken des Heiligen Geistes am Ende der Zeiten. Er wird Gottes Volk bewegen, der Welt die letzte Warnungsbotschaft zu verkündigen.

Im Mittelpunkt von Offenbarung 10 steht die Verkündigung des Evangeliums. Damit Gottes Werk in der ganzen Welt vorangetrieben und beendet werden kann, müssen Länder, die bislang der Verkündigung des Evangeliums verschlossen waren, geöffnet werden. Christi Verbundenheit mit dieser Erde schließt ein, daß er die Weltgeschichte lenkt, damit sein Werk nunmehr ungehindert vorangehen kann.

Es ist kein Zufall, daß Michail Gorbatschow ganz Rußland von der kommunistischen Herrschaft befreit hat. Sicher hat ihn Gott dazu erwählt. Der Allmächtige hat schon oft Herrscher, die ihn abgelehnt haben, dazu benutzt, seine Ziele mit dieser Welt zu verwirklichen. Deshalb wagen wir zu sagen, daß die Ereignisse in Osteuropa seit 1989 das Ergebnis vom Wirken des Heiligen Geistes in der Kraft des Spätregens sind.

Die Erfüllung der Vision in Offenbarung 10 begann letztlich schon 1844, als Gott die Endzeitbewegung einleitete, um sein Werk zum Abschluß zu bringen. Je näher wir dem Ende der Zeit kommen, desto bedeutungsvoller wird diese Vision. Christi Eingreifen in das Geschehen auf dieser Erde wird durch den Heiligen Geist gewirkt, wenn die Not am größten ist.

Wir sind nicht allein im Kampf mit den Gewalten des Bösen während der Endzeitkrise.

Was ist der Frühregen und der Spätregen?

Wir wollen einen Blick auf die Bedeutung des Spätregens werfen, denn dieser Begriff ist vielleicht nicht allen bekannt.

Die Bibel bedient sich verschiedener Symbole – Wind, Öl, Feuer, Wasser –, um das Wirken des Heiligen Geistes zu veranschaulichen (siehe Jo 3,8; Mt 25,1-13; Apg 2,1-4; Jo 7,38.39). Auch Regen gehört in die Reihe der Bilder für den Heiligen Geist. Deshalb kann man natürlicherweise davon sprechen, daß der Heilige Geist „ausgegossen" wird beziehungsweise auf Gottes Volk „herabfällt".

Unter Adventisten steht der Begriff „Spätregen" für eine besondere Ausgießung des Heiligen Geistes am Ende der Zeit. Dieser Gedanke findet sich zuerst im Alten Testament. In Palästina regnete es zweimal im Jahr, einmal während der Aussaat und dann kurz vor der Ernte des Getreides. Die Propheten des Alten Testaments riefen dazu auf:

> Bittet den Herrn, daß es regne zur Zeit des Spätregens. (Sach 10,1)

> [Gott] wird zu uns kommen wie ein Regen, wie ein Spätregen, der das Land feuchtet. (Hos 6,3)

In biblischer Zeit bezeichnete man mit „Frühregen" die Regenfälle im Herbst, die die Saat keimen und wachsen ließen. Der Spätregen im Frühling vollendete den Wachstumsprozeß und ließ das Getreide ausreifen.

Die Bibel und E. G. White benutzen Früh- und Spätregen als Symbole für das geistliche Wachstum.

Der Spätregen im Leben des Christen. Im Leben des einzelnen Menschen steht der Frühregen für das Wirken des Heiligen Geistes am Anfang der christlichen Erfahrung, für Bekehrung und erste

162

Schritte in der Nachfolge Christi. Der Spätregen versinnbildlicht die Kraft des Heiligen Geistes im Leben des reifen Christen, die ihn zur Vollkommenheit führt.

> Wie Tau und Regen gegeben werden, um die Saat zum Keimen zu bringen, damit sie zur Ernte heranreife, so wird der Heilige Geist gegeben, um das geistliche Wachstum von einer Stufe zur anderen voranzubringen. („Testimonies to Ministers", S. 506)

Christliches Leben erfordert die ständige Gegenwart des Heiligen Geistes. Der Frühregen steht bildhaft für das Wirken des Heiligen Geistes bei der Wiedergeburt und danach während des ganzen christlichen Lebens.

> Bei keinem Schritt in unserem Glaubensleben können wir die Hilfe entbehren, die es uns ermöglicht, überhaupt einen Anfang zu machen. Wir brauchen die im Frühregen empfangenen Segnungen bis ans Ende. („Testimonies to Ministers", S. 507)

Der Spätregen im Leben der Gemeinde. E. G. White benutzt also auch die Begriffe Frühregen und Spätregen, um Gottes Werk für die Gemeinde zu veranschaulichen. Sie verglich den Frühregen mit der Ausgießung des Heiligen Geistes zu Pfingsten, den Spätregen mit einer ähnlichen Bekundung geistlicher Kraft kurz vor dem zweiten Kommen Jesu:

> Mit der Ausgießung des Geistes in den Tagen der Apostel setzte der Frühregen ein, und das Ergebnis war herrlich. („Das Wirken der Apostel", S. 56)

> Wenn in der Endzeit Gottes Werk auf Erden seinem Abschluß entgegengeht, werden die ernsten Bemühungen geweihter Gläubiger unter der Führung des Heiligen Geistes von Zeichen göttlicher Gunst begleitet sein. („Das Wirken der Apostel", S. 55)

Der Frühregen ist also für das Leben des einzelnen wie auch für die Gemeinde von größter Bedeutung. Nun aber wollen wir unser Augenmerk auf den Spätregen richten, weil das in diesem Kapitel wesentlich für uns ist.

Wir werden untersuchen, warum Gott seinen Heiligen Geist in der letzten Zeit auf sein Volk ausgießt.

Bedeutung des Spätregens

Der Spätregen hat eine zweifache Funktion: Er gibt dem einzelnen und zugleich der ganzen Gemeinde Kraft zum Zeugendienst.

E. G. White sagt:

> Die Jünger baten nicht um Segen für sich ... Das Evangelium sollte bis an die Enden der Erde getragen werden, und sie erhoben Anspruch auf die Ausrüstung mit der Kraft, die Jesus ihnen verheißen hatte. Da wurde der Heilige Geist ausgegossen, und Tausende bekehrten sich an einem Tage zu Christus. („Testimonies", Bd. 8, S. 21)

> Was der Herr in der Zeit der Apostel gewirkt hat, ist für seine Gemeinde heute genauso wichtig und unentbehrlich. Was die Apostel taten, sollte jedes Gemeindeglied tun. Wir müssen mit mehr Eifer arbeiten, damit uns der Heilige Geist in einem höheren Maße begleitet, denn die zunehmende Bosheit erfordert auch einen entschiedeneren Aufruf zur Buße. („Testimonies", Bd. 7, S. 33)

Den Gläubigen beizustehen, damit sie geistlich wachsen, das ist ein weiterer Zweck des Spätregens.

Der Heilige Geist wird uns zu der Zeit mit besonderer Kraft erfüllen und uns Schritte ermöglichen, die zu unserer Vervollkommnung nötig sind und uns vorbereiten auf das Ende der Gnadenzeit. Nur so wird man die Zeit der Trübsal ohne Fürsprecher überstehen können.

Der Spätregen und die Endkrise

Eine der tröstlichsten Verheißungen der Bibel finden wir in 1. Korinther 10,13:

> Bisher hat euch nur menschliche Versuchung getroffen. Aber Gott ist treu, der euch nicht versuchen läßt über eure Kraft, sondern macht, daß die Versuchung so ein Ende nimmt, daß ihr's ertragen könnt.

Gott hat verheißen, uns in der Zeit der schwersten Versuchung beizustehen. Die Offenbarung spricht von „der Stunde der Versuchung, die kommen wird über den ganzen Weltkreis" (Offb 3,10). Wir werden Hilfe brauchen, um fest zu bleiben in der Verfolgung; wir sind aufgerufen, Geduld zu bewahren, und wir werden Hilfe brauchen, um die Fragen zu beantworten, die man uns entgegenschleudert. Deshalb hat uns Gott den Spätregen für die Zeit der Endkrise versprochen.

Auch für unser geistliches Wachstum brauchen wir Hilfe, damit wir nach Beendigung der Gnadenzeit ohne Fürsprecher bestehen können. In einem vorausgegangenen Kapitel wurde darauf hingewiesen, daß Gottes Volk in der Enttäuschung von 1844 noch nicht vorbereitet war auf Jesu zweites Kommen. Erst wenn die Gläubigen durch das Feuer des Schmelzers von Sünden gereinigt sind, werden sie bereit sein für die Stunde der Versuchung, die vor ihnen liegt. (siehe „Der große Kampf", S. 427)

Der Heilige Geist, ausgegossen im Spätregen, wird uns während der Endkrise zur vollen Reife des geistlichen Wachstums führen.

Wann wird der Spätregen fallen?

Es ist offensichtlich, daß der Spätregen kurz vor dem Ende der Gnadenzeit auf Gottes Volk herabkommen wird. Aber wann genau wird das sein?

Wir wollen folgerichtig denken: Wenn Gottes Siegel auf die Stirnen derer gedrückt wird, die die Sünde überwunden haben, wenn die letzte Stufe geistlichen Wachstums durch die Kraft des Heiligen Geistes im Spätregen erreicht ist, dann muß der Spätregen logischerweise fallen, bevor Gottes Volk versiegelt wird.

E. G. White sagt:

> Bevor das Werk vollendet wird und Gottes Volk vollständig versiegelt worden ist, wird der Heilige Geist über uns ausgegossen werden. („Für die Gemeinde geschrieben", Bd. 1, S. 116)

Außerdem: Wenn die 144.000 vor der Zeit der Katastrophen versiegelt werden, muß auch der Spätregen vor ihrer Versiegelung ausgegossen sein. Mag sein, daß er auf verschiedene Menschen zu verschiedenen Zeiten fällt, je nach ihrer Bedürftigkeit. Auf die 144.000 wird er bestimmt früher fallen als auf andere, denn sie brauchen ihn eher.

Sicher dürfen wir von einer Zeit sprechen, in der die Ausgießung des Spätregens beginnt; und zugleich erwarten wir, daß er auch am Ende der Gnadenzeit und bis zum zweiten Kommen Christi noch gegeben wird. Das ließe sich folgendermaßen darstellen:

Beginn der Zeit der Katastrophen	Ende der Gnadenzeit	Zweites Kommen Jesu
Spätregen		
144.000 versiegelt	Kleine Zeit der Trübsal	Große Zeit der Trübsal
Endkrise		

Das spontane Wachstum der Gemeinde in Osteuropa ist ein Beweis für die Ausgießung des Spätregens in diesem Teil der Erde. Und wenn wir das dramatische Wachstum unserer Gemeinden in Afrika, Lateinamerika und Teilen Asiens während der letzten Jahre betrachten, haben wir uns zwei ernste Fragen zu stellen: Wenn das wirklich der Anfang des Spätregens ist, steht dann die Endkrise unmittelbar vor der Tür? Die Antwort darauf ist ein eindeutiges Ja.

Zweitens: Wenn der Spätregen derzeit in anderen Teilen der Erde ausgegossen wird, wann ist dann mit einem ähnlichen Gemeindewachstum in Amerika, Westeuropa und Australien zu rechnen? Die Antwort ist einfach: Wenn wir darum bitten. Jesus sagt, daß Gott den Heiligen Geist denen geben wird, die ihn darum bitten (Lk 11,13), und bei Jeremia heißt es: „Wenn ihr mich von ganzem Herzen suchen werdet, so will ich mich von euch finden lassen." (Jer 29,13) Ellen G. White hat gesagt: „Wir sollten so ernsthaft um das Herabkommen des Heiligen Geistes bitten wie die Jünger am Pfingsttag." („Review and Herald", 25. August 1896)

Morgens, mittags und abends wollen wir Gott bitten, den Heiligen Geist in unser Herz und über die Gemeinde auszugießen. Es ist höchste Zeit, daß Gottes Volk auf die Knie geht und sagt: „Vater, die Zeit des Endes ist gekommen, die Zeit ist da, in der du die Herrschaft der Sünde beendest und uns nach Hause holst. Sende den Heiligen Geist in unsere Herzen!"

Was würde geschehen, wenn Gottes Volk in der weiten Welt dieses Gebet Tag für Tag betete?

Ich glaube nicht, daß Gott die Wiederkunft Christi noch lange hinauszögert, nur um darauf zu warten, daß ein Volk um den Heiligen Geist bittet und seine Berufung zum Dienst erkennt. Wenn wir uns weigern, wird Gott bereitwilligere Menschen mit seinem Geist ausrüsten und ihnen das Werk übergeben.

Sicher werden in naher Zukunft auch in unserem Lebensbereich erstaunliche Dinge geschehen. Die Frage ist nur, ob wir daran beteiligt sind oder nicht.

Kapitel 16

Bereit zum Empfang des Spätregens

Wer den Spätregen empfangen will, muß geistlich darauf vorbereitet sein. Wenn wir uns aber treiben lassen, werden wir den Heiligen Geist nie erhalten.

Blieb in biblischer Zeit der Frühregen aus, so konnte die Saat nicht keimen und das Wachstum nicht vorankommen; dann bestand auch nur wenig Aussicht, daß der Spätregen die Reife bringen würde. Es wäre ja gar nichts vorhanden gewesen, was hätte reifen können.

So muß auch die Festigung des christlichen Charakters im Frühregen beginnen; es ist sonst nichts da, was sich im Spätregen vollenden könnte. Wir kennen bereits die Aussage von E. G. White:

> Ist der Frühregen nicht gefallen, kann es kein Leben geben; das grüne Blatt wird nicht erscheinen. Haben die ersten Regenschauer ihr Werk nicht getan, so kann auch der Spätregen die Saat nicht zur Vollendung bringen. („Testimonies to Ministers", S. 506)

Alles, was in den vorangegangenen Kapiteln dieses Buches bereits gesagt ist, gilt auch für die Vorbereitung auf den Spätregen. In diesem Kapitel wollen wir drei Fragen erörtern, die noch nicht behandelt wurden; sie sind aber entscheidend für den Empfang des Spätregens.

Tägliches Gebet

Der Heilige Geist zieht dort ein, wo Bibelstudium und Gebet das Leben des Christen bestimmen.

Was in der Welt geschieht, zeigt uns sehr deutlich, daß das Ende nahe ist. Das bedeutet für uns, daß nichts wichtiger ist als Bibelstudium und tägliches Gebet. Gemeint sind nicht die jeweils zehn Minuten Andacht am Morgen und am Abend. Jeder sollte sich genügend Zeit zum ernsthaften Bibelstudium und Beten nehmen.

Meine Frau und ich haben dafür den Morgen gewählt. Gewöhnlich stehen wir um fünf Uhr auf, eine Stunde früher, als wir aufstehen müßten. Ich lese in der Bibel und bete meist eine Stunde. Mancher mag seine Andachtszeit anders gestalten. Jeder Christ sollte das für sich selber entscheiden.

Man kann die Bibel auf dreifache Art studieren; erstens, indem man sie wie jedes andere Buch liest. Zweitens kann man ein bestimmtes Kapitel auswählen und intensiv forschen, einzelne Verse oder Worte überdenken und das Ergebnis aufschreiben. Drittens bieten sich bestimmte Themen an, die in der Bibel enthalten sind. Besteht ein Problem, so kann man zu ergründen versuchen, was das Wort Gottes dazu sagt. Das wird uns helfen, die Bibel als Führer durchs Leben zu gewinnen.

Manchem Christen fällt es schwer, mehr als nur einige Minuten zu beten. Doch wenn wir Gott bitten, er möge uns zeigen, was nötig ist, damit wir durch die bevorstehende Prüfung kommen, wird solche Gebetszeit zu einem großen Gewinn werden.

Beten sollten wir außerdem für unsere Familie, die Freunde, für die berufliche Arbeit und unsere Kollegen, für die Gemeinde und die weltweite Adventbewegung. Uns ist bewußt, daß die Gemeinde noch weit entfernt ist von der Vollkommenheit.

E. G. White sagt, wir sollten weinen „zwischen Vorhalle und Altar" (Joel 2,17) über die Sünden der Gemeinde. Zwar habe ich noch keine Träne über die Gemeinde vergossen, aber ich bete täglich, daß Gott sie segnen möge. Ich bete namentlich für Menschen und Institutionen und bitte Gott, daß er uns vergibt, wo wir zu kurz gekommen sind und seinem Wort nicht gehorsam waren. Ich bitte ernsthaft um den Spätregen und die baldige Wiederkunft Jesu.

Auch der Sabbat ist wichtig für unser Andachtsleben. Wir sollten unsere Schritte abkehren vom Alltäglichen. Der Sabbat schenkt uns Zeit für geistliche Belange. Wir brauchen die Gemeinschaft im Gottesdienst und die geistliche Erneuerung durch den Lobpreis Gottes und das gemeinsame Gebet. Der Sabbat sollte für jeden Siebenten-Tags-Adventisten ein Stück Vorbereitung auf den Empfang des Spätregens sein.

Sicher geht es uns allen ähnlich. Der Alltag beansprucht uns so sehr, daß es schwerfällt, Zeit zum Beten zu finden. Da ist es am besten, das Gebet fest in den Tagesplan einzufügen. Einige finden vielleicht morgens am ehesten die Zeit dafür, andere abends.

Das schwerste Hindernis für ein gesundes Gebetsleben ist mangelndes Interesse. So sollte es zwar nicht sein, aber wir sind als Menschen mit einer sündhaften Natur und materialistischem Denken ausgestattet.

Was wir sehen, hören und greifen können, ist uns oft wichtiger als die geistlichen Dinge, die unsichtbar sind. Deshalb sollten wir Gott vor allem bitten, daß er unser Herz umwandelt und die Liebe zu ihm erweckt. Da liegt die Lösung des Problems! Nachdem ich gelernt habe, so zu beten und die Zeit für meine Andacht fest einzuplanen, wuchs auch meine Liebe zu Gott.

Persönliches Gebetsleben, Bibelstudium und Sabbatheiligung sind Voraussetzungen dafür, daß wir den Heiligen Geist empfangen. Wenn unser Andachtsleben nicht intakt ist, werden wir auch den Spätregen nicht empfangen.

Einigkeit in der Gemeinde

Für das Wirken des Heiligen Geistes ist ferner die Einigkeit der Gemeinde von größter Bedeutung. Solange wir noch uneins sind, wie es vielerorts der Fall ist, können wir unmöglich den Spätregen empfangen und sind damit außerstande, der Welt die letzte Warnungsbotschaft zu verkündigen.

Mitunter sind örtliche Gemeinden durch innere Streitigkeiten zerrissen. Sie sollten ihre Differenzen ausräumen, sonst werden sie übergangen, wenn der Spätregen kommt. Auch als weltweite Gemeinschaft haben wir die Meinungsverschiedenheiten, die uns zu schaffen machen, gründlich zu bereinigen. All die Streitfragen, ob Feiergemeinde oder nicht, und alle Auseinandersetzungen über die Natur Christi müssen endlich aufhören.

Manche Adventisten halten die Klärung dieser theologischen Fragen und die Gottesdienstgestaltung für sehr wesentlich. Und natürlich sind sie überzeugt, daß alles ihrer Auffassung entsprechend geregelt werden müßte. Um den Spätregen zu empfangen, ist die Klärung dieser Differenzen sicher notwendig. Und wo das der Fall ist, sollten die Auseinandersetzungen in Freundlichkeit und Verständigungsbereitschaft geführt werden, *sonst verpassen wir die Vervollkommnung, die unserer Theologie nach so wichtig ist*. E. G. White schrieb:

> Christen sollten alle Zwietracht beseitigen und sich Gott weihen zur Errettung der Verlorenen. Im Glauben müssen sie um den verheißenen Segen bitten, dann wird er ihnen gegeben. („Schatzkammer der Zeugnisse", Bd. 3, S. 180)

Nach Jesu Himmelfahrt verbrachten die Jünger gemeinsam zehn Tage im Obergemach eines Hauses. Zehn Tage ist nicht viel Zeit, aber sie reichte aus, um einig zu werden und den Frühregen zu empfangen. Nur wenige Wochen zuvor hatten sie noch darüber gestritten, wer wohl der Größte im Reich Gottes wäre. Diese Differenzen waren nun beseitigt.

Unter solch einer Voraussetzung kann Gottes Volk auch heute ungetrübte Einigkeit erlangen. Und wenn wir das tun, werden wir die Kraft des Heiligen Geistes empfangen.

Sündenbekenntnis

Wie kam es im Leben der Apostel zu der erstaunlichen Veränderung, die dem Pfingstfest vorausging? Man könnte verschiedenes nennen, doch wir wollen unser Augenmerk auf das Bekenntnis der Sünden lenken, weil das der Schlüssel ist für unsere eigene geistliche Gesundung und für die Einigkeit der Gemeinde.

Ohne aufrichtiges Sündenbekenntnis und ein Ausräumen der Spannungen, die uns entzweit haben, kann es keine Einigkeit geben; folglich kann dann auch der Heilige Geist nicht ausgegossen werden. Bekennen macht ehrlich und frei. Es reinigt die Herzen, zerbricht die Schranken.

Bekennen ist die hilfreichste und zugleich schwierigste christliche Disziplin. Wie wunderbar aber, wenn sich die Spannungen lösen, die Wunden heilen und der Stolz zerbricht. Schwierig ist es deshalb, weil es dem Stolz des natürlichen Menschen widerstrebt.

Man hätte auch an anderer Stelle über das Bekennen nachdenken können, aber es paßt am besten hierher, weil der Spätregen nur über diejenigen kommen wird, die von Herzen aufrichtig sind und ehrlich vor sich selbst und vor Gott. Wenn wir unsere Sünden nicht bekennen, kann Gott den Spätregen nicht auf uns herabkommen lassen.

Das mag viele beunruhigen, denn Bekennen rührt an die verborgensten Geheimnisse des Menschen; manche halten es daher für fast unmöglich. Andere dagegen sind bereit, die „landläufigen" Sünden wie beispielsweise das Mogeln bei einer Prüfung, das Schwarzfahren im öffentlichen Verkehrsmittel oder den plötzlichen Wutausbruch einzugestehen. Aber die dunklen Geheimnisse in den verborgenen Winkeln des Herzens, die erschreckend oder vielleicht sogar kriminell sind, an die rührt man nicht. Lieber würde man sterben, als es offen auszusprechen, besonders dem gegenüber, dem das Unrecht angetan wurde.

So tragen manche Christen Jahr für Jahr ihre düsteren Geheimnisse mit sich herum. Sie gehen zum Gottesdienst, beten, lächeln und loben Gott; manche haben auch ein Amt in der Gemeinde.

Vielleicht sind sogar Prediger darunter, die jeden Sabbat die Hoffnung der Erlösung verkünden, und dabei wissen sie genausogut wie Gott, daß es in ihrem Leben Verabscheuenswertes gegeben hat. Sie wünschten sich, es wäre nie geschehen, sie möchten am liebsten noch einmal von vorn anfangen. Sie wünschen sich den Mut, alles in Ordnung zu bringen und wissen doch, daß sie Heuchler sind.

Meinungsverschiedenheiten und Streit, die in unseren Gemeinden ausbrechen, haben ihre Wurzeln häufig in uneingestandenen Sünden. Vermutlich entspringen die Kontroversen, die unsere Gemeinschaft am stärksten entzweien, dem schlechten Gewissen der Kritiker.

Sollte jemand unter den Lesern dieses Buches von einer Sünde gequält werdet, die er bisher noch nicht bekannt hat, der merke auf; es gibt eine wunderbare Nachricht für ihn.

Als erstes sollten wir uns vergegenwärtigen, daß Gott uns liebt und nichts sehnlicher wünscht, als daß wir rein, frei und glücklich sind. Das ist sein Ziel für unser Leben, und das möchte er auch verwirklicht sehen.

Zweitens sollten wir zu der Einsicht kommen, daß die Tatsache, in all den Jahren nicht den Mut zum Bekennen gefunden zu haben, nicht etwa bedeutet, man wäre kein Christ. Natürlich gibt es Ausnahmen. Wer verstockt ist und sich auf keinen Fall zu einem Geständnis bereitfindet, wer in der Sünde beharrt und nicht entschlossen ist, damit aufzuhören, der sollte sich allerdings Gedanken machen, ob er überhaupt noch ein Christ ist oder sein will. Wer aber darum kämpft, die Sünde abzulegen, der ist bei Gott angenommen. Und das ist das Beste, was man tun kann.

Beachten wir die Aussage von E. G. White:

> Wenn wir Gott von Herzen gehorchen wollen, wenn wir aufrichtig diesem Ziel zustreben, dann nimmt Jesus dieses Bemühen an als das Beste, was ein Mensch tun kann. („My Life Today", S. 250)

Ehrlich vor Gott müssen wir sein und dürfen ihm nichts vormachen wollen. Wer sich ernstlich nach Befreiung von Sünden sehnt, aber nur nicht weiß, wie er ein Bekenntnis ablegen soll, der ist zweifellos ein Christ.

174

Daß ich so positiv darüber sprechen kann, hat seinen Grund. In meinem Leben gab es Sünden, von denen ich dachte, ich könnte sie nie bekennen. Aber ich habe einen Weg gefunden und weiß, daß Gott bei mir den Prozeß des geistlichen Wachstums gewirkt hat, so daß mein Sündenbekenntnis reifen konnte. Nur wirklich Gläubige können den Punkt erreichen, an dem sie ihre verborgenen Sünden bekennen; Gottes Hilfe ist dabei unerläßlich. Um aber diese Hilfe zu empfangen, muß man aufrichtig sein.

Leider begreifen das nur wenige. Ein Mann erzählte mir einmal, er sei überzeugt, daß der Mensch so lange verloren sei, bis er seine Sünde bekennt. Das ist falsch. Uns allen ist Rettung zugesichert, sofern wir Jesus als unseren Erlöser angenommen haben. Zu diesem Zeitpunkt ist man zwar noch kein reifer Christ; Gott aber sichert uns Erlösung zu bei jedem Schritt unseres geistlichen Wachstums, nicht erst am Ende. Buße, Bekenntnis und Reue sind wie alles im christlichen Leben ein Wachstumsprozeß.

In meiner Studienzeit habe ich an einem Kommilitonen ein Unrecht begangen. Er wußte nicht, daß ich es war, aber mir stand die ganze Zeit vor Augen: Was ich ihm angetan hatte, war verkehrt! Doch allmählich vergaß ich es. 25 Jahre später wurde ich kaum noch von Gewissensbissen geplagt.

Dann aber begann ich eines Tages zu beten: „Herr, zeige mir, was ich erkennen muß, um auf das Ende der Gnadenzeit vorbereitet zu sein." Jahre vergingen, da schoß mir eines Tages der Gedanke durch den Kopf, daß ich diesem Studenten gestehen sollte, was ich ihm damals angetan habe. Allerdings hatte ich das Gefühl, eher sterben zu müssen, als diese Sünde zu bekennen. Also schob ich den Gedanken vor mir her.

Doch Gott war noch nicht fertig mit mir, sondern zeigte mir, daß ich die Sache in Ordnung bringen müßte. Eines Tages war ich endlich bereit und sagte: „Ja Herr, ich will diese Sünde bekennen, aber du kennst auch meine Gefühle und weißt, daß es mir schwerfällt. Wenn ich diese Sünde wirklich bekennen muß, damit zwischen dir und mir alles in Ordnung ist, dann mache du mich bereit dazu."

Gewisse Geschehnisse in den folgenden Monaten verstärkten meine Überzeugung, es tun zu müssen; und so entschloß ich mich endlich, diesen Mann anzurufen, um ein Treffen zu vereinbaren. Die Fahrt zu ihm dauerte etliche Stunden; und je näher ich dem Ziel kam, um so wohler wurde mir.

Als dann der Augenblick gekommen war, da ich ihm gegenüberstand, war nicht nur die Bereitschaft da, sondern sogar *der Wunsch nach einem Sündenbekenntnis*. Und so geschah es.

In einem vorangegangenen Kapitel habe ich darüber gesprochen, daß Gott das Herz des Menschen umwandelt und den Hang zur Sünde wegnimmt. Auch Stolz, der vor einem Bekenntnis zurückschreckt, ist ganz einfach Sünde, von der Gott uns reinigen muß. Und er will es tun – für mich wie für euch.

Hilfestellung für ein befreiendes Geständnis. Es gibt noch andere Grundsätze, die man beim Schuldbekenntnis nicht außer acht lassen sollte.

Es ist wichtig, die Sünde beim Namen zu nennen. Wer etwas gestohlen hat, soll es dem Bestohlenen sagen. Wer unehrlich oder ungerecht war, muß offen zu dieser Sünde stehen. Ein allgemeines Bekenntnis genügt nicht, es sei denn, es kämen dadurch vertrauliche Informationen zutage oder der andere wäre emotional nicht in der Lage, die Angelegenheit zu verarbeiten. Dann ist es am besten, den Rat eines Predigers oder eines christlichen Freundes zu suchen, dem man vertrauen kann.

Bevor die Sünden ausgebreitet werden, sollte Gottes Hilfe erfleht werden. Doch dann sagt dem anderen genau, was ihr getan habt. Verlegt euch nicht aufs Entschuldigen, verniedlicht die Sünde nicht, versucht nicht etwas zu verbergen. Sagt, was passiert ist, auch wenn es peinlich ist. Gott wird euch entgegenkommen so wie mir; und dann werdet auch ihr keinen anderen Wunsch mehr haben, als klar zu bekennen.

Wir müssen gestehen, daß wir gesündigt haben und um Vergebung bitten. Die Bitte um Vergebung ist wichtig! Selbst wenn Vergebung verweigert werden sollte, ist doch euer Teil durch eure Bitte erfüllt.

Wenn andere durch euch Schaden erlitten haben, müßt ihr es wiedergutmachen, soweit es möglich ist. Habt ihr unrechtmäßig etwas genommen, was euch nicht gehört, ist es natürlich zurückzugeben. Ist das nicht mehr möglich, so habt ihr Ersatz zu leisten. Wurde durch euch der Ruf eines Menschen geschädigt, habt ihr die Verdächtigung aus der Welt zu schaffen.

Sünde sollte aber nur vor denen ausgebreitet werden, denen das Unrecht geschah. Dabei kann es sich auch um die ganze Gemeinde handeln.

Wenn jemand euch seine Sünde bekennt. Vielleicht kommt auch jemand mit einem Bekenntnis zu euch; ob ihr nun davon gewußt habt oder nicht: ihr habt dann doppelte Verantwortung.

Erstens: Ihr sollt vergeben. Das klingt leicht, ist aber zuweilen bitterschwer, besonders wenn dadurch empfindlicher Verlust oder Schmerz über euch gekommen war. Habt ihr schon vor dem Bekenntnis von dem Unrecht gewußt, dann könnt ihr in eurem Herzen dem anderen bereits vergeben haben. Christen sollten dazu in der Lage sein. Wenn aber jemand mit seiner Unfähigkeit zum Vergeben schon genauso lange kämpft wie der andere mit seiner Unfähigkeit zum Bekennen, ist ein doppeltes Maß an Versöhnungsbereitschaft erforderlich. Um des eigenen Gewissens willen muß dann vergeben werden, auch für den anderen mit, der gesündigt hat.

Wie jeder Mensch, dem es schwer wird, seine Sünde zu bekennen, braucht auch der andere Zeit für die nötige Umwandlung des Herzens. Dafür gibt es keinen anderen Weg, als Gott die Angelegenheit im Gebet vorzulegen und ihn zu bitten, daß er die Bereitwilligkeit zum Vergeben schenkt. Wo das nicht geschieht, ist die ewige Errettung in Gefahr.

Mit hoher Verantwortungsbereitschaft muß auch die Vertraulichkeit des Bekenntnisses behandelt werden. Wer sein Unrecht gestanden hat, ist mit dieser Information vielleicht ein Risiko eingegangen. Unter keinen Umständen darf der Ruf des anderen durch Indiskretion gefährdet werden. Allerdings gibt es da eine Ausnahme: Ist noch jemand geschädigt worden oder besteht die Gefahr, daß durch Verweigerung die Mißhandlung eines Kindes oder Ehepartners fortgesetzt wird, dann sollte man die Angelegenheit so behandeln, daß nicht noch mehr Schaden entsteht. Vielmehr sollte im Gebet und in der Seelsorge um geistliches Wachstum und Einsicht des gefährdeten Menschen gerungen werden.

Das Bekenntnis eines Menschen dahingehend zu mißbrauchen, daß man meint, man dürfe nun Rache nehmen, ist das Schlimmste, was geschehen kann; denn das bedeutet Verdammung. Wenn der Mensch, der seine Sünde bekannt hat, sich selbst ein Messer in die Brust stößt, darf der andere etwa zur Befriedigung seiner Gefühle dieses Messer nicht noch umdrehen. Bekennen und Vergeben muß eine befreiende Wirkung haben. Wer das Bekenntnis eines anderen benutzt, um Rache zu üben, hat selbst ein reumütiges Bekenntnis dafür abzulegen.

Ist eine Gemeinde gespalten, so sollten beide Seiten aufeinander zugehen. Haben die Feindseligkeiten hohe Wellen geschlagen, dann gibt es keine Heilung, bevor sich nicht beide Gruppen demütigen. Wichtig ist, daß einer mit dem Bekennen beginnt; dann folgen meist die anderen diesem Beispiel. Schon eine einzige Person kann eine Gemeinde zu tiefer geistlicher Erneuerung führen.

Meinungsverschiedenheiten über Lehre und Lebensweise – oft die Auslöser für Gemeindespaltungen – sind am schwierigsten zu beheben. Beide Seiten sind überzeugt, absolut im Recht zu sein. Ein Zugeständnis würde in ihren Augen einer Verleugnung der Wahrheit gleichkommen.

Das ist für Christen, die einen strengen Lebensstil verfechten, oft ein Problem. Sie halten sich sogar für befugt, andere, die weniger strikt leben, zu verurteilen. Ihren Fanatismus halten sie für gerechtfertigt. Doch hinter derartigen Gefühlen lauert meist geistlicher Stolz, der auch bereut und abgelegt werden muß.

Für Prediger ist es mitunter besonders schwer, ihre Sünden zu bekennen; aber von einem Prediger sollte man erwarten können, daß er frei ist von Stolz und Eifersucht. Doch Prediger sind auch nur Menschen; das muß ihnen die Gemeinde zugestehen. Es ist ein guter Grundsatz, wenn diejenigen, die da meinen, sie hätten die geringste Schuld an einem Konflikt, den ersten Schritt zur Versöhnung tun.

Zurück zum Spätregen

Zwei Gründe, weshalb im Zusammenhang mit dem Spätregen ein Nachdenken über das Sündenbekenntnis unverzichtbar ist: Erstens: Gottes Volk braucht den Spätregen, um die charakterliche Reife zu erlangen, die für das Ende der Gnadenzeit nötig ist. Es ist aber unmöglich, den Heiligen Geist in der Fülle des Spätregens zu empfangen, wenn es noch Sünde in unserem Leben gibt, die wir kennen, aber nicht bekannt haben.

Wir haben gelernt, daß Gott sein Werk in uns weiterführt, indem wir geistlich wachsen und willig werden, selbst schwere Sünden zu gestehen. Dazu ist uns bereits der Frühregen gegeben.

Und es gibt noch einen Grund, der besagt, daß ein Bekenntnis für den Empfang des Spätregens unbedingt erforderlich ist. Ohne Sündenbekenntnis gibt es keine Einigkeit in unseren Familien und Gemeinden.

Der Spätregen kann nicht auf Menschen fallen, die wegen mangelnder Reue und Einsicht getrennt leben. Noch viel weniger kann es zur Einmütigkeit kommen, wenn Sünden immer wieder die Zwietracht befestigen. Erst durch Vergebung und Demut, die aus dem Herzen kommen, wird Einmütigkeit in Gottes Volk einziehen. Dann wird uns Gott durch die Kraft des Spätregens zur geistlichen Reife und Vollkommenheit führen.

Kapitel 17

Die Sichtung

Stellt euch vor, Los Angeles wird von „dem großen Erdbeben" heimgesucht, das man seit zwanzig oder dreißig Jahren erwartet. Angenommen, 800.000 Menschen sind tot, zweimal so viele verletzt, und wenigstens ein Viertel der Einwohner müßte ins Krankenhaus. Aber es gibt keine Krankenhäuser; die meisten sind zerstört. Alle Transportmittel im Umkreis sind unbrauchbar, die Brücken größtenteils beschädigt, Flughäfen unerreichbar. Da gibt es nur noch eine Möglichkeit, um Hilfe zu bringen: Hubschrauber.

Das Ausland, darunter auch Deutschland und Japan, bietet Hilfe an. Doch eine Woche später wird Japan von einem Erdbeben heimgesucht, das in Tokio schlimmere Zustände hinterläßt als in Los Angeles. Fünf Tage später gibt es in Westeuropa ein Erdbeben; Berlin wird schwer beschädigt. Hilfsquellen für die Vereinigten Staaten fallen aus. Jede Nation ist auf sich allein gestellt.

Gleichzeitig ist ein kleiner Asteroid im Herzen Brasiliens niedergegangen, hat den ganzen Dschungel des Amazonas in Brand gesetzt; und am Rande des Pazifik sind Vulkane ausgebrochen. Als Folge dieser Katastrophen kommt es zu einer Klimaveränderung auf der ganzen Welt, dadurch wiederum werden Wirbelstürme, Orkane und Taifune ausgelöst.

Am Morgen nach dem Aufprall des Asteroiden unterbricht der Fernsehreporter seine Berichterstattung über diese Naturkatastrophen, um den Zuschauern zu sagen, daß der Präsident der Vereinigten Staaten um 10 Uhr eine Erklärung abgeben will. Niemand weiß, was er sagen wird, aber man spekuliert, daß eine internationale Konferenz einberufen werden wird, die sich mit den verheerenden Folgen der Katastrophen befaßt.

Keiner aber ist gefaßt auf das, was der Präsident nun erklärt:

„Guten Morgen, Amerika! Ihr wißt, daß entsetzliche Naturkatastrophen unseren Planeten schwer getroffen haben. Die Welt ist wirtschaftlich, politisch und religiös gelähmt, die Umwelt verschmutzt. Am meisten aber lähmt uns die Angst! Wir wissen nicht, ob uns noch Schlimmeres bevorsteht. Die Auswirkungen dieser Katastrophen sind so beunruhigend, daß das Leben der Menschheit auf dem Spiel steht. Es ist Zeit, daß sich unser Land und die ganze Welt die Frage stellt: Ist Gott zornig auf uns? Was will Gott uns sagen? ...

Aufgrund der extremen geistlichen Konsequenzen dieser Katastrophen habe ich dem Generalsekretär der Vereinten Nationen nahegelegt, den Papst sowie die Repräsentanten aller großen Weltreligionen zu einer Konferenz der politischen Führer der ganzen Welt einzuladen ...

Ich weiß, daß diese Initiative ein Kompromiß ist gegenüber dem seit langer Zeit bewährten amerikanischen Prinzip der Trennung von Kirche und Staat. Doch in einer Krise dieses Ausmaßes sollten wir nichts unversucht lassen. Die Entscheidungen des Obersten Gerichtshofes sind bei der Auslegung der religiösen Paragraphen in letzter Zeit erheblich flexibler gewesen. Und das ist zu begrüßen ...

Ich danke jedem für die gewährte Unterstützung, nicht nur dieser Nation, sondern der ganzen Welt. Wir alle haben uns anzustrengen, um mit diesen Katastrophen, die die Zivilisation bedrohen, fertig zu werden."

Das ist eine erfundene Geschichte, aber wenn die Zeit der Katastrophen kommt, *wird es ähnlich sein*. In diesem Buch ist wiederholt darauf hingewiesen worden, daß die Bibel und E. G. White gewaltige Katastrophen voraussagen, die am Ende der Zeit die Erde ungewarnt überfallen werden – Naturkatastrophen, die an den Rand des Ruins führen. So schlimm das auch sein mag, es ist noch nicht die letzte große Prüfung. Die beginnt erst mit dem Versuch, mit diesen Katastrophen fertigzuwerden.

Weil die Politiker die religiöse Dimension dieses Geschehens erahnen, werden sie nach geistlichen Lösungen suchen. Doch wir wissen nur zu gut, daß jede geistliche Lösung, angeboten von dieser Welt, falsch sein wird. Die Prüfung beginnt, wenn Gottes Volk sich weigert, an den Versuchen mitzuwirken, die eine Lösung mit geistlichen Mitteln herbeiführen sollen.

Es kommt zur großen letzten „Sichtung", von der Siebenten-Tags-Adventisten seit 150 Jahren sprechen. Die Welt wird in zwei Lager gespalten; die Gnadenzeit geht zu Ende, und Jesus kann kommen.

Was ist Sichtung?

In der adventistischen Tradition bedeutet „Sichtung" eine Zeit, in der die Gemeinde verlassen wird von denen, die keine wahren Nachfolger Christi sind.

Noch gibt es zwei Gruppen von Menschen in der Gemeinde: wahre Christen und Namenschristen, Bekehrte und Unbekehrte. Die Sichtung wird sie voneinander scheiden. Ellen White sagt:

> Bald wird Gottes Volk die Feuerprobe bestehen müssen, und ein großer Teil derer, die jetzt den Schein der Echtheit und Wahrheit haben, werden sich als unedles Metall erweisen. („Schatzkammer der Zeugnisse", Bd. 2, S. 24)

Die „Feuerprobe" ist der Grund für diese Sichtung, und es wird auch gesagt, wann sie stattfinden wird: „Wenn die Zeit kommt, in der Gottes Gesetz nicht mehr als verbindlich angesehen wird, brechen über die Gemeinde schwere Prüfungen herein." („Für die Gemeinde geschrieben", Bd. 2, S. 378)

Ellen White hat oft auf eine Zeit hingewiesen, in der Gottes Gesetz aufgehoben werden wird; wahrscheinlich meint sie damit etwas ganz Konkretes, nämlich die Sonntagsgesetze. Das bedeutet aber nicht, daß nicht auch andere Weisungen, die im Widerspruch zu Gottes Gesetz stehen, verordnet oder erlassen werden. Amerikas große Sünde, durch die seine nationale Bewährungszeit beendet werden wird, ist der Erlaß eines Gesetzes, das den Sonntag als den wahren Sabbat hinstellt. Unter amerikanischer Führung wird die Welt diesen Tag der Anbetung erzwingen.

Vielleicht werden die Sonntagsgesetze, speziell in den Vereinigten Staaten, schon vor der „Zeit der Katastrophen" erlassen. Doch Sonntagsgesetze, die vor der Endkrise in Kraft treten, bewirken wahrscheinlich keine große Sichtung unter dem Volk Gottes, sondern eher das Gegenteil, nämlich ein Zusammenrücken der Gläubigen.

Die Sonntagsgesetze, die nach Beginn der Endzeitkrise als Reaktion auf die Katastrophen erlassen werden, gehören zu den Anstrengungen der Mächtigen in der Welt, Gott zu besänftigen. Wer nicht mitwirkt an diesen Gesetzen, wird nicht nur des Verrats am eigenen Land bezichtigt, sondern als Feind der Menschheit hingestellt. Wenn diese Zeit da ist, wird das Zusammengehen mit der Mehrheit als vernünftig erscheinen. Geld-, Gefängnis- und schließlich die Todesstrafe werden als rechtmäßig erachtet für alle, die sich weigern, den Weg der Mehrheit zu gehen.

Ellen White sagt nicht genau, wann Satan in dieser Endkrise als Christus auftreten wird. Wir wissen aber, daß der Spiritismus der machtvollste religiöse Anführer bei dem Versuch sein wird, die Menschheit vor den schrecklichen Auswirkungen der Gerichte Gottes angeblich retten zu können. Der Gedanke, daß dem Satan hörige Menschen auftreten werden, die sich als außerirdische Wesen ausgeben, um die Menschheit vor der Vernichtung zu bewahren, ist durchaus logisch.

Es ist anzunehmen, daß sich diese Dämonen nicht sichtbar zeigen werden, sondern durch „Radioteleskope" oder andere Technologien „Kontakt aufnehmen", um so ihr Erscheinen zu legitimieren. Vielleicht künden sie ihr Kommen auch schon vorher an, so daß sie erwartet werden. Weil Wissenschaftler die Möglichkeit einer Kommunikation mit „Außerirdischen" beweisen können, wird man der Verführung zum Opfer fallen; und weil Wissenschaftler, die Hohenpriester unserer Gesellschaft, daran glauben, werden auch alle anderen daran glauben.

Natürlich werden auch ein paar „Radikale" da sein, die die Unverfrorenheit besitzen, das alles als Verführung Satans hinzustellen, wo doch die ganze Welt der Meinung ist, daß die Menschheit jede Hilfe bitter nötig hat, ganz gleich woher sie kommt. Es kann nicht oft genug betont werden, daß man weithin der Überzeugung sein wird, die Gesetze gegen Gottes Volk hätten durchaus ihre Berechtigung. Man wird die Gläubigen als Fanatiker und Verräter bezeichnen. Ellen White sagt, daß „gewissenhafter Gehorsam gegen Gottes Wort als Empörung angesehen wird" („Der große Kampf", S. 608):

> Wenn der Sturm herannaht, werden viele, die sich zur dritten Engelsbotschaft bekannt haben, aber nicht durch den Gehorsam gegen die Wahrheit geheiligt worden sind, ihren Standpunkt aufgeben und sich zu den Reihen der Gegner schlagen. („Der große Kampf", S. 609)

> In der Zeit wird die Klasse der unbelehrbaren Oberflächlichen, deren Einfluß den Fortgang des Werkes ständig verlangsamt hat, den Glauben aufgeben. („Schatzkammer der Zeugnisse", Bd. 2, S. 146)

> Diejenigen, die eine große Erkenntnis und kostbare Vorrechte innehatten, sie aber nicht nutzten, werden unter Vorwänden von uns gehen. („Testimonies", Bd. 6, S. 400)

> Wenn die Zeit kommt, in der Gottes Gesetz als nicht mehr verbindlich angesehen wird, brechen über die Gemeinde schwere Prüfungen herein. Mehr Christen, als wir heute für möglich halten, werden sich verführerischen Geistern öffnen und dämonische Anschauungen übernehmen. („Für die Gemeinde geschrieben", Bd. 2, S. 378)

In diesem letzten Zitat sagt Ellen White, daß „mehr Christen, als wir heute für möglich halten, sich verführerischen Geistern öffnen und dämonische Anschauungen übernehmen" werden. Jesus warnte ebenfalls, daß am Ende der Welt falsche Christusse „wenn es möglich wäre, auch die Auserwählten verführten" (Mt 24,25). Für einige wird das zutreffen – fragt sich nur: für wen?

Wer wird in der Sichtung bestehen?

Man kann mit Recht annehmen, daß alle, die zum Volk Gottes gehören, heute davon überzeugt sind, dereinst unter den Getreuen zu sein. Wenn sich aber mehr als vermutet der Gegenseite anschließen, stehen wir vor der Frage: Wer wird sich wachrütteln lassen und auf Gottes Seite treten? Und wer wird sich dem Feind anschließen? Gibt es eine Gewähr dafür, daß wir nicht nachgeben, wenn der Druck zunimmt?

Jesus beantwortet diese Fragen mit seinen Gleichnissen vom Ende der Welt. In Matthäus 24,37-39 zieht er Parallelen zwischen den Tagen Noahs und der Zeit des Endes. Er sagt:

> Denn wie es in den Tagen Noahs war, so wird auch sein das Kommen des Menschensohns. Denn wie sie waren in den Tagen vor der Sintflut – sie aßen, sie tranken, sie heirateten und ließen sich heiraten bis an den Tag, an dem Noah in die Arche hineinging; und sie beachteten es nicht, bis die Sintflut kam und raffte sie alle dahin –, so wird es auch sein beim Kommen des Menschensohns.

Essen, Trinken und Heiraten ist nicht verkehrt. Doch Jesus weist darauf hin, daß die Menschen vor der Sintflut so von den Dingen des täglichen Lebens in Anspruch genommen waren, daß sie die Vorbereitung für die bevorstehende Krise versäumten. Sie spotteten sogar darüber, daß eine solche Krise kommen könnte. Das Gleichnis von den zehn Jungfrauen veranschaulicht das gleiche. Die törichten Jungfrauen vergeudeten die Zeit, in der sie sich hätten Öl besorgen sollen.

Auch wir nehmen uns nicht genügend Zeit für die Gemeinschaft mit Jesus. Das Gleichnis von den anvertrauten Zentnern macht das deutlich. Die gewissenhafte Erfüllung der täglichen Pflichten gehört in das Leben der Nachfolger Jesu; und das Gleichnis von den Schafen und Böcken weist darauf hin, daß auch Hilfe für die in Not Geratenen in unsere Verantwortung eingeschlossen ist.

Ellen White bekräftigt, was nötig ist, um auf die Sichtung vorbereitet zu sein. Acht Aussagen von ihr wollen die Gründe aufzeigen, weshalb so viele den Glauben aufgeben werden.

Die Klasse der unbelehrbaren Oberflächlichen, deren Einfluß den Fortgang des Werkes beständig verlangsamt hat, wird den Glauben aufgeben. („Schatzkammer der Zeugnisse", Bd. 2, S. 146)

Wer das große Licht und kostbare Vorrechte besessen, diese aber nicht genutzt hat, wird Einwände vorbringen und aus mancherlei Gründen von uns gehen. („Testimonies", Bd. 6, S. 400)

Wenn durch das Aufkommen irrtümlicher Lehren die Sichtung erfolgt, gleichen oberflächliche Bibelleser, die nirgendwo verankert sind, dem Flugsand. Sie gleiten in ein Verhalten, das ihren Gefühlen der Bitterkeit entspricht. („Testimonies to Ministers", S. 112)

Alle, die nicht willig sind, kühn und unbeugsam für die Wahrheit einzustehen und für Gott und sein Werk Opfer zu bringen, werden ausgesichtet werden. („Frühe Schriften von Ellen G. White", S. 41)

Wer Schritt für Schritt den weltlichen Forderungen nachgibt und sich den weltlichen Sitten anpaßt, wird eher den Mächten des Bösen nachgeben, als sich dem Spott, der Beschimpfung, der drohenden Gefangennahme oder dem Tod auszusetzen. („Testimonies", Bd. 5, S. 81)

Wer keine Liebe zur Wahrheit hat, wird durch die Verführung des Feindes hinweggerafft. Sie werden den verführerischen Geistern und Lehren des Teufels Beachtung schenken und sich vom Glauben trennen. („Testimonies", Bd. 6, S. 401)

Die Sorglosen und Gleichgültigen, die sich nicht denen angeschlossen hatten, die den Sieg und das Heil so hoch schätzten, daß sie anhaltend darum flehten und Seelenangst erduldeten, gewannen den Sieg nicht und wurden in Finsternis gelassen. („Frühe Schriften von Ellen G. White", S. 258)

Wir nähern uns einer Krise, in der mehr als zu jeder anderen Zeit seit Anbeginn der Welt die völlige Weihe eines jeden erforderlich ist, der den Namen Christi führt. („Gospel Workers", S. 323)

Haltet fest an der Gemeinschaft mit Jesus

Wir haben verschiedene Aspekte der geistlichen Erfahrung erörtert, die unverzichtbar sind für Gottes Volk, wenn es die Verbindung zu Jesus in der dunkelsten Stunde der Erde bewahren will. Hier sei nun alles noch einmal zusammengefaßt.

Rechtfertigung. Die Gemeinschaft eines Menschen mit Jesus beginnt bei seiner Bekehrung. Wem die Sünden vergeben sind, der ist gerechtfertigt. Rechtfertigung bedeutet, daß Gott uns die Sünden vergibt und uns annimmt, als hätten wir nie gesündigt. Christi Sündlosigkeit wird uns zugerechnet, und er selbst bezeichnet uns als gerecht, auch wenn unser Charakter noch Flecken aufweist. In diesem Augenblick ist uns die Errettung und der Eingang in Gottes ewiges Königreich sicher. Diese Garantie ist natürlich bedingt und hängt nicht von unserer Leistung ab, sondern von der Aufrechterhaltung unserer Gemeinschaft mit Jesus. Von ihm aus wird die Verbindung nie abgebrochen werden; uns aber stellt er es frei, ob wir bei ihm bleiben oder nicht.

Die Überzeugung, daß Christen errettet sind von dem Augenblick an, da sie Jesus als ihren Erlöser angenommen haben, ist von großer Bedeutung. Errettung ist nicht mit einem Lichtschalter zu vergleichen, den wir einschalten, wenn wir Ja zu Jesus sagen, und den wir jedesmal abschalten, wenn wir eine Sünde begehen. Gott, der uns annimmt, weiß, daß unser Charakter Mängel hat und daß noch viele „Reparaturen" nötig sind. Er weiß auch, daß das geistliche Wachstum Zeit kostet und daß der bekehrte Christ die Reife an sich geschehen lassen muß.

Es gibt einen triftigen Grund dafür, daß das Volk Gottes der Endzeit die Rechtfertigung uneingeschränkt verstehen muß, denn eine der größten Gefahren, in die Christen hineingeraten können, ist der Zweifel an der Festigkeit ihrer Verbindung zu Jesus. In friedlichen Zeiten, wie wir sie heute durchleben, sind die meisten nicht von Zweifeln angefochten, sondern leben aus ihrer christlichen Erfahrung. Die Prüfungen der Endzeit aber können nur bestanden werden durch bedingungslosen Glauben an Gott und Jesus Christus. Wer Zweifel hegt, ob Gott ihn annimmt, steht in Gefahr, in Zeiten der Trübsal von Prüfungen überrollt zu werden, ganz zu schweigen von den Anfechtungen in der Zeit der großen Trübsal.

Heute haben wir zu lernen, daß Gottes Liebe zu uns Sündern Bestand hat. Es ist Zeit für die Erkenntnis, daß „Gott uns trotz unserer Unvollkommenheit" liebt. Hier liegt die unabdingbare Voraussetzung für die Zeit der Sichtung und alle damit verbundenen Prüfungen.

Heiligung. Für Gläubige, die durch die Endkrise gehen, wird eine Stufe der charakterlichen Reife notwendig sein, die heute nur wenige aufweisen. Unsere Bewährungsprobe wird ähnlich sein wie die des Herrn vor seiner Kreuzigung. Als ihn die römischen Soldaten ans Kreuz nagelten, sagte er: „Vater, vergib ihnen, denn sie wissen nicht, was sie tun!" So kann nur einer mit einem umgewandelten Herzen sprechen. Unbekehrte Menschen verfluchen Gott und ihre Peiniger, wenn Schwierigkeiten über sie kommen.

Es ist nicht leicht, Gott darum zu bitten, daß er eitle Wünsche, hochmütigen Eigensinn und ungerechtfertigte Bitterkeit in uns auslösche, damit wir gewillt sind, zu all dem Nein zu sagen. Doch wenn wir es heute nicht lernen, wird es morgen zu spät sein.

Wir werden in Gemeinschaft mit Jesus leben und seine Wesensart annehmen. Wer lebenslang seine Charakterfehler entschuldigt hat, anstatt Gott um Kraft zur Umkehr zu bitten, wird feststellen müssen, daß es immer schwerer wird, sich aus alten Bindungen zu lösen. Wenn die Sichtung da ist, werden viele weggehen.

Ellen White sagt deutlich, daß dann unser Charakter und unsere Beweggründe geprüft werden:

Jetzt sichtet Gott sein Volk und prüft ihre Absichten und ihre Ziele. Viele werden nur Spreu sein und kein Weizen; sie sind wertlos. („Testimonies", Bd. 4, S. 51)

Bald wird Gottes Volk Feuerproben bestehen müssen, und ein großer Teil derer, die jetzt den Schein der Echtheit und Wahrheit haben, werden sich als unedles Metall erweisen. („Schatzkammer der Zeugnisse", Bd. 2, S. 24)

Laßt erst Widerstand sich erheben, religiösen Fanatismus und Unduldsamkeit wiederum das Zepter führen und Verfolgung aufs neue einsetzen, dann werden die Halbherzigen und Heuchler wanken und ihren Glauben aufgeben; der wahre Christ aber wird feststehen wie ein Fels mit einem stärkeren Glauben, einer größeren Hoffnung als in den Tagen des Wohlergehens. („Der große Kampf", S. 603)

Wenn der Verfolgungssturm losbricht, werden die treuen Schafe die Stimme ihres wahren Hirten hören ... Angesichts der allgemeinen Gefahr wird der Kampf um die Vorherrschaft aufhören, es wird keinen Streit mehr geben, wer der Größte ist. („Testimonies", Bd. 6, S. 401)

Weil wir nach Abschluß der Bewährungszeit ohne Fürsprecher leben, müssen wir die Sünde überwinden und Christi Wesen widerspiegeln. Das ist der eine wesentliche Grund. Der andere: Damit wir Gott in der Sichtung treu sind, wollen wir fest bleiben in der Gemeinschaft mit Jesus. Das ist das einzige, was uns durch diese Zeit bringt.

Kapitel 18

Der laute Ruf

Seit 150 Jahren versuchen wir, möglichst viele Menschen davon zu überzeugen, daß unsere Botschaft biblisch begründet ist.

Während der letzten Jahrzehnte hat unsere Gemeinschaft beträchtliche Fortschritte gemacht; die gegen uns bestehenden Vorurteile wurden weithin abgebaut. Heute sind wir anerkannt und werden besser verstanden als je zuvor. Wir sind dankbar dafür, daß das Vertrauen zu uns gewachsen ist, daß man uns respektiert.

Kritiker in der Gemeinde machen uns das leider zum Vorwurf und vergessen offensichtlich Ellen Whites Ratschlag:

> So sollten die Nachfolger Christi beim Herannahen der trübseligen Zeit jede Anstrengung unternehmen, sich dem Volk gegenüber ins richtige Licht zu setzen, das Vorurteil zu entkräften und die der Gewissensfreiheit drohende Gefahr abzuwenden. („Der große Kampf", S. 617)

Denkt daran: Wenn die Zeit der Katastrophen kommt und die römisch-katholische Kirche sich bemüht, die politische Kontrolle über die ganze Welt zu gewinnen, wie sie sie einst über Europa hatte, werdet ihr dann zu euren Nachbarn gehen und sagen: „Dies ist das Tier, das Johannes in Offenbarung 13 gesehen hat"?

Werdet ihr öffentlich – bei evangelistischen Vorträgen oder im Rundfunk – „die heimliche aber rasche Zunahme der päpstlichen Macht entlarven"? („Der große Kampf", S. 607) Was werdet ihr sagen, wenn ein Reporter euch das Buch „Der große Kampf" vor die Füße wirft und fragt: „Glaubt Ihre Gemeinschaft das, was in diesem Buch steht?"

Vor etlichen Jahren hörte ich, wie ein Prediger am Sabbatmorgen sagte: „Es kommt der Tag, an dem unsere Kapellen so voll sein werden, daß die Leute stehen müssen."

Ich dachte bei mir: „Ist dir bewußt, welche bittere Feindseligkeit wir deshalb werden erdulden müssen?" Wenn die ganze Welt ein schillerndes Wesen anbetet, das von sich behauptet, Christus zu sein, wer wird dann den Mut haben, mit dem Finger darauf zu weisen und zu sagen: „Das ist Satan"? Das aber ist die eigentliche Bedeutung des „lauten Rufs" und der „letzten Warnung". Leider sind sich die meisten dessen nicht bewußt.

Wir müssen uns heute Gedanken machen, was wir morgen sagen wollen. Wohl wird uns der Heilige Geist eingeben, was wir reden sollen, wenn die Zeit kommt (siehe Mt 10,19.20). Aber wenn wir nicht aufpassen, vermittelt uns das allgemeine Öffentlichkeitsbewußtsein so eine Selbstzufriedenheit, daß wir vielleicht zögern, unseren Standpunkt zu vertreten. Wir denken, wir müßten unser gutes Image verteidigen.

Während der Endkrise wird es aber kein gutes Image geben. Das Buch „Der große Kampf" macht das ganz deutlich. Das heißt nicht, daß wir taktlos sein sollen. Im Gegenteil, wir werden mehr Feingefühl brauchen als je zuvor. Die Fragen, die man an uns richtet, werden uns zwingen, die Wahrheit zu sagen oder unseren Glauben zu verleugnen. Wer lebenslang auf das gute Image der Gemeinde bedacht war und nach weltweiter Anerkennung strebte, wird im schlimmsten Fall der Versuchung erliegen, dieses gute Image zu wahren durch eine Unterdrückung der Wahrheit.

Der Zweck des lauten Rufs

Nachdem wir einen Blick geworfen haben auf die Schwierigkeiten bei der Verkündigung der Botschaft während dieser Zeit, wollen wir uns über den lauten Ruf informieren. Der Ausdruck „der laute Ruf" stammt aus Offenbarung 18,1.2, wo Johannes sagt:

Danach sah ich einen andern Engel herniederfahren vom Himmel, der hatte große Macht, und die Erde wurde erleuchtet von seinem Glanz. Und er rief mit mächtiger Stimme: Sie ist gefallen, sie ist gefallen, Babylon, die Große, und ist eine Behausung der Teufel geworden und ein Gefängnis aller unreinen Geister und ein Gefängnis aller unreinen Vögel und ein Gefängnis aller unreinen und verhaßten Tiere.

So erschreckend diese Worte auch klingen mögen, sind sie doch zur Errettung der Menschen bestimmt. Ellen White sagt: „Die letzte Botschaft der Barmherzigkeit soll der Welt die Liebe Gottes offenbaren." („Bilder vom Reiche Gottes", S. 36)

Um zu begreifen, daß diese schrecklichen Worte des Johannes tatsächlich Gottes liebevolles Wesen offenbaren, sollten wir den Textzusammenhang beachten.

Christi zweites Kommen wird in die dunkelste Stunde der Weltgeschichte fallen, wenn die Bosheit der Menschen so groß geworden ist, daß er nicht länger zusehen kann. Die Empörung gegen Gott wird ihren Höhepunkt erreicht haben. Die Welt wird von New Age so angetan sein, daß man glaubt, alles tun und lassen zu können, was gefällt, solange man sich dabei wohl fühlt. Doch dieser Weg wird ins Verderben führen.

Wie könnte man diesen Leuten sagen, daß Gott sie liebt und darauf wartet, daß sie ihre Sünden bekennen und sich nicht gegen ihn auflehnen? Wie sollte man ihnen deutlich machen, daß die Gnadenzeit bald abgelaufen ist und sie ihre Entscheidung treffen müssen, weil die dann endgültig ist? Wie müßte man das sagen, wenn Gefangennahme und Tod über den Köpfen schwebt?

Gläubige Christen sollten natürlich über Gott sprechen, aber auch über alles, was die Bibel über Sünde, Gerechtigkeit und Gericht sagt.

Die Verwüstung der Erde, durch die Endkrise verursacht, wird Gottes letzte Mahnung sein, die Bewohner dieser Erde mit seiner Liebe zu erreichen.

Beachten wir folgendes Zitat und die hervorgehobenen Worte:

Unglücke werden kommen – schreckliche und unerwartete Unglücke; eine Zerstörung wird der andern folgen ... Wenn aber die Getäuschten weiterhin ihre gewohnten Wege gehen, das Gesetz Gottes mißachten und Lügen verbreiten, dann wird Gott es zulassen, daß sie schweres Unglück erleiden, *damit sie endlich wach werden ...*

Der Herr wird nicht plötzlich alle Übertreter umbringen oder ganze Nationen vernichten; er wird Städte und Orte strafen, in denen sich die Menschen satanischen Kräften unterworfen haben. Mit den Städten wird besonders streng verfahren werden; und doch wird sie der Herr nicht mit vollem Zorn treffen, denn *einige werden sich noch von den Betrügereien des Feindes lösen, Buße tun und sich bekehren.* Die Mehrheit aber wird den Zorn Gottes bis zum endgültigen Tag des Gerichts anhäufen. („Evangelism", S. 27 – Hervorhebung: M. Moore)

Einige werden aufmerken und reagieren, wenn wir ihnen erklären, was wirklich vor sich geht: nämlich Gottes Gericht. Sie werden diese Worte beherzigen und an die Stelle derer treten, die den Glauben aufgegeben und uns verlassen haben. Die Warnungsbotschaft ist nämlich zugleich eine Botschaft der Liebe Gottes.

Die Macht des lauten Rufs

Vorangestellt sei ein Abschnitt aus der Offenbarung, wo erklärt ist, was es für Gottes Volk bedeuten wird, den lauten Ruf zu verkündigen.[1]

Und ich will meinen zwei Zeugen Macht geben, und sie sollen weissagen tausendzweihundertsechzig Tage lang, angetan mit Trauerkleidern ... Und wenn ihnen jemand Schaden

---

[1] In Offenbarung 11,1-6 wird meiner Meinung nach der laute Ruf beschrieben, da dieser Abschnitt unmittelbar der Beschreibung in Offenbarung 10 folgt, wo es um den Spätregen geht (vgl. Kapitel 15 in diesem Buch). Die Kräfte, die mit der Französischen Revolution freigesetzt wurden, erreichen kurz vor dem Abschluß der Gnadenzeit ihren Höhepunkt, wenn es zu einem heftigen Widerstand gegen den lauten Ruf und die letzte Warnung kommt.

tun will, so kommt Feuer aus ihrem Mund und verzehrt ihre
Feinde; und wenn ihnen jemand Schaden tun will, muß er
so getötet werden. Diese haben Macht, den Himmel zu ver-
schließen, damit es nicht regne in den Tagen ihrer Weissa-
gung, und haben Macht über die Wasser, sie zu Blut zu
verwandeln und die Erde zu schlagen mit Plagen aller Art,
sooft sie wollen. (Offb 11,3-6)

Beachten wir zweierlei: (1) Sie werden die Botschaft verkünden,
und zwar in Säcke gekleidet – das ist ein Symbol der Trauer. (2) Niemand kann sie aufhalten.

Das veranschaulicht die gewaltige Macht, die den lauten Ruf be-
gleiten wird. Nur wer mit dieser Kraft ausgerüstet ist, kann sich den
wütenden Feinden gegenüber behaupten. Doch nicht eigene Kraft
wird sie in die Lage versetzen, sondern die Kraft des Spätregens.
Das folgende Zitat kennzeichnet die Art und Kraft der Botschaft,
die verkündet wird:

In jedem Zeitalter hat Gott seine Diener gesandt, um die
Sünder zu bestrafen, nicht allein in der Welt, sondern auch
in der Kirche. Das Volk aber wünscht sanfte Reden zu hören, und die lautere, ungeschminkte Wahrheit ist nicht beliebt. Viele Reformatoren beschlossen bei Beginn ihres Wirkens, mit großer Vorsicht gegen die Sünden der Kirche und
des Landes vorzugehen ... Aber der Geist Gottes kam über
sie, wie er über Elia kam und ihn antrieb, die Sünden eines
gottlosen Königs und eines abtrünnigen Volkes zu tadeln; sie
konnten sich nicht zurückhalten, die deutlichen Aussagen
der Bibel, selbst die Lehren, die sie vorzubringen zögerten,
zu predigen. Sie mußten die Wahrheit und die Gefahr, die
den Seelen drohte, eifrig verkündigen. Die Folgen nicht
fürchtend, sprachen sie die Worte, die der Herr ihnen ein-
gab, und das Volk war gezwungen, die Warnung anzuhören.
(„Der große Kampf", S. 606.607)

Dieses Zitat sagt alles: Es zeigt Gottes Liebe sowie die Sündhaftigkeit der Menschen und weist hin auf die Kraft, mit der die letzte

Warnung unter der Kraft des Spätregens von Gottes Volk in die ganze Welt getragen werden wird.

Die Aufgabe wird nicht leicht sein:

> In dieser Zeit der Verfolgung wird der Glaube der Diener des Herrn geprüft werden. Sie haben im Blick auf Gott und sein Wort die Warnung treulich verkündet; Gottes Geist wirkte an ihren Herzen und zwang sie zu reden. Von heiligem Eifer angeregt und vom Geist Gottes mit Macht getrieben, gingen sie an die Ausführung der ihnen aufgetragenen Aufgaben, ohne die Folgen zu bedenken, die ihnen durch die Verkündigung des ihnen von Gott eingegebenen Wortes erwachsen könnten.
>
> Sie waren weder auf ihr irdisches Wohlergehen bedacht, noch haben sie danach getrachtet, ihren guten Ruf oder ihr Leben zu bewahren, dennoch werden manche, wenn der Sturm des Widerstandes und der Schmach über sie hereinbricht, von Bestürzung überwältigt, bereit sein auszurufen: Hätten wir die Folgen unserer Worte vorhergesehen, sie wären ungesagt geblieben.
>
> Sie sind ringsum von Schwierigkeiten umgeben. Satan bestürmt sie mit grimmigen Versuchungen. Die Aufgabe, die sie in Angriff genommen haben, scheint ihre Fähigkeiten weit zu übersteigen, um sie vollenden zu können. Man droht ihnen, sie umzubringen. Die Begeisterung, die sie beseelte, ist dahin; sie können nicht mehr den Weg zurückgehen. Dann flehen sie, sich ihrer äußersten Ohnmacht bewußt, zu dem Allmächtigen um Kraft. Sie erinnern sich, daß die Worte, die sie gesprochen haben, nicht ihre eigenen Worte waren, sondern die Worte dessen, der ihnen befohlen hatte, die Warnung zu erteilen. Gott pflanzte die Wahrheit in ihre Herzen, und sie konnten nicht anders, sie mußten sie verkündigen. („Der große Kampf", S. 609.610)

Doch das kann nur geschehen, wenn der Heilige Geist unser Herz im Spätregen erfüllt.

Die einzige Möglichkeit, gewappnet zu sein für die dunkelste Stunde der Erde, ist die Vorbereitung heute.

Der Erfolg des lauten Rufs

Siebenten-Tags-Adventisten glauben, daß sie von Gott berufen sind, ihre Mitmenschen zu warnen und auf diese Ereignisse vorzubereiten. Weltweit soll die Erkenntnis geweckt werden, daß das Ende der Geschichte nahe bevorsteht und jeder, der sich ewiges Leben wünscht, nur noch wenig Zeit hat.

Das ist heute unsere Botschaft und wird es auch weiterhin sein. Ellen White nannte es „die letzte Gnadenbotschaft an eine Welt, die dem Untergang geweiht ist." („Testimonies to Ministers", S. 313)

Die Rettungsbotschaft geht seit 6.000 Jahren über diese Erde, aber schon bald – in wenigen Jahren – wird alles vorbei sein! Und wenn die Katastrophe kommt, ist nur noch wenig Zeit zur Rettung.

Der laute Ruf ist die machtvollste geistliche Botschaft, die je an die Welt gerichtet wurde; machtvoll in dem Sinn, daß der Feind sie nicht aufhalten kann, weil sie vom Spätregen begleitet wird. Tausende, vielleicht Millionen werden die Wahrheit erfassen, und „eine große Schar stellt sich auf die Seite des Herrn" („Der große Kampf", S. 613). Die Macht dieser Botschaft wird durch zwei Säulen gestützt: den Heiligen Geist und die Weltereignisse.

Der Heilige Geist. Auch wenn sich die Haltung der amerikanischen Protestanten zu unserer Gemeinschaft in der letzten Hälfte des zwanzigsten Jahrhunderts positiv verändert hat, gibt es noch immer viel Skepsis. Man ist zwar freundlich zu uns und respektiert uns als aufrichtige Christen, aber vielfach meint man, wir seien doch ein bißchen sonderbar. Ohne den Heiligen Geist kann der Mensch die Wahrheit eben nicht begreifen. Unter dem Spätregen aber wird der Verstand aufgeschlossen.

> Die Botschaft wird nicht so sehr durch Beweisführungen als durch die tiefe Überzeugung des Geistes Gottes verbreitet werden. Die Beweise sind vorgetragen worden, der Same ist ausgestreut und wird nun aufsprießen und Frucht bringen. Die durch Missionare verbreiteten Druckschriften haben ihren Einfluß ausgeübt; doch sind viele, deren Gemüter ergriffen waren, verhindert worden, die Wahrheit völlig zu verstehen

197

oder ihr Gehorsam zu leisten. Nun dringen die Lichtstrahlen überall durch, die Wahrheit wird in ihrer Klarheit gesehen, und die aufrichtigen Kinder Gottes zerschneiden die Bande, die sie gehalten haben. Familienverhältnisse und kirchliche Beziehungen können sie nicht zurückhalten. Die Wahrheit ist köstlicher als alles andere. („Der große Kampf", S. 613)

In Kapitel 15 wird der Überzeugung Ausdruck verliehen, daß der Spätregen vor der „Zeit der Katastrophen" eintreten wird und mit zunehmender Macht bis zum Ende der Gnadenzeit anhält. Sogar in Ländern, wo es heute wenig Resonanz auf die Verkündigung des Evangeliums gibt, wird der Heilige Geist eine ungewöhnlich große Schar von Menschen in Gottes letzte Botschaft einbeziehen; erst dann wird die letzte Krise beginnen. Das mag auch für moslemische Länder gelten.

Ereignisse in der Welt. Unsere Botschaft wird heute vielfach abgelehnt, weil manche sie als zu sensationell erachten. Die Erfüllung unserer prophetischen Auslegung scheint unglaubhaft. Aber wenn die Vorhersagen wirklich eintreffen, wird man unsere Botschaft in einem ganz anderen Lichte sehen.

> Einige lesen das Buch [„Der große Kampf"] und werden erweckt. Sie haben den Mut, sich sofort mit denen zu verbinden, die Gottes Gebote halten. Aber eine viel größere Zahl von Lesern wird keine Stellung dazu nehmen, bis sie die Ereignisse erkennen können, die das Buch vorhersagt. („Mit dem Evangelium von Haus zu Haus", S. 122)

> Da aber die Frage der Erzwingung der Sonntagsfeier überall erörtert wird, sieht man das so lange bezweifelte Ereignis näherkommen, und die dritte Engelsbotschaft wird eine Wirkung hervorrufen, die vorher nicht da sein konnte. („Der große Kampf", S. 606)

Als Osteuropa in den letzten Monaten des Jahres 1989 aus der kommunistischen Einflußsphäre fiel, fragten sich viele: „Hat Gott eingegriffen?"

Das wird weit mehr während des lauten Rufs der Fall sein:

> Ich sage euch, daß der Herr in diesem letzten Werk auf eine Art und Weise wirken wird, die sich wesentlich von der gewöhnlichen Ordnung und menschlichem Planen unterscheidet. Immer wird es solche unter uns geben, die danach trachten, Gottes Werk zu beherrschen. Sie werden selbst dann noch diktieren wollen, was getan werden soll, wenn das Werk unter der Leitung des Engels vorangeht, der sich in der Botschaft, die der Welt erteilt werden soll, mit dem dritten Engel verbindet. *Gott wird Mittel und Wege haben, um zu zeigen, daß er selbst die Zügel in die Hand genommen hat.* Die Diener Gottes werden staunen über die Einfachheit der Mittel, durch die sein Werk der Gerechtigkeit durchgeführt und zum Abschluß gebracht werden wird. („Testimonies to Ministers", S. 300)

Was wird geschehen, wenn Gott die Leitung seines Werkes auf Erden selbst in die Hand nimmt?

> Wenn göttliche Kraft mit menschlicher Anstrengung verbunden ist, wird sich das Werk wie ein Feuer im Stroh ausbreiten. („Review and Herald", 15. Dezember 1885)

Spätregen und lauter Ruf werden den Höhepunkt dieses Werkes bilden, an dem Siebenten-Tags-Adventisten seit fast 150 Jahre in der Welt stehen.

Oft hat es so ausgesehen, als machten wir kaum Fortschritte. Wie leicht kann man mutlos werden, wenn unsere geringe Gliederzahl mit der Weltbevölkerung verglichen wird. Gott aber sorgt sich gewiß nicht darum; wir sollten es auch nicht tun, sondern vielmehr die Absicht Gottes mit uns während des Spätregens und des lauten Rufs begreifen.

Habt ihr schon einmal eine elektrische Lichterkette auf einen Weihnachtsbaum gehängt? Wenn der Baum voller Lämpchen ist und dann der Stecker in die Dose kommt, leuchten die Lichter auf; der ganze Baum ist voll davon.

Seit 150 Jahren haben Siebenten-Tags-Adventisten „Lichterketten" über die Welt gezogen, und oft kommt es uns vor, als hätten wir nur wenig vollbracht. Wenn aber der Heilige Geist durch den Spätregen der Gemeinde Gottes die entscheidende Kraft verleiht, wird es überall in der Welt hell werden. Die kleinen Lichter werden hell aufflackern, bis die ganze Welt von Licht durchflutet ist.

Kapitel 19

Die Zeit der Trübsal

Offenbarung 17 beginnt mit der Beschreibung eines schrecklichen Tieres, das von einer Hure geritten wird:

> Und es kam einer von den sieben Engeln, die die sieben Schalen hatten, redete mit mir und sprach: Komm, ich will dir zeigen das Gericht über die große Hure, die an vielen Wassern sitzt, mit der die Könige auf Erden Hurerei getrieben haben; und die auf Erden wohnen, sind betrunken geworden von dem Wein ihrer Hurerei. Und er brachte mich im Geist in die Wüste. Und ich sah eine Frau auf einem scharlachroten Tier sitzen, das war voll lästerlicher Namen und hatte sieben Häupter und zehn Hörner. Und die Frau war bekleidet mit Purpur und Scharlach und geschmückt mit Gold und Edelsteinen und Perlen und hatte einen goldenen Becher in der Hand, voll von Greuel und Unreinheit ihrer Hurerei, und auf ihrer Stirn war geschrieben ein Name, ein Geheimnis:
> DAS GROSSE BABYLON
> DIE MUTTER DER HUREREI
> UND ALLER GREUEL AUF ERDEN
> Und ich sah die Frau, betrunken von dem Blut der Heiligen und von dem Blut der Zeugen Jesu. (Offb 17,1-6)

Der Engel, der Johannes diese Hure zeigte, war einer von denen mit den sieben Schalen (oder Plagen). Es ist daher naheliegend, daß die Vision dieses Kapitels zeitlich mit den sieben letzten Plagen zusammenfällt oder ihnen unmittelbar folgt. Da die sieben Plagen mit Christi zweitem Kommen enden, muß die Vision in Kapitel 17 eine zusätzliche Beschreibung zeitgleich mit den Plagen sein. Der zitierte Abschnitt beschreibt also die letzte Krise nach Abschluß der Gnadenzeit.

Das Tier, das Johannes sah, ist dem ersten Tier aus Offenbarung 13 ähnlich, von Adventisten immer als die römisch-katholische Kirche angesehen. Doch es gibt auch die Meinung, daß das erste Tier aus Offenbarung 13 eine Koalition der Weltreligionen (sieben Häupter) unter der Führerschaft der römisch-katholischen Kirche (das tödlich verwundete Haupt) repräsentiert.

Offenbarung 13 beschreibt deutlich den letzten Konflikt vor dem Ende der Gnadenzeit, wo sich die Menschen entweder für das Malzeichen des Tieres oder das Siegel Gottes entscheiden. Vermutlich ist das Tier in Offenbarung 17 dasselbe wie das erste Tier in Offenbarung 13, es steht nur für eine spätere Phase seines Wirkens. So beschreibt Offenbarung 17 den Höhepunkt des religiösen Abfalls in der Welt.

In der biblischen Prophetie ist die Frau immer ein Symbol für die Gemeinde. Eine reine Frau stellt Gottes wahre Gemeinde dar, eine unreine repräsentiert die abgefallene Kirche.

Wir sind zu dem Ergebnis gekommen, daß die Hure in Offenbarung 17 den Höhepunkt des christlichen Abfalls am Ende der Zeit symbolisiert. Diese Frau – die Kirche – hat Ehebruch mit den Königen auf Erden getrieben (Vers 2). Das bezieht sich auf eine ungesetzliche Vereinigung von Kirche und Staat. Die Frau ist außerdem „trunken von dem Blut der Heiligen" (Vers 6); mit anderen Worten: Die rechtswidrige Verbindung mit dem Staat wird das Volk Gottes verfolgen.

Genau das haben Siebenten-Tags-Adventisten als die markanten Ereignisse nach dem Ende der Gnadenzeit beschrieben – mehr noch: Wir haben gesagt, daß unter der gemeinsamen Führung der Vereinigten Staaten und der römisch-katholischen Kirche die Welt ein Todesurteil über jene verhängen wird, die es ablehnen, sich einem verbindlichen Sonntagsgesetz zu beugen.

Diese Koalition von Religion und Regierung ist die Antwort der Welt auf die Gerichte Gottes während der Zeit der Trübsal. Politische Führer, die verzweifelt nach einer Lösung suchen, werden sich in ihren Bemühungen vereinen.

Vor dem Ende der Gnadenzeit wird man Gottes Volk für die hereinbrechenden Katastrophen verantwortlich machen und intensiven Druck auf die Gläubigen ausüben, damit sie ihre Überzeugung aufgeben und sich der Mehrheit anschließen. Ein Zusammenschluß bei der Suche nach Gott wird sehr vernünftig erscheinen. Alle aber, die das verweigern, wird man als Fanatiker und Verräter bezeichnen; in vielen Teilen der Welt werden sie sogar mit dem Tode bedroht. Vor dem Ende der Gnadenzeit wird es wieder Märtyrer geben. (Siehe „Selected Messages", Bd. 3, S. 397).

Gericht nach dem Ende der Gnadenzeit

Gottes Gericht vor Abschluß der Gnadenzeit wird jedoch nur ein Anfang sein. Vor dem Ende der Bewährung und dem Kommen Jesu soll die Welt noch einmal gewarnt werden; wenn aber die Gnadenzeit beendet ist, wird Gott seine schützende Hand völlig zurückziehen.

Die Welt wird seinen unvermischten Zorn erleiden ohne jede Gnade (siehe Offb 14,9-11), und die letzten Strafgerichte, die sogenannten sieben letzten Plagen (siehe Offb 16), werden ausgegossen.

Ellen White schrieb:

> Wenn er [Jesus] das Heiligtum verläßt, liegt Finsternis über den Bewohnern der Erde ... Die Macht, die bis dahin die Gottlosen zurückhielt, ist beseitigt, und Satan herrscht uneingeschränkt über die völlig Unbußfertigen, Gottes Langmut ist zu Ende. Die Welt hat seine Gnade verworfen, seine Liebe verachtet und sein Gesetz mit Füßen getreten. Die Gottlosen haben die Grenzen ihrer Gnadenzeit überschritten; der Geist Gottes, dem sie hartnäckig widerstanden, ist ihnen schließlich entzogen worden. Von der göttlichen Gnade nicht mehr beschirmt, sind sie schutzlos dem Bösen ausgelie-

fert. Satan wird dann die Bewohner der Erde in eine letzte große Trübsal stürzen. Wenn die Engel Gottes aufhören, die grimmigen Stürme menschlicher Leidenschaften im Zaum zu halten, werden alle Mächte des Streites entfessel sein. Die ganze Welt wird in ein Verderben hineingezogen werden, das schrecklicher ist als jenes, das einst über das alte Jerusalem hereinbrach. („Der große Kampf", S. 614.615)

Und wer trägt die Schuld daran?

> Die Gottes Gesetz ehrten, sind beschuldigt worden, Gerichte über die Welt gebracht zu haben [die Gerichte Gottes vor dem Ende der Gnadenzeit]. Sie werden als die Ursache des Streites und Blutvergießens unter den Menschen sowie der fürchterlichen Erschütterungen der Natur angesehen werden, die die Erde mit Leid erfüllen [die Gerichte Gottes nach dem Ende der Gnadenzeit]. Die die letzte Warnung begleitende Kraft hat die Gottlosen in Wut versetzt, ihr Zorn ist geschürt gegen alle, die die Botschaft angenommen haben, und Satan wird den Geist des Hasses und der Verfolgung zu noch größerer Stärke anfachen. („Der große Kampf", S. 615)

Mit großer Wahrscheinlichkeit ist anzunehmen, daß ein universelles Todesurteil noch vor Ausbruch der dritten Plage – die Wasser in Blut verwandelt – erlassen wird. Ellen White sagt: „Indem sie die Kinder Gottes zum Tode verurteilten, haben sie ebenso Schuld auf sich geladen, als wenn sie deren Blut mit ihren eigenen Händen vergossen hätten!" („Der große Kampf", S. 628)

Spiritismus während der Zeit der Trübsal

Satans Strategie in den letzten Tage der Weltgeschichte wird Verführung sein, und die erfolgreichste Methode, deren er sich bedient, der Spiritismus.

Die Bibel kennzeichnet eindeutig die Rolle Satans in den letzten Ereignissen:

Der Böse aber wird in der Macht des Satans auftreten mit großer Kraft und lügenhaften Zeichen und Wundern und mit jeglicher Verführung zur Ungerechtigkeit bei denen, die verloren werden. (2 Th 2,9.10)

Und ich sah aus dem Rachen des Drachen und aus dem Rachen des Tieres und aus dem Munde des falschen Propheten drei unreine Geister kommen, gleich Fröschen: es sind Geister von Teufeln, die tun Zeichen und gehen aus zu den Königen der ganzen Welt, sie zu versammeln zum Kampf am großen Tag Gottes, des Allmächtigen. (Offb 16,13.14)

In dem Kapitel „Die trübselige Zeit" ihres Buches „Der große Kampf" macht Ellen White etliche Aussagen über den Spiritismus während der Zeit der Trübsal.

Vielleicht noch vor dem Ende der Gnadenzeit, bestimmt aber danach, wird Satan als Christus auftreten.

Als krönende Tat in dem großen Drama der Täuschung wird sich Satan als Christus ausgeben ... In verschiedenen Teilen der Erde wird sich Satan unter den Menschen als ein majestätisches Wesen von verwirrendem Glanz offenbaren, das der von Johannes in der Offenbarung gegebenen Beschreibung des Sohnes Gottes gleicht. („Der große Kampf", S. 624)

Zwei andere Aussagen im selben Kapitel sind ebenso bedeutsam.

Furchtbare, übernatürliche Erscheinungen werden sich am Himmel bekunden als Zeichen der Macht wunderwirkender Dämonen. (Ebenda)

Was für furchtbare Erscheinungen werden das sein „als Zeichen der Macht wunderwirkender Dämonen"? Ellen G. White teilt keine Einzelheiten mit. Werden diese Darbietungen satanischer Macht so blendend und überwältigend sein, daß uns allein das unbedingte Vertrauen auf Gottes Wort retten kann?

Durch Filme über Weltraumreisen und „Sternenkriege" zwischen einzelnen Galaxien sind wir heute gewissermaßen auf außerordentliche Geschehnisse im Weltraum vorbereitet. Und wenn eines Tages wirklich außerirdische Wesen diese Erde betreten, werden es Dämonen sein. Die werden dann vermutlich eindrucksvolle Zeichen am Himmel geschehen lassen, um zu „beweisen", daß sie echt sind.

Beweise sind genau das, was man erwartet und verlangt. Satan wird solche Beweise liefern, damit man ihm glaubt. Die Offenbarung sagt, daß er sogar Feuer vom Himmel fallen lassen kann (siehe Offb 13,13). Vor den Augen von Wissenschaftlern wird er es tun, so daß es keiner ableugnen kann. Die Bibel spricht von „lügenhaften Zeichen und Wundern" (siehe 2 Th 2,9; Offb 13,13; 16,14).

Gottes Volk wird solcherart Beweise der Sinne ablehnen müssen. Wir haben sorgfältig zu sondieren, wofür sich die rationale, wissenschaftlich gesinnte Kultur einsetzt. Nur so wird es gelingen, den Spiritismus zurückzuweisen. Ellen White sagt, daß „das Nachgebildete dem Echten so genau gleichen wird, daß es unmöglich ist, beide zu unterscheiden, es sei denn, man lasse sich leiten von der Heiligen Schrift" („Der große Kampf", S. 594).

Flucht an einsame Orte

Zu dieser Zeit wird es unmöglich sein für Gottes Volk, ein normales Leben in der menschlichen Gesellschaft zu führen. Viele werden an einsame Orte fliehen:

> Da das von verschiedenen Herrschern der Christenheit erlassene Gesetz gegen die Gläubigen, die Gottes Gebote halten, diesen den Schutz der Regierung entzieht und sie denen ausliefert, die ihren Untergang wollen, wird Gottes Volk aus den Städten und Dörfern fliehen, sich in Gruppen sammeln und an den ödesten und einsamsten Orten wohnen. („Der große Kampf", S. 626)

Wer nicht flieht, wird ins Gefängnis geworfen.

> Aber viele aus allen Völkern und Ständen, hoch und niedrig, reich und arm, schwarz und weiß, werden außerordentlich ungerechte und grausame Gefangenschaft zu erdulden haben. Die Geliebten Gottes müssen beschwerliche Tage verbringen: in Ketten gebunden, hinter Schloß und Riegel, zum Tode verurteilt, einige anscheinend dem Hungertode überlassen in finsteren und ekelerregenden Verliesen. („Der große Kampf", S. 626)

Es ist schwer vorstellbar, was es heißt, sein Heim verlassen und in die Einsamkeit fliehen zu müssen. Doch die Sicht, daß jeder von uns eines Tages unvermittelt sein Haus verlassen und die Tür hinter sich schließen muß, um nie wiederzukehren, ist durchaus realistisch. Werdet ihr in der Lage sein, alles aufzugeben, was ihr im Laufe der Jahre angesammelt habt, ohne zurückzublicken? Ich weiß, daß ich es eines Tages tun muß. Ich weiß nicht, was ihr davon haltet, aber plötzlich habe ich große Sympathien für Lots Frau (siehe 1 Mo 19,26).

Ellen G. White sah in ihrer Vision im Jahre 1868 tatsächlich das, was auf die trübselige Zeit hindeutet. Da waren Gottes Kinder, die ihre Wagen beluden und auf Reisen gingen. Als der Weg immer schmaler und enger wurde, mußten sie eins nach dem andern aufgeben, bis sie zuletzt barfuß auf einem schmalen Pfad an einer Felsklippe entlanggingen (siehe „Testimonies", Bd. 2, S. 594-597).

Diesem Bericht zufolge werden wir unseren irdischen Besitz nach und nach aufgeben und uns immer mehr auf den Herrn verlassen müssen – weniger auf die Sicherheit, die die Welt bietet. Schließlich bleibt uns nur übrig, allein auf Gott zu vertrauen.

Gottes Kinder werden erleben, „daß sie von jeder irdischen Hilfe abgeschnitten sind" („Das Leben Jesu", S. 106). Die nötigsten Dinge zum Leben – Nahrung, Kleidung und ein Dach über dem Kopf – werden wir nicht mehr erwerben oder bezahlen können.

Durch den Erlaß gegen jegliches Kaufen und Verkaufen (siehe Offb 13,17) wird unser Geld wertlos sein. Da gibt es kein Gesetz mehr, das uns schützt. Das Leben in der Gesellschaft wird unsicher sein und unsere Situation als hoffnungslos eingeschätzt. Ein Wort in Daniel 12,7 beschreibt die Situation des Volkes Gottes in dieser

Zeit: „Wenn die Zerstreuung des heiligen Volks ein Ende hat, soll dies alles geschehen." Gott aber läßt uns nicht allein:

> Einer, der ihre Schwachheit sieht und mit jeder Prüfung vertraut ist, thront über allen irdischen Mächten, und Engel werden sie in ihren einsamen Gefängniszellen besuchen und ihnen Licht und Frieden vom Himmel bringen. Das Gefängnis wird wie ein Palast sein, denn die reich sind im Glauben befinden sich dort; die düsteren Mauern werden von himmlischem Licht erhellt wie damals, als Paulus und Silas im Gefängnis zu Philippi um Mitternacht beteten und Loblieder sangen. („Der große Kampf", S. 627)

> Gott, der für Elia sorgte, wird an keinem seiner sich aufopfernden Kinder vorübergehen. Der die Haare auf ihren Häuptern zählt, wird für sie sorgen, und zur Zeit der Teuerung werden sie genug haben. Während die Gottlosen verhungern und an Seuchen zugrundegehen, beschützen Engel die Gerechten und befriedigen deren Bedürfnisse. („Der große Kampf", S. 629)

Wie können wir standhalten?

Wenn die Welt uns lächerlich macht und mit dem Tode bedroht, wird der unvergleichliche Druck die größte Versuchung für uns sein. Wenn alle über die kleine Schar spotten, die angefochten ist, aber dennoch in Gottes Gunst steht, wird es sehr leicht sein, sich der Mehrheit anzuschließen und zu glauben, daß das Festhalten an solch einem extremen Standpunkt sehr töricht ist.

Werden wir unter diesen Umständen treu bleiben? Nur wenn wir auf unsern Herrn und Erlöser schauen. Jesus hatte seinerzeit eine völlig andere Meinung von dem, was rings um ihn geschah. Und für uns ist es aufschlußreich, den „Realitätssinn" der im Gerichtshof des Kaiphas und Pilatus anwesenden Personen zu untersuchen.

Die Ansicht der Mehrheit. Die Führer der Juden hatten seit Monaten versucht, Christus in ihre Gewalt zu bringen. Nun, da sie ihn ergriffen hatten, waren sie entschlossen, ihn nicht wieder freizulassen.

Die römischen Beamten und Soldaten hielten Jesus für einen bemitleidenswerten Menschen, der sich zur falschen Zeit am falschen Platz befand. Es schien offenkundig, wer den Kampf um die Macht gewinnen und wer ihn verlieren würde. Die Juden selbst waren bereit, Jesus zu opfern, um ihre eigene Macht zu festigen.

In den Augen der Welt war Jesus ein törichter Mann. Er hatte unrecht, und schon bald würde es ein „tödliches" Unrecht sein. Sie hatten gewonnen – er hatte verloren. Das war die Realität aus menschlicher Sicht.

Christi Ansicht. Aber Jesus urteilte nicht vom menschlichen Standpunkt aus. Er sah, was für menschliche Augen unsichtbar war, und wußte, daß sich ein umfassenderer Kampf abspielte. Jesus stand im Blickpunkt des Universums; diese Tatsache war für ihn entscheidend und weit wichtiger als der Prozeß in Jerusalem.

Er kannte seine Aufgabe in diesem weltumspannenden Kampf. Er wußte, wer er war: der Retter der Welt, der den Gott im Himmel vor Satans Anklagen rechtfertigen und ein ewiges Königreich aufrichten sollte.

Jesu knappe Worte in diesen dunklen Stunden gewähren uns einen Einblick in sein Verständnis. Als man ihn gefangennehmen wollte, zog einer der Jünger das Schwert. Aber Jesus sprach: „Stecke dein Schwert an seinen Ort! ... Oder meinst du, ich könnte meinen Vater nicht bitten, daß er mir sogleich mehr als zwölf Legionen Engel schickte? Wie würde dann aber die Schrift erfüllt, daß es so geschehen muß?" (Mt 26,52-54)

Als der Hohepriester Jesus aufforderte, er solle schwören, ob er Gottes Sohn sei, erwiderte er: „Du sagst es. Doch sage ich euch: Von nun an werdet ihr sehen den Menschensohn sitzen zur Rechten der Kraft und kommen auf den Wolken des Himmels." (Mt 26,64)

Zweimal wies Jesus den Statthalter Pilatus auf den umfassenden Konflikt hin. Pilatus fragte ihn: „Bist du der Juden König?"

Jesus antwortete: „Mein Reich ist nicht von dieser Welt. Wäre mein Reich von dieser Welt, meine Diener würden darum kämpfen, daß ich den Juden nicht überantwortet würde; nun aber ist mein Reich nicht von dieser Welt." (Jo 18,33.36)

Später verweigerte Jesus die Antwort. Pilatus drohte: „Weißt du nicht, daß ich Macht habe, dich loszugeben, und Macht habe, dich zu kreuzigen?"

Er betrachtete den Prozeß vom menschlichen Standpunkt aus und meinte: Ich bin es, der hier die Verantwortung hat. Dieser Mann steht unter meiner Gewalt. Er stellt sich gegen die Menge, und die Menge wird gewinnen (siehe Jo 19,10).

Aber Jesus offenbarte dem römischen Statthalter eine umfassendere Sicht: „Du hättest keine Macht über mich, wenn es dir nicht von oben her gegeben wäre." (Vers 11)

Unsere Zeit der Trübsal wird dem Gerichtsverfahren Christi vor dem Hohen Rat und vor Pilatus gleichen. Wenn wir in den weltumspannenden Kampf einbezogen sind, der weit über das hinaus geht, was hier auf Erden zu sehen, zu hören und zu fühlen ist, werden wir den Umfang des Konflikts und unsere eigene Situation richtig einschätzen. Jesus errang den Sieg – und das ist auch uns verheißen.

Ohne den geringsten Zweifel wußte Jesus, daß er der Sohn Gottes und Erlöser der Welt ist, den der Vater zur Aufrichtung des himmlischen Königreichs im gesamten Universum für alle Ewigkeit bestimmt hat. Er offenbarte dem Hohenpriester ein Stück von dieser Sicht, aber der jüdische Oberste wies Christi Anspruch zurück. Zum Zeichen dafür zerriß er seine Kleider, spottete über Jesu Wort und beschuldigte ihn der Gotteslästerung.

Nach menschlichem Urteil hatte der Hohepriester recht, und Jesus war im Unrecht. Doch Christi Glaube reichte weiter. Er hielt sich an das, was Gott gesagt hatte und was seine Aufgabe war.

In der trübseligen Zeit werden wir im letzten Kampf auf der Seite Gottes stehen. Doch das ist für menschliche Augen und Ohren nicht wahrnehmbar. Die Welt wird sagen: „Hier bestimmen wir! Wir haben diese Leute in unserer Gewalt und werden sie nicht freigeben."

Die Frage für uns aber wird zu der Zeit sein: Lassen wir uns täuschen von dem, was sichtbar ist, oder glauben wir an das, was Gott uns offenbart hat?

Und der Drache wurde zornig über die Frau und ging
hin, zu kämpfen gegen die übrigen von ihrem Geschlecht,
die Gottes Gebote halten und haben das Zeugnis Jesu. (Offb
12,17)

Wenn man uns niederschreit, verhöhnt und als religiöse Fanatiker bezeichnet, werden wir auch dann noch glauben, daß wir die Übrigen Gottes sind? Werden wir trotz äußerer Anfechtung nicht vergessen, daß ein großer Kampf zwischen Christus und Satan, zwischen Christi Nachfolgern und Satans Nachfolgern, im Gange ist? Christus hat uns auf seine Seite gerufen, selbst wenn es so aussieht, als befänden wir uns in den Klauen des Feindes.

Glauben wir dem, was Gott uns in der Heiligen Schrift und durch die Gabe der Prophetie offenbart hat? Die Aufgabe des Endzeitvolkes wird der Mission des Elia und Johannes des Täufers sehr ähnlich sein.

Während ich am Familienaltar betete, kam der Heilige
Geist über mich, und ich schien immer höher zu steigen,
weit über die dunkle Welt. Ich sah mich nach den Adventisten in der Welt um, konnte sie aber nicht finden. Da sagte
eine Stimme zu mir: „Sieh noch einmal hin, aber schau ein
wenig höher." Jetzt erhob ich meine Augen und sah einen
geraden, schmalen Pfad, der hoch über der Welt aufgeworfen war.

Auf diesem pilgerten die Adventisten nach der heiligen
Stadt, die am andern Ende des Pfades lag. Hinter ihnen, am
Anfang des Weges, war ein helles Licht, das der „Mitternachtsruf" war, wie mir ein Engel sagte. Dieses Licht schien
den ganzen Pfad entlang und war ein Licht für ihre Füße,
damit sie nicht straucheln möchten. *Jesus selbst ging seinem
Volk voran, um es zu leiten. Solange die Adventgläubigen ihre
Augen auf ihn gerichtet hielten, waren sie sicher.* Aber bald
wurden manche von ihnen schwach und sagten, die Stadt sei
so weit entfernt, und sie hätten erwartet, eher anzukommen.
Jesus ermutigte sie aber, indem er seinen mächtigen rechten
Arm erhob, von dem ein Licht ausging, das sich über die

Adventisten ergoß, und sie riefen: „Halleluja!" Andere ver-
achteten unbesonnen das Licht hinter ihnen und sagten, daß
es nicht Gott gewesen sei, der sie so weit hinausgeführt habe.
Hinter solchen ging das Licht aus und ließ ihre Füße in voll-
ständiger Finsternis. Sie strauchelten, verloren die Wegmar-
kierung und Jesus aus den Augen und fielen von dem Pfad
hinab in die dunkle, böse Welt unter ihnen. („Frühe Schriften
von Ellen G. White", S. 12.13 – Hervorhebung: M. Moore)

Die Menschen auf dem schmalen Pfad stellen Gottes letzte Bewegung auf dieser Erde dar. Das Licht hinter ihnen repräsentiert
den Mitternachtsruf – den Aufbruch, der zur Enttäuschung von
1844 führte.

Für die Menschen zur Zeit Ellen Whites lautete die Frage: Hat
Jesus wirklich dieses Geschehen geleitet, obwohl es am 22. Oktober
1844 anscheinend so unglückselig endete? Doch wer seine Augen
weiterhin auf Jesus richtete, empfing neues Licht, das den ganzen
Pfad erhellte bis hin zur Stadt Gottes, bis zum zweiten Kommen
Christi. Aber wer den Blick abwandte und Jesus aus den Augen
verlor, fiel von dem Pfad hinab in die dunkle Welt.

Das gilt gleicherweise für uns in der dunkelsten Stunde der Erde. Werden wir unsere Augen auf Jesus gerichtet halten? Sind wir
überzeugt, wirklich das Volk der Endzeit zu sein?

An der Gemeinschaft mit Jesus in dieser Zeit festzuhalten bedeutet, daß wir den weltumspannenden Aspekt nicht aus dem Auge verlieren, wie ihn auch Jesus in der dunkelsten Stunde seines
Erdenlebens nie vergaß. Das Vertrauen darauf wird nicht plötzlich
vorhanden sein, sondern wir müssen es pflegen, müssen es wachsen lassen. Nur dann wird es uns in der dunkelsten Stunde sicher
sein und den Sieg gewähren über das Tier und sein Bild und die
Zahl seines Namens. Gott hat es so verheißen.

Kapitel 20

Die „Angst in Jakob"

Selbst Gottes Volk wird nicht wissen, wann die Gnadenzeit zu Ende ist. Doch wir werden es merken, wenn die sieben letzten Plagen hereinbrechen.

Die Bibel sagt, daß Krankheiten mit bösen Geschwüren auftreten (siehe Offb 16,2). Wenn die ganze Welt davon geplagt wird, nur Gottes Kinder nicht, werden wir sicher fragen: „Ist nun die Gnadenzeit zu Ende?" Und wenn ein allgemeines Todesurteil ergeht, dann wissen wir, daß sie tatsächlich abgeschlossen ist. Der Beginn dieser Zeit wird die Angst in Jakob markieren.

> Schließlich wird wider alle, die den Sabbat des vierten Gebotes heiligen, ein Erlaß ergehen, worin sie als der härtesten Strafen würdig hingestellt werden und man dem Volke die Freiheit gibt, sie nach einer gewissen Zeit umzubringen. Der Katholizismus in der Alten und der abgefallene Protestantismus in der Neuen Welt werden in ähnlicher Weise gegen solche vorgehen, die alle göttlichen Gebote ehren. Dann wird Gottes Volk in jene Tage der Trübsal und des Jammers geraten, die von dem Propheten Jeremia als die Zeit der Angst in Jakob beschrieben werden. („Der große Kampf", S. 616)

Adventgläubige haben stets einen Unterschied gesehen zwischen der Zeit der Trübsal und der Angst in Jakob. Die ganze Welt – einschließlich der Kinder Gottes – wird die Zeit der Trübsal erleben;

die sieben letzten Plagen aber werden nur die Gottesleugner treffen. Die Zeit der Angst in Jakob hingegen wird über Gottes Volk kommen als eine geistliche Erfahrung nach Abschluß der Gnadenzeit.

Wir sollten versuchen, so genau wie möglich zu ergründen, was es mit der Angst in Jakob auf sich hat. Ellen White sagt, daß diese Zeit durch das umfassende Todesurteil ausgelöst werden wird. Dieses Todesurteil aber wird vor der dritten Plage erlassen, denn die dritte Plage ist bekanntlich die Strafe für den Befehl, die Getreuen zu töten. Hier der Nachweis für diese Schlußfolgerung:

> So schrecklich diese Plagen auch sein werden, Gottes Gerechtigkeit ist völlig gerechtfertigt. Der Engel erklärt: „Herr, du bist gerecht ... daß du solches geurteilt hast, denn sie haben das Blut der Heiligen und der Propheten vergossen, und Blut hast du ihnen zu trinken gegeben, denn sie sind's wert" (Offb 16,26). Indem sie die Kinder Gottes zum Tode verurteilten, haben sie die Schuld ihres Blutes ebenso auf sich geladen, als wenn es von ihren eigenen Händen vergossen worden wäre. („Der große Kampf", S. 628)

Die Schlußfolgerung daraus: Das Todesurteil wird nicht später als am Ende der zweiten Plage verkündet. Unmittelbar danach beginnt die Zeit der Angst in Jakob. Christi Wiederkunft wird Gottes Volk aus der Gewalt der Bösen befreien, und damit ist die Trübsalszeit zu Ende.[1] Man könnte es folgendermaßen darstellen:

	Todesurteil						
Ende der Gnadenzeit							Zweites Kommen Jesu
			„Angst in Jakob"				
1	2	3	4	5	6	7	
			ZEIT DER TRÜBSAL				

---

[1]   Siehe Anhang am Ende des Kapitels.

Diesem Diagramm zufolge endet die Zeit der Angst in Jakob mit dem Beginn der siebten Plage. Das ist die Zeit des zweiten Kommens Christi und der Befreiung von Gottes Volk aus der Gewalt des Bösen.

Den Begriff „Zeit der Angst in Jakob" haben sich nicht die Adventisten ausgedacht. Er findet sich zuerst bei dem alttestamentlichen Propheten Jeremia, der vermutlich die bevorstehende Zerstörung Jerusalems vor Augen hatte, als er diese Worte schrieb. Die Zerstörung Jerusalems durch die Babylonier ist ohnehin ein häufig benutztes biblisches Bild für das Ende der Welt, besonders in der Offenbarung. Dies sind die Worte, die der Herr zu Jeremia sprach:

> Wir hören ein Geschrei des Schreckens; nur Furcht ist da und kein Friede. Forschet doch und sehet, ob dort Männer gebären! Wie kommt es denn, daß ich sehe, wie alle Männer ihre Hände an die Hüften halten wie Frauen in Kindsnöten und alle Angesichter so bleich sind? Wehe, es ist ein gewaltiger Tag, seinesgleichen ist nicht gewesen, und es ist eine Zeit der Angst für Jakob; doch soll ihm daraus geholfen werden. (Jer 30,5-7)

Jakob war ein alttestamentlicher Patriarch. Jeremia benutzt Jakob als Vorbild und Gleichnis für Gottes Volk, das durch eine Zeit der Trübsal am Ende der Welt hindurchgehen muß. Am wichtigsten für unsere Betrachtung hier sind die Worte: „... doch soll ihm daraus geholfen werden." Gottes Volk muß diese Zeit der Angst durchleben, wird aber dadurch nicht vernichtet, sondern daraus errettet werden!

Warum die Zeit der Angst in Jakob?

Ellen White sieht in der Erfahrung Jakobs ein Gleichnis für das Ergehen des Volkes Gottes während der trübseligen Zeit.

> Jakobs Nacht der Angst, als er im Gebet darum rang, aus der Hand Esaus befreit zu werden, stellt die Erfahrung des

215

Volkes Gottes in der trübseligen Zeit dar. („Der große
Kampf", S. 617)

Jakob hatte viele Jahre vorher seinen Bruder Esau um das Erst-
geburtsrecht betrogen. Nun zog ihm Esau mit einer Schar von
Kriegern entgegen. Der Zorn über den Bruder brannte noch immer in ihm; er wollte Jakob töten.

Vor dem Zusammentreffen mit Esau überquerte Jakob die Furt
am Jabbok und verbrachte dort die Nacht im Gebet.

> Er bekennt seine Sünde und anerkennt dankbar die Gna-
> de Gottes gegen ihn, während er sich in tiefer Demut auf
> den mit seinen Vätern geschlossenen Bund und auf die ihm
> in jener Nacht zu Bethel und im Lande der Verbannung zu-
> teil gewordenen Verheißungen beruft. Der Wendepunkt in
> seinem Leben ist gekommen; alles steht auf dem Spiel. In
> der Finsternis und Einsamkeit fährt er fort zu beten und sich
> vor Gott zu demütigen. („Der große Kampf", S. 617)

Jakob wurde von Esau mit dem Tode bedroht, so wie es Gottes
Kinder von seiten der Feinde erleben werden. Zugleich wird ihnen
ihr sündhaftes Leben bewußt, besonders angesichts der Tatsache,
daß die Gnadenzeit beendet ist und kein Fürsprecher mehr im
himmlischen Heiligtum für sie eintritt.

Satan aber, der „Verkläger der Brüder", steht immer bereit, uns
unsere Unwürdigkeit spüren zu lassen.

> Während Satan die Kinder Gottes ihrer Sünden wegen
> verklagt, gestattet ihm der Herr, sie bis zum äußersten zu
> versuchen … Sie sind sich ihrer Schwachheit und Unwürdig-
> keit völlig bewußt. Satan versucht sie mit dem Gedanken zu
> erschrecken, sie seien ein hoffnungsloser Fall und der Makel
> ihrer Verunreinigung könne nie abgewaschen werden. Er
> möchte damit ihren Glauben vernichten, so daß sie seinen
> Versuchungen erliegen und ihre Treue gegen Gott aufgeben.
> („Der große Kampf", S. 619)

Vorbereitung auf die Zeit der Angst in Jakob

Hier kommen wir zu einem entscheidenden Aspekt der adventistischen Eschatologie, der unbedingt richtig verstanden sein will, denn wir erwarten ja die dunkelste Stunde der Erde zwischen dem Ende der Gnadenzeit und Christi zweitem Kommen. Gott hat uns genügend Hinweise auf diese Zeit gegeben, so daß wir uns heute darauf vorbereiten können. Zwei Wege sind dabei zu beschreiten:

Bekenntnis der Sünden. In diesem Buch ist bereits gesagt worden, wie wichtig das Bekennen der Sünden ist und wie wir damit umgehen sollten.

Sünden können nur vergeben werden, wenn wir sie bekennen. Der Apostel Johannes schrieb: „Wenn wir aber unsre Sünden bekennen, so ist er treu und gerecht, daß er uns die Sünden vergibt und reinigt uns von aller Ungerechtigkeit." (1 Jo 1,9) Sünde wird vergeben, weil Jesus, unser Fürsprecher im himmlischen Heiligtum, uns diese Vergebung gewährt. Johannes sagte: „Meine Kinder, dies schreibe ich euch, damit ihr nicht sündigt. Und wenn jemand sündigt, so haben wir einen Fürsprecher bei dem Vater, Jesus Christus, der gerecht ist." (1 Jo 2,1)

Darum ist das Bekennen aller Sünden jetzt, da es noch einen Fürsprecher gibt, so wichtig. Wenn wir es verschieben und die Gnadenzeit inzwischen endet, ist keine Vergebung mehr möglich.

> Alle, die sich bemühen, ihre Sünden zu entschuldigen oder zu verbergen und sie uneingestanden und unvergeben in den Büchern des Himmels stehen lassen, werden von Satan überwunden werden ... Wer die Vorbereitung für den Tag Gottes aufschiebt, kann sie nicht in der trübseligen Zeit oder später erlangen. Sein Fall ist hoffnungslos. („Der große Kampf", S. 621)

Diese Warnungen beziehen sich auf Sünden, die uns bewußt sind, die wir aber bisher weder zugeben noch bekennen wollten. Das heißt aber nicht, daß wir verlorengehen, wenn wir uns nicht an all unsere Versäumnisse erinnern.

Gerechtigkeit durch Glauben. Wir brauchen unbedingt ein klares Verständnis für den Unterschied zwischen Rechtfertigung und Heiligung. Im Kapitel „Die geistliche Erfahrung der 144.000" haben wir die folgende Grafik schon einmal betrachtet:

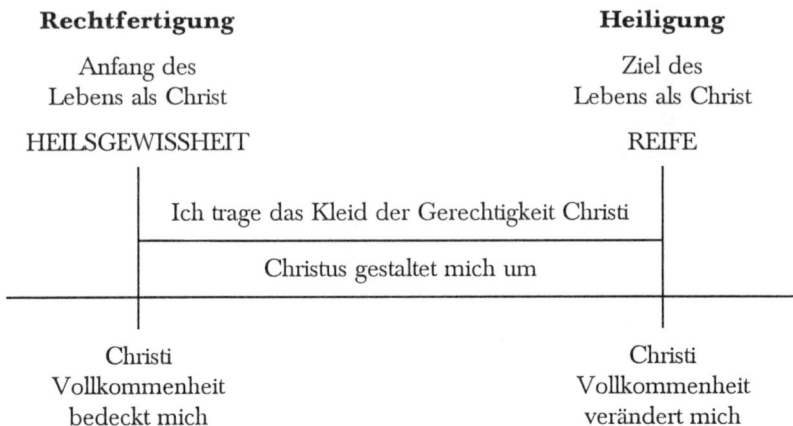

Rechtfertigung	**Heiligung**
Anfang des Lebens als Christ	Ziel des Lebens als Christ
HEILSGEWISSHEIT	REIFE

Ich trage das Kleid der Gerechtigkeit Christi

Christus gestaltet mich um

| Christi
Vollkommenheit
bedeckt mich | Christi
Vollkommenheit
verändert mich |

Unsere Erlösungsgewißheit muß auch in der Zeit der Trübsal auf der Grundlage stehen, auf der sie schon heute ruht: Rechtfertigung durch den Glauben. Ich habe mehrmals in diesem Buch erwähnt, daß charakterliche Reife wichtig ist, um in der trübseligen Zeit ohne Fürsprecher leben zu können. E. G. White betont diesen Aspekt sehr stark. Unglücklicherweise haben viele Siebenten-Tags-Adventisten diesen Punkt völlig mißverstanden. Sie meinen, daß wir *vor* Abschluß der Gnadenzeit dank der Rechtfertigung vor Gott bestehen können, während für das Bestehen *nach* dem Ende der Gnadenzeit die Heiligung ausschlaggebend sei.

Das ist völlig falsch! Das ist eine Lüge, die vielen Christen während der trübseligen Zeit unermeßlichen Schmerz und unnötige Ängste bereiten wird. Nichts ist Satan lieber, als daß sich viele von dieser Lüge beunruhigen lassen.

Wer das Kapitel „Die trübselige Zeit" in „Der große Kampf" aufmerksam liest, wird feststellen: Nicht ein einziges Mal behauptet

Ellen White, daß Charaktervollkommenheit die Grundlage für die Heilsgewißheit während dieser Zeit sei. Die Grundlage ist und bleibt unverändert: Reue und Sündenbekenntnis sowie der Glaube an das Blut Jesu zur Vergebung der Sünden.

> Hätte Jakob seine Sünde – den Betrug zur Aneignung des Erstgeburtsrechts – nicht bereut, so hätte Gott sein Gebet nicht erhören und ihn gnädig bewahren können. Gottes Kinder würden in der trübseligen Zeit überwältigt werden, wenn noch uneingestandene Sünden vor ihnen auftauchten. Angst und Schrecken würden sie peinigen, Verzweiflung würde ihren Glauben ersticken, und sie hätten weder Mut noch Vertrauen, Gott um Errettung zu bitten. Doch während sie sich ihrer Unwürdigkeit völlig bewußt sind, haben sie keine verborgenen Fehler mehr zu enthüllen. Ihre Sünden sind schon zuvor beurteilt und ausgetilgt worden, und sie gedenken ihrer nicht mehr. („Der große Kampf", S. 620)

Um während der Zeit der Angst in Jakob bestehen zu können, müssen wir Gott bitten, daß er unsere Sünden mit seiner Gerechtigkeit bedeckt – so wie wir es auch schon heute tun. Darauf beruht die Erlösungsgewißheit – heute und in Zukunft!

Warum dann Vollkommenheit?

Warum aber betonen E. G. White und die Heilige Schrift so stark die Vollkommenheit des Charakters als Vorbereitung auf die Endzeit? Hier zwei Antworten:

Erstens: Die Zeit der Trübsal wird eine so starke Belastung für die Gläubigen sein, wie es sie in der Geschichte nie zuvor gegeben hat. Die Gerichte Gottes gehen über die Erde – aber viel schwerwiegender für Gottes Volk ist die Tatsache, daß Satan und die Bösen alle Anstrengungen machen werden, die Gläubigen zu vernichten, physisch und auch geistlich.

Wenn Gottes Kinder von jeder Versorgung abgeschnitten sind, weder Nahrung noch ein Dach über dem Kopf haben, müssen sie sich allein auf Gott verlassen. Das erfordert einen Glauben, der nicht schwach werden darf wie einst Israels Glaube in der Wüste. Dafür ist ein hohes Maß an Charakterfestigkeit erforderlich.

Zweitens: Nach dem Ende der Gnadenzeit ist kein Fürsprecher mehr im himmlischen Heiligtum, der uns die Sünden vergeben könnte, die wir während der trübseligen Zeit begehen. Unser Bestehen vor Gott hängt also nicht nur von einem reinen Lebenswandel ab, sondern mehr noch von unserem Glauben, daß Christi Gerechtigkeit unsere Sünden bedeckt.

Ich für mein Teil werde jetzt keine Zeit an den Gedanken verschwenden, ob ich während der Zeit der Trübsal „gut genug" bin. Ich habe in diesem Buch bereits klargemacht, daß wir nicht wissen können, ob wir beim Abschluß unserer Bewährungszeit „gut genug" sind; wir sollten uns deshalb heute auch nicht beunruhigen.

Wenn wir unseren Teil erfüllen – ich habe bereits erklärt, was darunter zu verstehen ist –, dann ist die Gewißheit, auf das Ende der Gnadenzeit vorbereitet zu sein, Gottes Problem und nicht unseres. Er wird die Gnadenzeit nicht beenden, bevor nicht alle seine Kinder bereit sind. Dieses Vertrauen sollten wir vor und auch nach dem Ende der Gnadenzeit immer bewahren.

Das Siegel Gottes – was das auch sein mag – wird unseren Charakter für immer festlegen. Es wird uns bewahren vor allem, was unser Bestehen vor Gott gefährden könnte. Jesus sagt am Ende der Gnadenzeit: „Wer gerecht ist, der übe weiterhin Gerechtigkeit, und wer heilig ist, der sei weiterhin heilig." (Offb 22,11) Das ist eine Verheißung. Wenn wir versiegelt sind, werden wir während dieser Zeit nicht mehr sündigen. Darüber brauchen wir uns keine Sorgen zu machen.

Ellen White weist hin auf den Seelenkampf der Kinder Gottes in der Trübsalszeit. Sie fragen sich dann, ob sie auch jede Sünde bekannt haben, nicht aber, ob sie vollkommen sind (siehe „Der große Kampf", S. 620).

Das deutet hin auf eine andere große Befürchtung, unter der Adventisten heute mitunter leiden. Sie meinen, sie müßten nach Abschluß der Gnadenzeit – also während der Trübsal – ohne Fürsprecher leben. Angenommen, die Gnadenzeit ist vorüber, und erst danach wird noch eine Sünde entdeckt, die nicht bekannt worden ist. Was dann? Hier die Antwort auf diese Frage.

Der Heilige Geist kennt das Ende der Gnadenzeit und weiß, was wir zu bereuen und zu bekennen haben. Das Erinnern und Überzeugen ist seine Sache. Haben wir Sünden leichthin vergessen, so weiß er Wege und Möglichkeiten, unsere Aufmerksamkeit darauf zu lenken.

Solange wir in der Gemeinschaft mit Jesus bleiben, können wir getrost und sicher sein, daß die Gnadenzeit nicht endet, bevor uns der Heilige Geist nicht überzeugt hat von jeder Sünde, die noch zu bekennen ist. Für Kinder Gottes wird es nach Abschluß der Bewährungszeit keine uneingestandene Sünde mehr geben.

> Gottes Kinder würden in der trübseligen Zeit überwältigt werden, wenn noch uneingestandene Sünden vor ihnen auftauchten. Angst und Schrecken würden sie peinigen ... Doch während sie sich ihrer Unwürdigkeit völlig bewußt sind, haben sie keine verborgenen Fehler mehr zu enthüllen. Ihre Sünden sind schon zuvor beurteilt und ausgetilgt worden, und sie gedenken ihrer nicht mehr. („Der große Kampf", S. 620)

Gottes Kinder „haben keine verborgenen Fehler zu enthüllen". Warum? Weil Gott ihnen vor dem Ende der Gnadenzeit alle Sünden offenbart hat und die dann auch bereut worden sind. Gott wird dafür sorgen, daß es rechtzeitig geschieht.

Eine Demonstration der Vollkommenheit?

Noch eine Frage bereitet manchen Adventisten Sorge – allerdings unnötige Sorge. Ein Gedanke wird von vielen tief im Herzen bewegt. Gemeint ist das, was man als „Demonstrationsmodell" während der Zeit der Angst in Jakob bezeichnen könnte. Es ist der Gedanke, daß Gottes Volk in der Zeit der Trübsal dem Universum absolute Vollkommenheit demonstrieren wird.

Solange die Erde steht, hat kein menschliches Wesen je ein Leben der Vollkommenheit geführt – außer Jesus, und der hat Gottes Gesetz unter den härtesten Bedingungen absolut erfüllt.

Jesus aber kann nicht kommen – so wird von dieser Seite aus argumentiert –, bis er eine Gemeinschaft von Heiligen hat – so vollkommen, daß sie dem Universum demonstriert, daß Gottes Gesetz gehalten werden kann selbst in der schwersten Trübsalszeit, die über die Welt hereinbrechen wird.

Die Frage lautet also: Können Menschen Gottes Gesetz befolgen oder nicht? Gott sagt Ja. Satan sagt Nein. Die Heiligen sollen Gott während der Trübsalszeit „rechtfertigen", indem sie beweisen, daß sein Gesetz gehalten werden kann – selbst von sündhaften Menschen.

Ich habe aus drei Gründen Bedenken gegen dieses „Demonstrationsmodell". Erstens kann es leicht zum Stolz verleiten, etwa zu dem Gedanken: Hier bin *ich*, seht nur *mich* an. *Ich* weiß mich dafür verantwortlich, Gott vor dem Universum zu rechtfertigen, indem *ich* beweise, daß *ich* sein Gesetz lückenlos halten kann.

Ich will damit nicht behaupten, daß Gottes Volk keine Rolle im Schauspiel des großen Kampfes zwischen Licht und Finsternis vor dem Universum spielt. Wir haben eine Aufgabe, von der wir jedoch die Einzelheiten nicht kennen – so wie Hiob, als Satan Gott herausforderte. Hiob bewies vor dem Universum, daß Gott recht und Satan unrecht hatte – ohne die Hintergründe und Einzelheiten zu kennen, geschweige denn zu wissen, daß dieser Kampf die Ursache für sein Leiden war.

Der zweite Grund für meine Bedenken hat mit der starken Betonung absoluter Vollkommenheit zu tun, die diesem Demonstrationsmodell zugrunde liegt. Auf die Frage, ob ich an eine absolute Vollkommenheit nach dem Ende der Gnadenzeit glaube, habe ich inzwischen eine ganz einfache Antwort gefunden:

Da ich nicht weiß, was absolute Vollkommenheit ist, kann ich sie auch nicht definieren. Selbst wenn Gott wollte, daß ich absolut vollkommen bin, kann weder ich noch irgendein anderer Mensch wissen, wann dieser Status erreicht ist. Deshalb ist das kein Thema für uns und erst recht keine Frage zur Prüfung der Rechtgläubig-keit.

Sollte Gott für uns absolute Vollkommenheit während der trüb-seligen Zeit vorgesehen haben, wird er sie uns auch rechtzeitig schenken. Plant er dies nicht, dann ist das seine Sache. Ich weiß nur eins: Wenn wir bereit sind, Gott in unserem Leben regieren zu lassen, wird er uns auf die Stufe der Vollkommenheit führen, die er für richtig und nötig hält.

Zuletzt habe ich aus theologischen Gründen Bedenken gegen diese Theorie. Ich bin der Meinung, daß *Jesus* dem Universum bereits bewiesen hat, daß Gottes Gesetz gehalten werden kann.

Wenn ich mich nicht täusche, bestehen die Menschen, die an dieses „Demonstrationsmodell" glauben, außerdem darauf, daß Jesus die gleiche sündhafte Natur hatte wie wir. Nur so hätte er ja demonstrieren können, daß das sündhafte menschliche Fleisch Gottes Gesetz halten kann.

Wenn Jesus diesen Punkt aber bereits erfüllt hat, warum sollten es dann Gottes Kinder während der trübseligen Zeit noch einmal tun? Oder war Jesus uns nicht ähnlich genug, um diesen Tatbe-stand angemessen zu demonstrieren? Das „Demonstrationsmodell" würde uns eine Aufgabe übertragen, die Christus längst für uns vollbracht hat!

Gott rief Israel aus Ägypten und erklärte, sie seien sein erwähl-tes Volk und hätten eine besondere Aufgabe für die Welt. Das zu glauben war leicht, nachdem sie aus der Sklaverei befreit worden waren, aber schwer, als das Rote Meer vor ihnen lag und die rach-süchtige ägyptische Armee auf ihren Fersen. Und Gott befreite die Israeliten.

Doch schon wenige Tage später, als sie Durst litten, hatten sie al-les vergessen und fingen an zu murren. Als sie kurz danach nichts zu essen hatten, klagten sie wieder. Bei jeder neuen Prüfung verlo-ren sie den Glauben und vergaßen, wozu Gott sie berufen hatte. Auf dem Weg ins verheißene Land führte sie Gott durch die Wüste. Und immer wenn es Schwierigkeiten gab, beschuldigten sie Mose und wollten zurückkehren nach Ägypten (siehe 4 Mo 14,14; 21,5).

Gott wird auch uns auf dem Weg ins „verheißene Land" durch die „Wüste" führen. Unsere Prüfung nach dem Ende der Gnadenzeit wird schwerer sein als das, was Israel erlebte. Wir müssen deshalb Geduld und Glaubensstärke aufbringen, die sie nicht hatten. Das heißt: Wir dürfen uns in dieser Zeit weder beklagen noch darf unser Glaube ermatten, ganz gleich, wie wir leiden müssen.

Gottes Volk muß heranreifen zu einer Charakterstärke, die heute noch nicht erkennbar ist. Wenn wir nicht heute unsere Klagen überwinden, werden wir die Trübsalszeit niemals überstehen.

Die entscheidende Frage im Endkonflikt wird die Festigkeit des Glaubens sein und nicht der Gehorsam. Glauben wir, so werden wir auch gehorchen. Die Israeliten waren ungehorsam, weil sie nicht glaubten.

Wir gehen zweifellos der Zeit der Trübsal entgegen, und da bewegen uns zwei weitere Fragen:

1. Pflegen wir heute Gemeinschaft mit Jesus, die jede Müdigkeit, allen Schmerz und auch die Verzögerung während der dunkelsten Stunde der Erde ertragen kann? Wachsen wir heute im Glauben, so daß er standhält selbst dann, wenn keine menschliche Hilfe zur Erhaltung des Lebens mehr da ist?

2. Sind wir gefestigt in der Rechtfertigung? Bitten wir Gott Tag für Tag, uns zu zeigen, wo wir sündigen und welche Sünden wir bekennen müssen? Und wenn er sie uns zeigt, beten wir dann um die Umwandlung unseres Herzens? Die nämlich ist entscheidend für ein Sündenbekenntnis, auch wenn uns solch ein Bekenntnis heute noch unmöglich erscheinen sollte.

Wenn die Gemeinschaft mit Jesus so gewachsen und gefestigt ist, werden wir „gut genug" sein, um das Ende der Gnadenzeit auch in der dunkelsten Stunde zu überleben.

Anhang zu Kapitel 20

Mitunter begegnet man der Meinung, die Zeit der Angst in Jakob gehöre in die Zeit der dritten und vierten Plage und ende mit Beginn der fünften.

Wir erinnern uns daran, daß die fünfte Plage den Thron des Tieres verfinstert (siehe Offb 16,10). Die Schlußfolgerung, daß die fünfte Plage die Zeit markiere, in der die Angst in Jakob beendet wird, ist auf Aussagen gegründet, die sich finden in „Der große Kampf", Kapitel „Gottes Volk wird befreit":

> Wenn man daran geht, den Schutz menschlicher Gesetze denen zu entziehen, die die Gebote Gottes ehren, wird in verschiedenen Ländern zu gleicher Zeit eine Bewegung entstehen, jene Gläubigen zu vernichten. Wenn die in dem Erlaß bestimmte Zeit herannaht, verschwört sich das Volk, die verhaßte Sekte auszurotten, und beschließt, in einer Nacht den entscheidenden Schlag zu führen ...
>
> Gottes Kinder, deren etliche in Gefängniszellen leben, etliche in einsamen Schlupfwinkeln der Wälder und Berge verborgen sind, erflehen noch immer göttlichen Schutz, während überall bewaffnete Männer, angetrieben von Scharen böser Engel, Vorkehrungen für das Werk des Todes treffen. Jetzt, in der Stunde äußerster Gefahr, wird der Gott Israels einschreiten, um seine Auserwählten zu erretten ...
>
> Mit Siegesgeschrei, mit Spott und Verwünschungen sind Scharen gottloser Menschen im Begriff, sich auf ihre Opfer zu stürzen; aber siehe, eine dichte Finsternis, schwärzer als die dunkelste Nacht, senkt sich auf die Erde hernieder. Dann überspannt ein die Herrlichkeit des Thrones Gottes widerstrahlender Regenbogen den Himmel und scheint jene betende Gruppe einzuschließen. Die zornigen Scharen werden plötzlich aufgehalten. Ihre spöttischen Rufe ersterben. Das Ziel ihrer mörderischen Wut ist vergessen. Mit schrecklichen Ahnungen starren sie auf das Sinnbild des Bundes Gottes und möchten gern vor dessen überwältigendem Glanz geschützt sein. („Der große Kampf", S. 635.636)

Kapitel 21

Der Kampf von Harmagedon

Nur wenige biblische Bilder sind in der säkularen Kultur so bekannt wie Harmagedon. Auch die christliche Vorstellungskraft wird von keinem anderen Symbolbegriff der Bibel so sehr beeindruckt wie eben von Harmagedon. Kein anderes Thema hat auch so viele Kontroversen in der 150jährigen Geschichte der Siebenten-Tags-Adventisten ausgelöst.

Vielen Adventisten heute ist wahrscheinlich nicht bekannt, daß die meisten Prediger, Evangelisten und Bibellehrer in den ersten siebzig Jahren des Gemeindebestehens geglaubt haben, der Zusammenbruch der Türkei oder des Osmanischen Reiches sei das entscheidende Zeichen für die Nähe des zweiten Kommens Jesu. Am verbreitetsten war die Meinung, Harmagedon stehe für einen Kampf zwischen der Türkei und den christlichen Nationen der Welt. Bis zu seinem Tode war Uriah Smith der bekannteste Verfechter dieser Theorie in unserer Gemeinde.

Die meisten adventistischen Theologen teilten die Auffassung von Uriah Smith; nur eine Minderheit (einschließlich James White bis zu seinem Tode 1881) lehrte, daß Harmagedon ein geistlicher Kampf sei zwischen den Mächten des Guten und des Bösen. Weithin glaubte man also an einen physischen Kampf, weniger an einen geistlichen.

Die von einem physischen Kampf überzeugt waren, erwarteten einen Krieg zwischen den feindlichen Nationen auf Erden; schwierig war dabei nur, die Nationen auf der einen oder anderen Seite zu benennen.

Wie gut für Uriah Smith, daß er die Jahre während des ersten Weltkrieges und danach nicht mehr erlebte. Als das Osmanische Reich zerbrach, gab es natürlich keine Schlacht um Harmagedon; auch Christus kam nicht. So blieb es Smith erspart, seine Auffassung zu korrigieren.

Vielleicht denkt nun mancher, das hätte die Idee von einem „geistlichen Kampf" wieder aufleben lassen. Statt dessen trat aber ein neuer Gesichtspunkt in den Vordergrund. Als um die Jahrhundertwende Japan zu einer Macht wurde, mit der die Welt zu rechnen hatte, verbreitete sich unter den Adventisten die Vorstellung, Harmagedon würde ein Kampf sein zwischen dem Osten und dem Westen. Sagte denn Offenbarung 16,12 nicht, daß der Euphrat vertrocknen würde, „damit der Weg bereitet werde den Königen vom Aufgang der Sonne"? Wenn die Könige des Ostens auf der einen Seite stehen, müßten es doch auf der anderen Seite die Könige des Westens sein!

Neu an dieser Interpretation waren natürlich nur die Namen der Nationen auf beiden Seiten. Der Gedanke, Harmagedon müßte ein buchstäblicher Krieg zwischen bestimmten Völkern auf Erden sein, hatte sich verstärkt. Als Japan Pearl Harbor angriff, erreichte das Harmagedonfieber den Siedepunkt. Der Fall Japans aber im Jahre 1945 legte die Ansicht von einem physischen Kampf bei Harmagedon erneut zu Grabe. Heute, nach 50 Jahren, ist sie ein Museumsstück in der Geschichte der adventistischen Theologie.

Die Bibel und Harmagedon

Was sagt die Bibel über Harmagedon? Spricht die Heilige Schrift davon, daß es ein Krieg zwischen feindlichen Mächten auf dieser Erde sein wird?

Um eine derartige Folgerung zu ziehen, müßte man die Aufmerksamkeit allein auf Offenbarung 16,12-16 beschränken, wo die sechste Plage beschrieben ist. Wird aber die Suche nach Beweisen für den letzten Kampf auf dieser Erde auch auf die Kapitel 17 und 19 ausgedehnt, so erhält man ein anderes Bild.

Offenbarung 17. Es wurde bereits darauf hingewiesen, daß Offenbarung 17 die religiösen und politischen Mächte des Bösen in der Welt nach Abschluß der Gnadenzeit beschreibt. Offenbarung 17 beginnt mit der Vorstellung einer Hure, die auf einem scharlachroten Tier sitzt und damit eine sittenwidrige Koalition von Kirche und Staat symbolisiert. Daß es heute in den Vereinigten Staaten einen deutlichen Trend zu einer Verbindung von Kirche und Staat gibt, wurde schon erörtert. Offenbarung 17 zeigt diesen Trend in vollendet weltweitem Ausmaß.

Das Tier hat zehn Hörner, und Vers 12 besagt, daß die Hörner zehn Könige sind. Vielfach wurde spekuliert, diese Hörner stünden für die Völker Westeuropas, die eine Wirtschaftsunion planen und sich am Ende eine politische Vereinigung erhoffen. Wir müssen aber durchaus nicht nach genau zehn Völkern suchen; wichtiger ist, wie sie in den Weltereignissen auftreten.

Offenbarung 17 sagt, daß sich die zehn Hörner dem Tier anschließen in seinem Kampf:

> Und die zehn Hörner, die du gesehen hast, das sind zehn Könige, die ihr Reich noch nicht empfangen haben; aber wie Könige werden sie für eine Stunde Macht empfangen zusammen mit dem Tier. Diese sind eines Sinnes und geben ihre Kraft und Macht dem Tier. Die werden gegen das Lamm kämpfen, und das Lamm wird sie überwinden, denn es ist der Herr aller Herren und der König aller Könige, und die mit ihm sind, sind die Berufenen und Auserwählten und Gläubigen. (Offb 17,12-14)

Wir wollen die Mächte auf beiden Seiten des Kampfes identifizieren. Offenbarung 17,13 sagt, daß die zehn Hörner „eines Sinnes sind und geben ihre Kraft und Macht dem Tier". Offensichtlich kämpfen die zehn Hörner nicht gegeneinander, denn sie sind „eines Sinnes"; sie kämpfen auch nicht gegen das Tier, weil sie ihm „ihre Kraft und ihre Macht" geben.

Die zehn Hörner und das Tier – eine kombinierte religiöse und militärische Macht der Erde – werden sich vereinen, um „gegen das Lamm" zu kämpfen. Da „die Berufenen und Auserwählten und Gläubigen" des Lammes „mit ihm sind" (Vers 14), wissen wir, daß Christi Volk auf Erden und auch die Engel des Himmels Teil einer großen Armee sein werden.

Wird gemäß Offenbarung 17 ein physischer Krieg zwischen feindlichen Nationen auf Erden stattfinden oder werden sich die Nationen der Welt auf der einen Seite zusammenschließen, um gegen Christus und sein Volk auf der anderen Seite zu kämpfen?

Und wer wird gewinnen? „Das Lamm wird sie überwinden, denn er ist der Herr aller Herren und der König aller Könige" (Vers 14).

Offenbarung 19. Auch Offenbarung 19 beschreibt den letzten irdischen Kampf. Das Bild zeigt Jesus auf einem weißen Pferd aus dem Himmel reitend, und mit ihm das Heer des Himmels auf weißen Pferden. (siehe Verse 11-14) Wo aber in der Offenbarung steht, daß Jesus sich je in einen Krieg einläßt?

> Aus seinem Munde ging ein scharfes Schwert, daß er damit die Völker schlage; und er wird sie regieren mit eisernem Stabe ... Er trägt einen Namen geschrieben auf seinem Gewand und auf seiner Hüfte: KÖNIG ALLER KÖNIGE UND HERR ALLER HERREN. (Offb 19,15.16)

Erneut sehen wir, daß der letzte irdische Kampf – der Kampf von Harmagedon – zwischen den Mächten des Himmels auf der einen Seite und allen irdischen Nationen auf der anderen Seite ausgefochten werden wird.

Um diese Sicht zu unterstreichen, tritt nach dem Ende des Kampfes ein Engel auf, der in der Sonne steht und mit großer Stimme alle Vögel zu einem Mahl ruft:

> Und ich sah einen Engel in der Sonne stehen, und er rief mit großer Stimme allen Vögeln zu, die hoch am Himmel fliegen: Kommt, versammelt euch zu dem großen Mahl Gottes und eßt das Fleisch der Könige und der Hauptleute und das Fleisch der Starken und der Pferde und derer, die darauf

sitzen, und das Fleisch aller Freien und Sklaven, der Kleinen und der Großen! (Offb 19,17.18)

Sie sollen das Fleisch der Könige, der Hauptleute und der Starken, der Pferde und Reiter fressen. Das ist der letzte irdische Kampf – das ist Harmagedon.

Aber das ist noch nicht alles; es geht weiter:

> Und ich sah das Tier und die Könige auf Erden und ihre Heere versammelt, Krieg zu führen mit dem, der auf dem Pferd saß, und mit seinem Heer. Und das Tier wurde ergriffen und mit ihm der falsche Prophet, der vor seinen Augen die Zeichen getan hatte, durch welche er die verführte, die das Zeichen des Tieres angenommen und das Bild des Tieres angebetet hatten. Lebendig wurden diese beiden in den feurigen Pfuhl geworfen, der mit Schwefel brannte. Und die andern [die Könige und militärischen Führer] wurden erschlagen mit dem Schwert, das aus dem Munde dessen ging, der auf dem Pferd saß. Und alle Vögel wurden satt von ihrem Fleisch. (Offb 19,19-21)

Diese Worte sind unzweideutig. Die Gegner, die sich im letzten irdischen Kampf gegenüberstehen, werden nicht feindliche Nationen von dieser Erden sein. Harmagedon wird auf der einen Seite repräsentiert durch Gott und sein Volk; auf der anderen Seite stehen Satan und die ganze übrige Welt. Und die werden besiegt!

Die Offenbarung sagt, daß alle bösen Kräfte entweder „in den feurigen Pfuhl" geworfen oder „mit dem Schwert" erschlagen werden (Offb 19,20.21). Satan wird für tausend Jahre gebunden sein und in den Abgrund geworfen (Offb 20,13), danach in den „Pfuhl von Feuer und Schwefel" (Offb 20,10).

So die umfassende Sicht von dem universalen Konflikt zwischen Gut und Böse, den wir erkennen müssen, um unsere Verbindung mit Jesus festzuhalten, wenn es für alle Augen und Ohren so aussieht, als sei Gottes Volk nur eine Minderheit von Fanatikern, die dem Untergang geweiht ist.

Ellen White und Harmagedon

Im umfangreichen Verzeichnis des Schrifttums von E. G. White gibt es nur fünf Hinweise unter dem Stichwort „Harmagedon"; einer davon bezieht sich auf den Kampf, ohne daß dieses Wort benutzt wird. Das heißt aber nicht, daß sich Ellen G. White nicht dazu geäußert hätte. Sie hat sich nur nicht immer konkret darauf bezogen, sondern vom „letzten Konflikt", vom „Kampf am großen Tag des Allmächtigen", und vom „letzten Streit" gesprochen.

Die große Frage lautet: Hat Ellen White unter Harmagedon einen Krieg zwischen den Nationen dieser Erde verstanden – eine Hälfte der Nationen auf der einen gegen die andere Hälfte auf der anderen Seite? Oder hat sie in Harmagedon einen Kampf zwischen Gut und Böse gesehen?

Ein geistlicher Kampf. Die folgende Aussage steht für viele andere, die Ellen G. White über Harmagedon und den letzten Konflikt gemacht hat:

> Jede Art von Bosheit wird in erschreckendem Ausmaß um sich greifen. Böse Engel tun sich zusammen mit bösen Menschen, und da sie die besten Voraussetzungen für jede Art von Verführung und Konflikt im Kampf gesammelt und seit Jahrhunderten grausam intensiviert haben, werden sie in der letzten großen Entscheidungsschlacht verbissen kämpfen und nicht nachgeben. Die ganze Welt ist in die Auseinandersetzung verstrickt und wird auf der einen oder anderen Seite stehen. Der Kampf von Harmagedon wird kommen, und dieser Tag darf uns nicht schlafend finden. Wir müssen hellwach sein und als kluge Jungfrauen Öl in unseren Lampen und in unseren Gefäßen haben ...
>
> Die Kraft des Heiligen Geistes wird uns erfüllen, und der Herr der Heerscharen an der Spitze der Engel des Himmels wird den Kampf leiten. (Ellen G. White Comments, „SDA Bible Commentary", Bd. 7, S. 982)

Das schrieb Ellen White 1890, als die Auffassung, Harmagedon bedeute eine physische kriegerische Auseinandersetzung zwischen der Türkei und den christlichen Völkern der Welt, die Adventisten wie eine Fieberwelle erfaßt hatte. Doch sie ignorierte diese Ansicht und erklärte, daß es ein geistlicher Kampf zwischen Gut und Böse sein werde.

Im Zitat spricht sie von „jeder Art der Bosheit", „bösen Engeln" und „bösen Menschen"; dann sagt sie, „daß sie in der letzten großen Entscheidungsschlacht" nicht ohne verzweifelten Kampf nachgeben. Der Kampf von Harmagedon wird ausgefochten werden. Am Ende heißt es: „Dieser Tag darf keinen von uns schlafend finden"; der Heilige Geist wird auf uns ruhen, und „der Herr der Heerscharen ... wird den Kampf leiten".

Beide Seiten – Gottes Volk und die Anhänger Satans – werden klar zu erkennen sein, und die ganze Welt wird auf der einen oder anderen Seite stehen. Zuschauer wird es nicht geben. Die folgenden Aussagen sind ebenso eindeutig. Die erste wurde 1888 in „Der große Kampf" veröffentlicht, die andere 1901.

> Die Geister der Teufel werden hingehen zu den Königen der Erde und zu der ganzen Welt, um sie in Täuschung gefangenzuhalten und sie zu veranlassen, sich mit Satan und seinem letzten Kriegszug gegen die Regierung des Himmels zu vereinen. („Der große Kampf", S. 624)

> Im letzten großen Kampf stehen zwei feindliche Mächte einander gegenüber: auf der einen Seite der Schöpfer Himmels und der Erden. Die mit ihm sind, tragen sein Siegel; sie befolgen seine Gebote. Auf der anderen Seite steht der Fürst der Finsternis und mit ihm alle, die Abfall und Rebellion gewählt haben. (Ellen G. White Comments, „SDA Bible Commentary", Bd. 7, S. 982.983)

Ein Krieg der Nationen. Einige von Ellen Whites Aussagen scheinen die Deutung nahezulegen, daß im Kampf von Harmagedon die Nationen der Welt eine Rolle spielen werden.

> Wir sollten in der Weltgeschichte klar erkennen, wo sich Prophetie erfüllt hat, und in der reformatorischen Bewegung

das Eingreifen der göttlichen Vorsehung studieren sowie in
der Vorbereitung der Nationen auf den letzten großen
Kampf den Fortschritt der Ereignisse erkennen. („The Mini-
stry of Healing", S. 441.442)

Die Nationen der Welt gieren nach dem Konflikt, werden
aber durch Engel zurückgehalten. Wenn diese Einhalt gebie-
tende Macht zurückgezogen wird, naht die Zeit der Trübsal
und Angst ... Wer sich nicht leiten läßt vom Geist der Wahrheit, wird sich unter der Führerschaft Satans mit den Werk-
zeugen des Bösen vereinen. (Ellen G. White Comments,
„SDA Bible Commentary", Bd. 7, S. 967)

Noch werden die vier Winde gehalten, bis die Diener
Gottes an ihren Stirnen versiegelt sind. Dann werden die
Mächte der Erde ihre Kräfte zum letzten großen Streit ein-
setzen. („Schatzkammer der Zeugnisse", Bd. 2, S. 333)

Interpretieren wir diese Aussagen vor dem Hintergrund der adventistischen Kontroverse über die Bedeutung Harmagedons, dann
scheinen sie die Überzeugung von einem physischen Kampf zu
unterstützen. Wenn wir aber das, was Ellen G. White gesagt hat, als
den Einsatz der Nationen im letzten Kampf verstehen, schwindet
der vermeintliche Widerspruch. Sie spricht nicht von einem physischen Kampf, bei dem die eine Hälfte der Nationen gegen die
andere steht, sondern die Nationen dieser Welt auf der einen Seite
kämpfen gegen Gottes Volk auf der anderen Seite.

Wo wird Harmagedon ausgefochten? Die Frage nach dem Ort
dieses Kampfes hat seit jeher viele beim Studium der biblischen
Prophetie beschäftigt. Die Antwort ist abhängig vom Verständnis
dieses Kampfes.

Die den „physischen" Standpunkt vertreten, bringen den Ort
mit den vermutlich beteiligten Nationen in Verbindung. Besonders
beliebt ist in dieser Version das „Tal von Megiddo" in Israel. In der
Geschichte der Adventisten wurden aber auch andere Orte in Er-
wägung gezogen, zum Beispiel Jerusalem (Uriah Smiths Ansicht)
oder die Vereinigten Staaten (William Millers Ansicht).

Ellen White hat nur eine Aussage über den Austragungsort der Schlacht von Harmagedon gemacht, und die stimmt völlig überein mit ihrer Ansicht, daß es ein ausschließlich geistlicher Kampf sein wird: die Nationen der Welt gegen Gottes Volk.

> Die Erde wird das Schlachtfeld sein – der Schauplatz für den letzten Streit und den endgültigen Sieg. („My Life Today", S. 308)

Würde Harmagedon ein Kampf zwischen Nationen sein, ergäbe diese Aussage keinen Sinn. Nationen kämpfen um Gebiete und versammeln sich gewöhnlich in den Ländern, um die sie kämpfen.

Wenn Harmagedon jedoch ein geistlicher Kampf ist zwischen der Welt und Gott mit seinem Volk, dann hat diese Aussage eindeutigen Sinn, denn Gottes Volk wird zu dieser Zeit über alle Länder der Erde zerstreut sein.

Warum ignorieren wir Ellen White?

Adventisten glauben, daß E. G. White die Gabe der Prophetie hatte. In der Zeit, da Harmagedon in erster Linie als physischer Kampf zwischen den Nationen interpretiert wurde, hat man in den meisten Fragen des Gemeindelebens und der Lehre ihre Weisungen vorbehaltlos bejaht.

Warum aber wurde dann offensichtlich ein Unterschied gemacht zwischen ihren Aussagen über Harmagedon und dem, was die anderen sagen? Warum ignorieren wir seit langem Ellen White – ganz zu schweigen von der Heiligen Schrift?

Menschen, die Jesu Kommen „bald" erwarten, wie Adventisten seit 1844 von sich sagen, halten begierig Ausschau nach den Zeichen seiner nahen Wiederkunft. Seit William Miller haben wir die Weltgeschichte mit dem Aufkommen und dem Fall der Nationen den Prophezeiungen Daniels entsprechend bildlich dargestellt.

So ist es nur zu verständlich, daß der Versuch gemacht wurde, die Entwicklung in der Endzeit durch das Aufkommen und den

Fall der Nationen von heute darzustellen. Damit sollte zugleich sichtbar gemacht werden, woran sich die Hoffnung orientieren könnte.

Geistliche Realitäten aber sind nicht sichtbar. Die Überzeugung, daß es sich um einen „geistlichen Kampf" handelt, bietet auch kein Ausgangsmaterial für die Erstellung einer prophetischen Zeittafel, durch die wir unsere Zeit samt den Ereignissen, die bis zum zweiten Kommen Jesu reichen, konkretisieren könnten.

Obwohl die einstigen Begründungen schwach und im Rückblick sogar töricht gewesen sind, haben wir doch noch Schwierigkeiten, sie als überholt aufzugeben. Hundert Jahre hat es gebraucht, um die Vorstellung von einem „physischen Kampf" aufzugeben, in die wir einst unsere ganze Überzeugung hineingelegt hatten.

Sollten wir uns nicht Gedanken darüber machen, ob Gott vielleicht auf diese unsere Einsicht gewartet hat, damit er nun wirklich bald kommen kann?

Ellen White sagt eindeutig, daß die geistliche Zurüstung für Gottes Volk erforderlich ist, wenn es die überwältigende Herausforderung durch den Kampf von Harmagedon überstehen will. Wenn sich aber die Aufmerksamkeit völlig auf Beweise für einen physischen Kampf zwischen den Nationen konzentriert, besteht kaum Aussicht, vorbereitet zu sein auf einen geistlichen Kampf.

Heute, da wir die Version von einem physischen Kampf aufgegeben haben, sollten Adventisten das nicht nur begreifen, sondern sich auch geistlich darauf einstellen.

Die wirkliche Frage

Siebenten-Tags-Adventisten kennen die Grundzüge des großen Kampfes zwischen Christus und Satan. Als Satan noch im Himmel war, weigerte er sich, Jesus als den Sohn Gottes anzuerkennen.

Im Buch „Patriarchen und Propheten" beschreibt Ellen White den Konflikt, der im Himmel stattgefunden hat. Dort heißt es, daß Gott eine Versammlung aller geschaffenen intelligenten Wesen im Universum einberief:

Vor den Bewohnern des Himmels erklärte der König, daß außer Christus, dem Eingeborenen Gottes, niemand seine Absichten ganz begreifen könne und daß ihm die Durchführung seiner Vorhaben übertragen sei ...

Die Engel anerkannten freudig Christi Vorherrschaft, fielen vor ihm nieder und brachten ihm ihre Liebe und Anbetung dar. Luzifer beugte sich mit ihnen, aber in seinem Herzen tobte ein seltsamer, heftiger Kampf. („Patriarchen und Propheten", S. 12)

Die Geschichte ist bekannt. Luzifer erlag seinem Stolz und verstärkte seine Feindschaft gegen Christus. „Luzifer mied fortan den Platz in der unmittelbaren Nähe des Vaters und versuchte Unzufriedenheit unter den Engeln zu verbreiten." (S. 13) Die Engel wie auch Christus wollten Satan von seinem Irrtum überzeugen, aber er weigerte sich, sie anzuhören. Statt dessen „verteidigte er hartnäckig seine Handlungsweise und stürzte sich in den großen Kampf gegen den Schöpfer" (S. 15.16).

Nach seinem Ausschluß aus dem Himmel gelang es Satan, Adam und Eva auf seine Seite zu ziehen und damit die gesamte Menschheit. „Jetzt habe ich einen Brückenkopf", mochte er zu sich gesagt haben, „und ich werde die ganze Welt für mich gewinnen. Von der Erde aus will ich die Empörung im ganzen Universum ausbreiten". Satan rechnete damit, daß Adam und Eva samt ihren Nachkommen für ewig in seiner Gefolgschaft seien.

Doch Gott griff zugunsten der Menschheit ein, so wie es Satan nicht erwartet hatte. Der Sohn Gottes erbot sich, die Strafe für unsere Sünden auf sich zu nehmen und uns mit Gott zu versöhnen. Deshalb kam er auf diese Erde und lebte hier als Mensch. Christi Begegnung mit Satan in der Wüste nach vierzig Tagen des Fastens und Betens war eine weitere Konfrontation mit dem alten Feind. *Es ging um die Frage, wer den universellen Konflikt zwischen Gut und Böse, der seit mindestens viertausend Jahren im Gange war, gewinnen würde.*

Jesus stellte sich dieser Frage in seiner Lebens- und Leidenszeit bis hin zur Kreuzigung. Er wußte, daß eine Kapitulation in dieser

Auseinandersetzung hier auf Erden zugleich die Niederlage in dem Konflikt im gesamten Universum bedeuten würde.

Darum handelt es sich letztlich auch im Kampf von Harmagedon. Es wird Satans letzte Anstrengung vor Christi zweitem Kommen sein, die Welt in seiner Gewalt zu behalten, um seine Empörung schließlich über das gesamte Universum auszubreiten.

Die Wissenschaft mit ihrer hochentwickelten Technologie spricht bereits von Weltraumreisen in das Universum. Wenn Gott es zuließe, würden die Menschen buchstäblich versuchen „einen Turm [zu] bauen, dessen Spitze bis an den Himmel reiche, damit wir uns einen Namen machen" (1 Mo 11,4), so wie es unmittelbar nach der Sintflut geschah. Heute besteht der Turm nicht aus Steinen und Mörtel, sondern aus Raketen, gefertigt aus Stahl und Glas. Damit sollen Menschen bis zu den entfernten Planeten und sogar bis zu anderen Galaxien gebracht werden.

Das ist das Ziel der modernen Raumfahrt – und das ist Satans Ziel. Aber Gott wird dieses Vorhaben am Ende des Kampfes von Harmagedon genauso unterbinden wie er einst durch Blitze und Verwirrung den Turmbau von Babel zunichte gemacht hat (siehe 1 Mo 11,57; „Patriarchen und Propheten", S. 94).

Die Realität des letzten Kampfes

Obwohl der letzte Kampf geistlicher Art sein wird, sollten wir begreifen, daß er in einem sehr realen Sinn auch physisch sein wird. Ellen White sagte, daß „die Kämpfe, die diese beiden Heere ausfechten, genauso Wirklichkeit sind wie die Schlachten, die von den Heeren dieser Welt geschlagen werden" („Propheten und Könige", S. 124). Sie hat es folgendermaßen dargestellt:

> Ich sah ein Schreiben, von dem Abschriften in verschiedenen Teilen des Landes verbreitet wurden. Das Schreiben befahl dem Volke beziehungsweise gab ihm die Freiheit, die Heiligen, wenn sie ihren absonderlichen Glauben nicht preisgäben, den Sabbat nicht fahren ließen und dafür den

ersten Tag der Woche hielten, nach einer gewissen Zeit zu töten. („Frühe Schriften von Ellen G. White", S. 269.270)

> Bald sah ich, wie die Heiligen große Seelenangst litten. Sie schienen von den gottlosen Bewohnern der Erde umgeben zu sein ... Dann kam die Menge der erzürnten Gottlosen ... die Heiligen umzubringen. („Frühe Schriften von Ellen G. White", S. 270)

> Gottes Kinder, deren etliche in Gefängniszellen leben, etliche in einsamen Schlupfwinkeln der Wälder und Berge verborgen sind, erflehen noch immer göttlichen Schutz, während überall bewaffnete Männer, angetrieben von Scharen böser Engel, Vorkehrungen für das Werk des Todes treffen. („Der große Kampf", S. 635)

Hier spricht Ellen White von ganz konkreten Waffen. Mag Harmagedon auch Symbol für einen geistlichen Kampf sein, so werden sich doch Satans Gewalten vermutlich der gleichen Waffen bedienen wie die Mächtigen in der „Operation Wüstensturm".

Ellen White hat uns nichts über die Art der Waffen gesagt, denn lasergesteuerte Raketen gab es zu ihrer Zeit noch nicht.

Was ist also zu erwarten bei der Vollstreckung der Todesstrafe? Der Zugriff bloßer Hände? In unserer Zeit ist es durchaus vorstellbar, daß Raketen auf die in den Felsen und Bergen versteckten Gläubigen gerichtet werden, nachdem sie zuvor von hochempfindlichen Sensoren aufgespürt worden sind. Aus menschlicher Sicht wird die Lage der Gläubigen hoffnungslos sein.

Heute gibt die Wissenschaft Jahr für Jahr Millionen aus, um intelligente Wesen im Weltall aufzuspüren. Sicher werden Wissenschaftler auch entsprechende Kontakte herstellen, wenn Satan und seine Engel auf dieser Erde erscheinen, um sich als die „Außerirdischen" von anderen Galaxien vorzustellen. Vielleicht sind diese Wesen dann die ersten, die darauf drängen, Gottes Volk zu vernichten.

> Und ich sah aus dem Rachen des Drachen und aus dem Rachen des Tieres und aus dem Munde des falschen Pro-

pheten drei unreine Geister kommen, gleich Fröschen; es sind Geister von Teufeln, die tun Zeichen und gehen aus zu den Königen der ganzen Welt, sie zu versammeln zum Kampf am großen Tag Gottes, des Allmächtigen. (Offb 16,13.14)

Die Vorstellung, daß Satan und seine Engel diese feindliche Invasion inszenieren, ist durchaus einleuchtend. Wenn Christus und seine Heerscharen sich der Erde nähern, werden die Militärs ihre Raketen mit Atomsprengköpfen zum Himmel richten, um Jesu Kommen zu verhindern.

Klingt das zu phantastisch? Die Bibel sagt, daß „die Könige auf Erden und ihre Heere sich versammeln, Krieg zu führen mit dem, der auf dem Pferd saß, und mit seinem Heer" (Offb 19,19). Und woher kommt der Reiter auf dem Pferd? „Und ich sah den Himmel aufgetan; und siehe, ein weißes Pferd. Und der darauf saß, hieß: Treu und Wahrhaftig." (Offb 19,11)

Die Heilige Schrift erklärt wörtlich: Wenn Jesus zum zweiten Mal vom Himmel zur Erde kommt, werden die Könige und Generäle samt ihren Heeren Krieg gegen ihn führen. Sollten sie mit Pfeil und Bogen kämpfen? Sie werden mit technisch hochentwickelten Waffen ausgerüstet sein, die uns heute schon bekannt sind und zu deren Fabrikation Satan und seine Engel sicher auch künftig noch beitragen werden. Harmagedon wird Satans letztes Gefecht sein.

Dann ist die dunkelste Stunde der Erde wirklich gekommen! Gegen Gott und sein Volk wird eine weit stärkere Feuerkraft aufgeboten werden als gegen den Irak. Aus menschlicher Sicht wird unsere Lage genauso hoffnungslos sein wie die Situation Jesu Christi vor Gericht und am Kreuz.

In dem Text, der die siebte Plage beschreibt, sagt die Offenbarung, worauf wir zu jener Zeit unsere Hoffnung ausschließlich gründen sollten:

> Siehe, ich komme wie ein Dieb. Selig ist, der da wacht und seine Kleider bewahrt, damit er nicht nackt gehe und man seine Blöße sehe. (Offb 16,15)

In Jesu dunkelster Stunde am Kreuz wußte er nicht, ob er vom Tod auferstehen würde (siehe „Das Leben Jesu", S. 754). Doch er glaubte fest daran, daß sein Vater ihn durchbringen würde. Er setzte sein ganzes Vertrauen auf den Vater – mehr konnte er nicht tun.

Unsere einzige Hoffnung in jener Zeit wird die Gemeinschaft mit Jesus sein. Mag es noch so verzweifelt und trostlos aussehen, so dürfen wir dennoch glauben, daß Christus an unserer Seite ist, selbst wenn alles darauf hindeutet, daß wir verloren sind.

Wir sollten den umfassenden Konflikt im Universum nie aus den Augen verlieren und uns vertrauensvoll an Gott halten. Er hat alle Geschehnisse in der Hand und wird uns bald befreien. In Satans letztem Kampf gegen Christus und seine Nachfolger können wir des Sieges gewiß sein, so hoffnungslos unsere Lage zunächst auch scheinen mag.

Sicher wird Gott den Schreiber des Hebräerbriefes dermaleinst im Himmel bitten, er solle das Kapitel der Glaubenshelden auf den neuesten Stand bringen und die Namen derer hinzufügen, die in der dunkelsten Stunde der Erde den Glauben nicht aufgegeben und sich fest an Jesus Christus, den Sohn Gottes gehalten haben.

Kapitel 22

Das zweite Kommen Christi

Der amerikanische Einsatz im Kampf gegen den Irak war überwältigend. Fast einen Monat lang wurde das Land alle zwei Stunden bombardiert. Die Überlebenden hatten kaum Nahrung und Wasser, auch keine Ruhepause. Wenn ein Soldat erschöpft einschlief, wurde er spätestens nach zwei Stunden von erneutem Bombenhagel geweckt. Dazu kam eine Strategie der Irreführung. Man täuschte eine Invasion vom Meer aus vor, die aber fand nie statt. Währenddessen drangen die alliierten Mächte westlich von Kuwait ins Land ein. Diese Strategie hatte Erfolg. Durch Feuerkraft und Täuschung wurde der Feind zermürbt.

Die gleiche Strategie wird Satan im Kampf von Harmagedon anwenden und durch Täuschung das Volk Gottes verführen. Wir aber haben etwas, worüber die Iraker nicht verfügten: Die Informationen über Satans Lügen in der Bibel. „Das Nachgebildete wird dem Echten so genau gleichen, daß es unmöglich sein wird, beide zu unterscheiden, außer durch die Heilige Schrift." („Der große Kampf", S. 594)

Satan wird versuchen, das Volk Gottes zu zermürben:

> Die Geliebten Gottes müssen beschwerliche Tage verbringen: in Ketten gebunden, hinter Schloß und Riegel, zum Tode verurteilt, einige anscheinend dem Hungertod überlassen in finsteren und ekelerregenden Verliesen. Kein menschliches Ohr steht ihren Wehklagen offen, keine menschliche Hand ist bereit ihnen zu helfen. („Der große Kampf", S. 626)

Doch sie glauben an den, der versprochen hat, sie zu befreien:

> Indem sie vertrauensvoll auf den Herrn warten, daß er
> wirke, kommen sie dahin, Glauben, Hoffnung und Geduld
> zu üben. („Der große Kampf", S. 631)

Satan aber wird versuchen, Gottes Kinder mit außergewöhnlicher Macht zu überwältigen:

> Wenn man daran geht, den Schutz menschlicher Gesetze
> denen zu entziehen, die die Gebote Gottes ehren, wird in
> verschiedenen Ländern zu gleicher Zeit eine Bewegung ent-
> stehen, jene Gläubigen zu vernichten. Wenn die in dem Er-
> laß bestimmte Zeit herannaht, verschwört sich das Volk, die
> verhaßte Sekte auszurotten, und beschließt, in einer Nacht
> den entscheidenden Schlag zu führen, der jene abweichen-
> den Stimmen und Kritiker für immer zum Schweigen brin-
> gen soll ... während überall bewaffnete Männer, angetrieben
> von Scharen böser Engel, Vorkehrungen für das Werk des
> Todes treffen. („Der große Kampf", S. 635)

Doch Gottes Volk wird einen Schutz genießen, den die irakischen Soldaten in ihren Bunkern nicht hatten. „Wenn ... ihre Augen [der Kinder Gottes] hätten geöffnet werden können, hätten sie gesehen, daß sie von Engeln Gottes umgeben waren." („Frühe Schriften von Ellen G. White", S. 270)

Der Beginn des zweiten Kommens

Christi Wiederkunft wird die zweite Phase des Kampfes von Harmagedon sein.

Während des ersten Abschnitts ist der Kampf zwischen den Mächten des Guten und Bösen auf die Erde begrenzt. Da wird auf der Grundlage der allgemeinen Gesetzgebung sowie durch ein Massenaufgebot an Menschen und durch Einsatz von Dämonen der Anschein eines gewaltigen Erfolges all dieser Kräfte erweckt werden. Der Anlaß dieser Auseinandersetzung liegt zwar im geistlichen Bereich, doch die gegen das Volk Gottes eingesetzten Kräfte sind sehr massiv, sehr spürbar, so daß nach menschlichem Dafürhalten der Eindruck entstehen muß, daß Gottes Volk sein Zeugnis mit Blut besiegelt (vgl. „Der große Kampf", S. 630).

Doch mit dem zweiten Kommen Christi wird sich das Blatt wenden. Da Harmagedon wie alle Kriege letztlich ein Machtkampf ist, wird Gott bei Jesu zweitem Kommen unmißverständlich zeigen, wer in Wirklichkeit die Macht hat.

Wenn Christus kommt, um sein Volk zu erretten, wird er gewaltige Kräfte einsetzen; doch es wird keine militärische Technologie sein.

Wenn Gott im Alten Testament in die Konflikte auf dieser Erde eingriff, bediente er sich schon damals der Naturgewalten, um Israels Feinde zu zerschlagen. So wird es Christus auch bei seiner Wiederkunft halten.

> Mit Siegesgeschrei, mit Spott und Verwünschungen sind Scharen gottloser Menschen im Begriff, sich auf ihre Opfer zu stürzen; aber siehe, eine dichte Finsternis, schwärzer als die dunkelste Nacht, senkt sich auf die Erde nieder. Dann überspannt ein die Herrlichkeit des Thrones Gottes widerstrahlender Regenbogen den Himmel und scheint jene betende Gruppe einzuschließen. Die zornigen Scharen werden plötzlich aufgehalten. Ihre spöttischen Rufe ersterben. Das Ziel ihrer mörderischen Wut ist vergessen. Mit schrecklichen Ahnungen starren sie auf das Sinnbild des Bundes Gottes und möchten gern vor dessen überwältigendem Glanz geschützt sein. („Der große Kampf", S. 635.636)

Noch bevor Christus kommt, müssen die Bösen ihre Angriffe gegen Gottes Volk einstellen. Ein Textabschnitt in der Offenbarung sagt, daß sich genau vor Christi Kommen die Bösen gegeneinander wenden werden, wie es auch in der Geschichte Israels im Alten Testament häufig der Fall war (siehe zum Beispiel Richter 7,22; 2. Chroniker 20,23).

> Und die zehn Hörner, die du gesehen hast, das sind zehn
> Könige ... Diese ... geben ihre Kraft und Macht dem Tier.
> Die werden gegen das Lamm kämpfen, ... Und die zehn
> Hörner, die du gesehen hast, und das Tier, die werden die
> Hure hassen und werden sie ausplündern und entblößen
> und werden ihr Fleisch essen und werden sie mit Feuer ver-
> brennen. Denn Gott hat's ihnen in ihr Herz gegeben, nach
> seinem Sinn zu handeln und eines Sinnes zu werden und ihr
> Reich dem Tier zu geben, bis vollendet werden die Worte
> Gottes. (Offb 17,12-17)

Zu Beginn des Kampfes von Harmagedon reitet die Hure selbst-
sicher auf dem Tier, und die zehn Hörner gewähren ihr volle Unterstützung. Am Ende aber werden die zehn Hörner und das Tier
die Hure angreifen. Schließlich wenden sich die Bösen gegeneinander, denn sie stehen alle im Kampf um Macht und Gewalt.
Nunmehr ist Gott an der Reihe, seine Kraft gegen die Bösen einzu-
setzen. Die meinten ja eben noch, die Gläubigen fest im Griff zu
haben, aber Gottes Macht wird gewaltiger sein, als sie es sich je
hätten vorstellen können.

Die folgenden Zitate aus der Heiligen Schrift und von Ellen
White vermitteln ein lebendiges Bild von Gottes „massiver Feuerkraft" und der Reaktion der Bösen:

> Und der siebente Engel goß aus seine Schale in die Luft;
> ... Und es geschahen Blitze und Stimmen und Donner, und
> es geschah ein großes Erdbeben, wie es noch nicht gewesen
> ist seit Menschen auf Erden sind ... Und alle Inseln ver-
> schwanden, und die Berge wurden nicht mehr gefunden.
> Und ein großer Hagel wie Zentnergewichte fiel vom Himmel
> auf die Menschen. (Offb 16,17-21)

> Die Sonne wird sichtbar und leuchtet in voller Kraft. Zei-
> chen und Wunder folgen rasch aufeinander. Die Gottlosen
> schauen erschreckt und bestürzt auf die Vorgänge, während
> die Gerechten mit feierlicher Freude die Zeichen ihrer Be-
> freiung betrachten. In der Natur scheint alles außer der ge-

wohnten Ordnung zu sein. Die Ströme hören auf zu fließen. Dunkle schwere Wolken steigen auf und stoßen gegeneinander. Mitten an dem aufgerührten Himmel ist eine Stelle von unbeschreiblicher Herrlichkeit, von wo aus die Stimme Gottes dem gewaltigen Rauschen vieler Wasser gleich ertönt und spricht: „Es ist geschehen!"

Jene Stimme erschüttert die Himmel und die Erde. Es erhebt sich „ein großes Erdbeben, wie solches nicht gewesen ist, seit Menschen auf Erden gewesen sind, solch Erdbeben also groß" ... Die Herrlichkeit vom Thron Gottes blitzt hindurch. Die Berge erbeben gleich einem Rohr im Winde, und zerrissene Felsen werden überallhin zerstreut. Es erhebt sich ein Geheul wie von einem heranziehenden Sturm. Das Meer wird aufgewühlt. Man hört das Brüllen des Orkans, dem Schrei der Dämonen gleich, wenn sie sich zur Zerstörung aufmachen. Die ganze Erde hebt und senkt sich wie die Wogen des Meeres; ihre Oberfläche bricht auf; selbst ihre Grundfesten scheinen zu weichen. Bergketten versinken. Bewohnte Inseln verschwinden. Die Seehäfen, die an Lasterhaftigkeit Sodom gleichgeworden sind, werden von den stürmischen Wassern verschlungen ... Die stolzesten Städte der Erde werden vernichtet. Die herrlichsten Paläste, an die die Großen der Welt ihre Reichtümer verschwendet haben, um sich selbst zu verherrlichen, zerfallen vor ihren Augen. („Der große Kampf", S. 636.637)

Und alle Schiffsherren und alle Steuerleute und die Seefahrer und die auf dem Meer arbeiten, standen fernab ... Und sie warfen Staub auf ihre Häupter und schrien, weinten und klagten: Weh, weh, du große Stadt, von deren Überfluß reich geworden sind alle, die Schiffe auf dem Meer hatten, denn in einer Stunde ist sie verwüstet! (Offb 18,17.19)

Dichte Wolken bedecken noch den Himmel; doch hier und da bricht die Sonne hindurch, wie das strafende Auge des Herrn; wütende Blitze zucken vom Himmel und hüllen die Erde in ein Flammenmeer. Lauter als das schreckliche Grollen des Donners ertönen geheimnisvolle, furchterregende Stimmen und verkünden das Schicksal der Gottlosen.

Nicht alle erfassen diese Worte; aber die falschen Lehrer verstehen sie deutlich. Seelen, die kurz zuvor noch so sorglos, so prahlerisch und herausfordernd waren, so frohlockend in ihrer Grausamkeit gegen das die Gebote haltende Volk Gottes, sind jetzt vor Bestürzung überwältigt und beben vor Furcht. Ihre Wehrufe übertönen das Getöse der Elemente. Dämonen anerkennen die Gottheit Christi und zittern vor seiner Macht, während die Menschen um Gnade flehen und vor Schrecken im Staube kriechen. („Der große Kampf", S. 637.638)

Die Offenbarung der Macht Gottes wird schrecklich sein. Und die Beschreibung der Zerstörung bei Christi zweitem Kommen vermittelt uns eine wichtige Lehre über das Millennium.

Nach Ansicht der allgemeinen protestantischen Theologie wird die tausendjährige Regierungszeit Christi auf dieser Erde stattfinden; da werden dann angeblich die Gerechten über die Bösen herrschen. Der zitierte Text aus „Der große Kampf" verhilft uns aber zu einer anderen Sicht. Durch die Strafgerichte Gottes in den Zeiten der Trübsal ist der gesamte Kosmos so zerstört, daß menschliches Leben auf diesem Planeten nicht mehr möglich ist. Vielleicht wird die Erde tausend Jahre brauchen, um sich davon zu erholen.

Die Auferstehung

Bei Jesu Wiederkunft werden zuerst zwei Gruppen von Menschen auferstehen: all jene, „die im Glauben an die dritte Engelsbotschaft gestorben sind" („Der große Kampf", S. 637; vgl. Daniel 12,2) sowie alle, „die ihn durchbohrt haben" (Offb 1,7). Gleich danach werden die restlichen Gläubigen auferstehen.

Bei der besonderen Gruppe der Ungläubigen werden auch jene auferweckt, die am Tode Jesu beteiligt waren. Jesus hatte dem Hohenpriester gesagt, er werde „den Menschensohn sitzen sehen zur Rechten der Kraft und kommen auf den Wolken des Himmels" (Mt 26,64). Und Johannes erklärte: „Es werden ihn sehen alle Augen und alle, die ihn durchbohrt haben" (Offb 1,7).

Nach Aussage von Ellen White werden auch „die heftigsten Widersacher seiner Wahrheit und seines Volkes auferweckt, um ihn in seiner Herrlichkeit zu schauen und die den Treuen und Gehorsamen verliehenen Ehren wahrzunehmen" („Der große Kampf", S. 637).

Christi zweites Kommen wird in doppelter Hinsicht eine gewaltige Offenbarung für die Gerechten und die Bösen sein; für die Bösen ganz besonders. Sie werden erkennen, die Wahrheit mit Füßen getreten zu haben, wenn Gott seine Gebote am Himmel sichtbar macht:

> Dann erscheint am Himmel eine Hand, die zwei zusammengelegte Tafeln hält ... Die Hand faltet die Tafeln auseinander, und die Zehn Gebote werden sichtbar, als wären sie mit einer feurigen Feder geschrieben. Die Worte sind so deutlich, daß alle sie lesen können. Die Erinnerung wird wach, die Finsternis des Aberglaubens und der Ketzerei ist ... geschwunden, und die zehn verständlichen und vollgültigen Worte Gottes stehen allen Bewohnern der Erde deutlich vor Augen. („Der große Kampf", S. 639)

Wie schwer schien es oft, die Menschen von der Gültigkeit des geoffenbarten Willens Gottes und seiner Wahrheit zu überzeugen. Aber wenn Jesus wiederkommt, wird der Schleier fallen, und viele werden erkennen – wenn auch zu spät –, daß sie auf Sand gebaut hatten:

> Es ist unmöglich, den Schrecken und die Verzweiflung derer zu beschreiben, die Gottes heilige Forderungen mit Füßen getreten haben. Der Herr gab ihnen sein Gesetz; sie hätten ihren Charakter damit vergleichen und ihre Fehler erkennen können, als noch Zeit zur Buße und Besserung war; aber um die Gunst der Welt zu erlangen, setzten sie seine Verordnungen beiseite und lehrten andere, sie zu übertreten. Sie haben Gottes Volk zu zwingen versucht, den Sabbat des Herrn zu entheiligen. Mit schrecklicher Deutlichkeit sehen sie, daß es für sie keine Entschuldigung gibt ...

> Zu spät erkennen sie, daß der Sabbat des vierten Gebots
> das Siegel des lebendigen Gottes ist; zu spät erkennen sie die
> wahre Natur ihres falschen Sabbats und den sandigen
> Grund, auf den sie gebaut haben. Es wird ihnen klar, daß sie
> gegen Gott zu Felde gezogen sind. („Der große Kampf", S.
> 639.640)

Christi Erscheinen

Die Gottlosen werden nicht nur die Wahrheit klar vor Augen geführt bekommen, sondern Gottes Sohn selber sehen. „Gegen Osten
erscheint eine kleine schwarze Wolke, ungefähr halb so groß wie
eines Mannes Hand ... Gottes Volk weiß, daß dies das Zeichen des
Menschensohnes ist." Wenn diese Wolke „der Erde näherrückt,
wird sie zusehends heller, bis sich eine große weiße Wolke entfaltet,
deren Grund wie verzehrendes Feuer ist und über dem der Regenbogen des Bundes schwebt" („Der große Kampf", S. 640).

Seit Jahrtausenden hält sich Gott vor menschlichen Augen ver-
borgen; und viele haben nicht an ihn geglaubt. Atheisten fragen:
Wo ist euer Gott? Zeigt ihn, dann werden wir glauben. Christi zweites Kommen wird daher eine überwältigende Offenbarung sein, bei
der sich die Gottheit vor allen Menschen in unbeschreiblicher Herrlichkeit zeigt.

Dann werden die Bösen begreifen, weshalb sich Gott der sündigen Menschheit nicht schon eher offenbaren konnte, denn angstvoll
rufen sie nun den Bergen und Felsen zu: „Fallt über uns und ver-
bergt uns vor dem Angesicht dessen, der auf dem Thron sitzt, und
vor dem Zorn des Lammes!" (Offb 6,16)

Nun findet die allgemeine Auferstehung statt; die Gerechten aller Zeiten kommen aus ihren Gräbern hervor.

> Denn er selbst, der Herr, wird, wenn der Befehl ertönt,
> wenn die Stimme des Erzengels und die Posaune Gottes er-
> schallen, herabkommen vom Himmel, und zuerst werden
> die Toten, die in Christus gestorben sind, auferstehen. (1 Th
> 4,16)

Während die Erde schwankt, die Blitze zucken und der Donner rollt, ruft die Stimme des Sohnes Gottes die schlafenden Heiligen hervor ... Adam, der inmitten der auferstandenen Schar steht, ist von erhabener Größe und majestätischer Gestalt, nur wenig kleiner als der Sohn Gottes. An ihm wird ein auffallender Gegensatz zu den späteren Geschlechtern deutlich ... Alle aber stehen auf in der Frische und Kraft ewiger Jugend. („Der große Kampf", S. 643.644)

Ellen White sagt, daß die Gerechten, die zur Zeit der Wiederkunft Christi auf dieser Erde leben, „plötzlich in einem Augenblick", wenn sie „dem Herrn in der Luft entgegengerückt" werden, Unsterblichkeit empfangen (ebenda, S. 644).

Die Himmelfahrt in den Wolken

Alle Überwinder, die auferweckt sind und den Herrn lebend kommen sehen, werden ihrem Erlöser in den Wolken begegnen. Dann wird Jesus die Tore des Himmels öffnen, und sein Volk wird einziehen in die Stadt.

Die Sprache ist zu schwach, um eine Beschreibung des Himmels auch nur zu versuchen. Wenn diese Szene sich vor mir so entfaltet, stehe ich vor Bewunderung still. Von der unübertrefflicher Schönheit und außerordentlichen Herrlichkeit überwältigt, lege ich die Feder hin und rufe aus: „O, welche Liebe! Welch wunderbare Liebe!" Die erhabenste Sprache vermag nicht die Herrlichkeit des Himmels oder die unvergleichliche Tiefe der Liebe des Heilands zu beschreiben. („Frühe Schriften von Ellen G. White", S. 276)

Seit Jahrtausenden hält Satan die Welt im Griff. Der „Fürst dieser Welt" hat Gottes Schöpfung entwürdigt und seine Nachfolger verfolgt. Die durch ihn ausgelösten Kriege haben unsägliches Leid und tausendfachen Tod verursacht. Millionen von Märtyrern haben durch die teuflisch ersonnenen Grausamkeiten ihr Leben verloren. Und das alles, um den Stolz eines Engels zu befriedigen, der eifersüchtig war, weil Christus einen höheren Rang innehatte als er selbst, und der meinte, er wüßte für die Regierung des Universums einen besseren Plan als Gott.

Die Krise in der Endzeit ist ein letzter Ausbruch von Satans Stolz und Neid. Seine ganze Macht, die volle Kraft seines Zorns hat er eingesetzt, um Gott durch die Vernichtung seines Volkes zu besiegen (siehe Offb 12,12).

Aber in der dunkelsten Finsternis der Erde haben Gottes Kinder vor dem Universum bezeugt, daß sie durch nichts und niemand aus der Verbindung mit Jesus herausgerissen werden können. Nichts kann sie veranlassen, ihre Treue und ihren Glauben aufzugeben.

Die Krise geht vorüber. Wenn Gottes Volk durch die Perlentore in das Neue Jerusalem einzieht, liegt der große Konflikt weit dahinten und das erhoffte neue Leben in dem verheißenen Land unmittelbar vor ihnen.

Heute stehen wir am Rande der letzten Krise; die dunkelste Stunde der Erde liegt noch vor uns. Die Prophezeiungen für die Endzeit konzentrieren sich auf die wenigen noch vor uns liegenden Jahre. Nachdem wir diese Prophezeiungen bis ans Ende durchdacht haben, lautet nun die Frage für uns, wie dieser große Kampf in unserm eigenen Herzen entschieden werden soll. Die Antwort ist einfach: Jeder wählt heute – vielleicht in diesem Augenblick –, wo er am Ende stehen will.

Menschen, die heute die Ehre Gottes über alles andere in ihrem Leben setzen, werden in der Endzeit festbleiben in der Gemeinschaft mit Christus.

Wenn wir Jesus begegnen, um schließlich die Ewigkeit mit ihm zu verbringen, werden wir feststellen, wie zutreffend das Bekenntnis des Paulus ist:

> Ich bin überzeugt, daß dieser Zeit Leiden nicht ins Gewicht fallen gegenüber der Herrlichkeit, die an uns offenbart werden soll. (Rö 8,18)

Zur Vertiefung der Thematik:

Christus kommt bald!
Ereignisse der Endzeit

von Ellen G. White

Paperback, 230 Seiten, DM 17,80
Mit Bibelstellen-, Stichwortverzeichnis und Lesehilfe
ISBN 3-8150-1251-1

Ohne einen „Endzeitfahrplan" bieten zu wollen, geht dieses Buch auf höchst aktuelle Fragen ein, die jeden Adventisten bewegen. Es will nicht die Angst vor *morgen* schüren, sondern zu einem bewußten Leben mit Jesus *heute* ermutigen.

Diese Zusammenstellung („compilation") aus dem Schrifttum von Ellen G. White ist 1992 in den USA erschienen. Knapp ein Drittel des Inhalts geht auf bisher unveröffentlichtes Material zurück.

ADVENT-VERLAG
Lüner Rennbahn 16, D-21339 Lüneburg

Weiterführende Literatur:

Amerika in der Prophetie
Daten – Fakten – Hintergründe

von Clifford Goldstein

Paperback, 144 Seiten, DM 14,80
ISBN 3-8150-1254-6

Im Zuge der einschneidenden weltpolitischen Veränderungen der letzten Jahre hat sich eine völlig neue Machtkonstellation ergeben, die nicht zuletzt viele Christen überrascht. Nach dem Zusammenbruch der Sowjetunion bestimmen zwei Supermächte die großen Linien des politischen und religiösen Geschehens unserer Zeit: die USA und der Vatikan. Anlaß genug für den Autor, nicht nur detailliert die Auswirkungen dieser neuen „heiligen Allianz" zu beschreiben, sondern auf diesem Hintergrund auch ein anderes Buch ins Blickfeld des Lesers zu rücken. Es trägt den Titel „Der große Kampf", ist etwa 100 Jahre alt – und war offensichtlich nie aktueller als heute!

ADVENT-VERLAG
Lüner Rennbahn 16, D-21339 Lüneburg